CÓMO SOLICITAR SU PROPIO DIVORCIO

Edición Revisada

Edward A. Haman
Abogado

SPHINX® PUBLISHING
AN IMPRINT OF SOURCEBOOKS, INC.®
NAPERVILLE, ILLINOIS

 Para la traducción de esta obra al español se ha consultado el *Diccionario internacional inglés-español/español-inglés*, segunda edición Simon and Schuster y West's *Diccionario legal español-inglés/inglés-español.*

Edición Revisada, Julio 2001

Publicado por: **Sphinx® Publishing, división de Sourcebooks, Inc.®**

Oficina de Naperville
P.O. Box 4410
Naperville, Illinois 60567-4410
630-961-3900
Fax: 630-961-2168
www.sourcebooks.com

Esta publicación está destinada a proporcionarle información correcta y autorizada respecto a los asuntos cubiertos. Se vende entendiéndose que la editorial no se compromete a suministrar servicios legales o contables, ni ningún otro tipo de servicios profesionales. Si se requiere asesoramiento legal u otro tipo de consulta profesional, se deberán contratar los servicios de un profesional competente.

De una Declaración de Principios aprobada conjuntamente por un Comité de la Asociación Americana de Colegios de Abogados y un Comité de Editoriales y Asociaciones

Este libro no reemplaza la ayuda legal.

Advertencia requerida por las leyes de Texas.

Library of Congress Cataloging-in-Publication Data
Haman, Edward A.
[How to file your own divorce. Spanish]
Como solicitar su propio divorcio : con formularios / Edward A. Haman. 1. ed.
p. cm. -- (Legal Survival Guides)
Includes index.
ISBN 1-57248-147-1
1. Divorce--Law and legislation--United States--Popular works. 2. Divorce--Law and legislation--Puerto Rico--Popular works. I. Title. II. Legal survival guides
KF535.Z9 H3518 2001
346.7301'66--dc21

2001031059

Impreso y encuadernado en los Estados Unidos de América

VHG Paperback — 10 9 8 7 6 5 4 3 2

Sumario

USO DE LOS LIBROS DE ASESORAMIENTO LEGAL

Antes de consultar cualquier libro de autoayuda, es necesario tener en cuenta las ventajas y desventajas de encargarse de su propio asesoramiento legal y ser consciente de los riesgos que se asumen y la diligencia que se requiere.

LA TENDENCIA CRECIENTE

Tenga la seguridad de que usted no será la primera ni la única persona que se encarga de sus propios asuntos legales. Por ejemplo, en algunos estados, se representan a sí mismas más del setenta y cinco por ciento de las personas involucradas en procedimientos de divorcio y otros tipos de asuntos jurídicos. Debido al alto costo de los servicios de abogacía, la tendencia a la autoayuda va en aumento y en muchos tribunales se procura facilitar los procedimientos para que la gente pueda representarse a sí misma. Sin embargo, en algunas oficinas gubernamentales no están en favor de que las personas no contraten abogados y se niegan a ofrecer cualquier tipo de ayuda. Por ejemplo, su respuesta suele ser: "Vaya a la biblioteca de leyes y arrégleselas como mejor pueda".

Escribimos y publicamos libros de autoasesoramiento legal para brindar al público una alternativa a los generalmente complicados y confusos libros de derecho que se encuentran en la mayoría de las bibliotecas. Hemos simplificado y facilitado las explicaciones sobre las leyes al máximo posible. De todos modos, a diferencia de un abogado que asesora a un cliente en especial, nosotros no podemos cubrir toda las posibilidades concebibles.

ANÁLISIS COSTO/VALOR

Cuando se está comprando un producto o un servicio, uno se ve frente a diversos niveles de calidad y precio. Al decidir que producto o servicio adquirir es necesario efectuar un análisis de costo/valor sobre la base del dinero que usted esta dispuesto a pagar y la calidad que usted desea obtener.

Al comprar un automóvil, usted mismo decide si desea obtener transporte, comodidad, prestigio o *atractivo sexual*. De manera acorde, usted opta por alternativas tales como un Neon, un Lincoln, un Rolls Royce o un Porsche. Antes de tomar una decisión, generalmente se comparan las ventajas y el costo de cada opción.

Cuando usted tiene dolor de cabeza puede tomar una aspirina u otro calmante para el dolor, o visitar a un médico especialista que le practique un examen neurológico. En tales casos, la mayor parte de la gente, por supuesto, prefiere un calmante para el dolor porque cuesta solamente unos centavos mientras que un examen médico cuesta cientos de dólares y lleva mucho tiempo. Se trata, generalmente, de una decisión lógica porque, normalmente, para un dolor de cabeza no hace falta más que un calmante. Pero en algunos casos un dolor de cabeza podría ser indicio de un tumor cerebral y sería necesario consultar a un especialista inmediatamente para evitar complicaciones. ¿Debe consultar a un especialista toda persona que tenga dolor de cabeza? Por supuesto que no, pero los que deciden combatir sus enfermedades por sus propios medios tienen que darse cuenta de que están arriesgando su salud en base al análisis costo/valor de la situación. Están tomando la decisión más lógica.

El mismo análisis costo/valor debe efectuarse cuando uno decide encargarse por sí mismo de los trámites legales. Muchas situaciones legales son muy claras: requieren un formulario sencillo y un análisis que no es complicado. Toda persona con un poco de inteligencia y un libro de instrucciones pueden encargarse del asunto con poca ayuda externa.

No obstante, en ciertos casos se presentan complicaciones que sólo un abogado podría detectar. Para simplificar las leyes en un libro como éste, frecuentemente ha sido necesario condensar varios casos legales en una sola frase o párrafo. De lo contrario, este libro tendría varios cientos de páginas y sería demasiado complicado para la mayor parte del público. Sin embargo, esta simplificación deja de lado, necesariamente, numerosos detalles y sutilezas que tendrían relación con ciertas situaciones especiales o inusuales. Asimismo, es posible interpretar la mayoría de los asuntos legales de distintas maneras.

Por consiguiente, al utilizar un libro de autoayuda legal y efectuar sus propios trámites legales, debe usted ser consciente de que está efectuando un análisis de costo/valor. Usted ha decidido que el dinero que ahorrará al encargarse de las gestiones legales compensará la posibilidad de que la resolución de su caso no resulte satisfactoria. La mayor parte de la gente que efectúan sus propios trámites jurídicos jamás tienen problemas, pero en algunas ocasiones ocurre que necesitan contratar a un abogado para corregir los errores iniciales de un caso, a un costo más alto del que les hubiera supuesto contratar a un abogado desde el principio. Tenga este factor en cuenta al manejar su caso y si cree que en el futuro le hará falta más orientación no deje de consultar a un abogado.

NORMAS LOCALES

El proximo aspecto a recordar es que un libro sobre las leyes de toda la nación o de todo un estado, no puede incluir todas las diferencias de procedimiento en cada jurisdicción. Siempre que sea posible, proporcionamos exactamente el formulario que se requiere. Sin embargo, en otros casos, cada condado establece sus propios procedimientos y requiere sus propios formularios. En nuestros libros para determinados estados, los formularios generalmente cubren la mayoría de los condados del estado o proporcionan ejemplos sobre los trámites legales necesarios. En nuestros libros de alcance nacional, se incluyen algunas veces formularios de un alcance más general, aunque destinados a darle una buena idea del tipo de formulario que hace falta en la mayor parte de las localidades. De todos modos, recuerde que el estado o el condado donde usted reside puede haber establecido requisitos o formularios que no estén incluidos en este libro.

No se debe necesariamente esperar que toda la información y los recursos necesarios puedan obtenerse únicamente a través de las páginas de este libro. Esta obra le servirá de guía, brindándole información específica cuando fuera posible y, también, ayudándolo a encontrar los demás datos necesarios. Es como si uno decidiera construir su propia terraza. Usted podría adquirir un manual para la construcción de terrazas. Sin embargo, dicho libro no podría incluir los códigos de construcción ni los datos sobre los permisos requeridos en cada ciudad, condado o localidad de la nación, ni tampoco podría abarcar información sobre madera, clavos, sierras, martillos y otros materiales y herramientas para la construcción. Un libro de ese tipo puede servir de guía y después hará falta investigar un poco más sobre este tipo de obras, datos para obtener permisos, e información sobre los tipos y niveles de calidad de la madera disponible en su localidad, posibilidades de utilizar herramientas manuales o eléctricas, y el uso de dichas herramientas.

Antes de utilizar los formularios que figuran en un libro como éste, deberá usted verificar en la oficina de la secretaría de estado o del gobierno local si existen ciertas normas locales que usted deba conocer, o formularios locales cuyo uso sea obligatorio. A menudo, tales formularios requerirán la misma información que la que aparece en los formularios incluidos en este libro pero en diferente orden o con algunas palabras distintas. A veces será necesario utilizar información adicional.

Cambios de leyes

Además de estar sujetas a las normas y prácticas locales, las leyes están sujetas a cambio en todo momento. Los tribunales y los legisladores de los cincuenta estados constantemente examinan las leyes. Es posible que mientras usted esté leyendo este libro, se esté modificando algún aspecto de las leyes.

En la mayoría de los casos, los cambios serán mínimos. Se rediseñará un formulario, se requerirá información adicional, o quizá se prolongue un plazo de espera. Como resultado de cambios de ese tipo, quizás sea necesario examinar un formulario, presentar un formulario extra, o cumplir un plazo de espera más prolongado; este tipo de cambios generalmente no influyen en la solución de su caso legal. Por otra parte, en algunas ocasiones puede suceder que se modifique un aspecto fundamental de una ley, que se cambie el texto de una ley en determinada área, o que sea anulado el aspecto básico de un asunto legal. En dichas circunstancias, sus posibilidades de tramitar su caso se vería seriamente afectada.

A fin de ayudarlo a cumplir los requisitos locales y los cambios que se produzcan en las leyes, lea detenidamente las recomendaciones del capítulo 1.

Nuevamente, deberá usted comparar el valor del caso contra el costo de la contratación de un abogado y tomar la decisión más adecuada para defender debidamente sus intereses.

Introducción

Pasar por un divorcio es probablemente uno de los procesos más comunes y traumáticos que existen en el sistema legal. Pagarle a un abogado especialista en divorcios puede ser muy caro y generalmente ocurre cuando uno no tiene los fondos extras para cubrir los gastos. En un caso de divorcio contencioso (cuando las partes no están de acuerdo), no es raro que las partes monten facturas legales mayores de $10,000. Han habido casos en que los abogados cobraron altos honorarios por haber hecho muy poco trabajo. Este libro está designado para permitirle obtener un divorcio sin contratar a un abogado. Aunque usted le contratara, este libro podría ayudarle a trabajar junto con él o ella más eficazmente reduciendo así los honorarios.

Éste no es un curso universitario de Derecho; más bien es una guía práctica para que se maneje con "el sistema" tan fácil como le sea posible. La terminología legal ha sido casi eliminada. Para su comprensión, se utilizan los términos *esposo(a)* refiriéndose a su marido o mujer (el que corresponda) y ambos *el niño* y *los niños* recíprocamente.

Es muy difícil explicar la ley de un área, usando la ley para el ámbito nacional, porque las leyes son diferentes en cada estado. No obstante, la clase de información general que es requerida en los formularios que se deben presentar es muy similar en cada estado. El Apéndice A de este libro le dará una breve información sobre las leyes específicas y los procedimientos en su estado. Igualmente, es importante que usted averigüe más sobre estas leyes y sus procedimientos para asegurarse de que está haciendo lo correcto.

El Apéndice B tiene algunos ejemplos de formularios que pueden ser modificados para su estado en particular. Algunos estados (e incluso los jueces y las cortes son diferentes dentro de cada estado) tienen y requieren sus propios formularios y procedimientos, así que asegúrese y consulte con el Secretario de la Corte Judicial para averiguar si se requiere algún formulario específico. Los secretarios de la corte no pueden dar asesoramiento legal, pero sí pueden decirle lo que la corte o el Juez requieren. Presentando un caso ficticio, el Apéndice C contiene modelos completos de formularios para un caso de divorcio, que le pueden ser útiles al rellenar los suyos. El Apéndice D es un glosario de términos legales que se utilizan en este libro y que normalmente se usan en los casos de divorcio.

Este libro le dará un resumen de la ley y del sistema legal, le ayudará a decidir si usted desea contratar a un abogado; también, si usted va a querer proseguir con el divorcio, le ayudará a evaluar su situación y le servirá de guía para completar los formularios y seguir sus procedimientos.

Ese viejo refrán que dice saber es poder, es especialmente verdad con respeto a la ley. Los abogados han trabajado duramente por muchos años haciendo que la ley sea complicada para que, de ese modo, sólo ellos tengan el conocimiento y el poder. Este libro le proporcionará el conocimiento necesario para que usted recobre algo de su poder. Leyéndolo, llegará a saber sobre la ley y el procedimiento del divorcio tanto como los alumnos recién graduados de la facultad de Derecho (o más).

Cuanto más sepa, mejor serán sus oportunidades de lograr un resultado favorable. Si usted decide ser su propio abogado, se hace responsable de su futuro. Si usted opta por la manera fácil de salirse del problema, deberá pagarle mucho dinero a un abogado para que le haga el trabajo. Pero si quiere ahorrar dinero, debe ir más allá de la información de este libro, leer aún más y hacer investigaciones que se detallan más adelante. También puede visitar la oficina del Secretario de la Corte Judicial o una biblioteca legal (si existe en su ciudad) para obtener más explicación. En el Capítulo 2 encontrará información acerca de este tema.

Lea este libro completo, utilice las instrucciones generales de la primera parte, consulte con la lista detallada de cada estado del Apéndice A y utilice información de cualquier lectura adicional o investigación que usted haya hecho antes de escoger, preparar o presentar cualquier papel. Así tendrá la información necesaria para saber qué formularios debe escoger y cómo completarlos.

Una vez que haya completado los formularios, siga las instrucciones de este libro para saber cómo presentarlos, notificarle a su esposo(a), y ocuparse de su comparecencia ante la corte judicial. Si necesita referirse a este libro para obtener respuestas a preguntas específicas, recurra al índice general, al índice, y Apéndice D, que le ayudarán a ubicar las respuestas pertinentes.

1

El matrimonio "por dentro y por fuera"

Usted tomó la decisión de casarse hace varios años o quizá hace sólo meses. De una manera muy general, este capítulo le explicará en lo que usted se metió y como puede salirse de ello.

El matrimonio

El matrimonio es, a menudo, llamado contrato; es un contrato legal. Para muchos, también es un contrato religioso, pero este libro sólo se tratará del matrimonio como un contrato legal. En la ceremonia de la boda el enfoque gira en torno de lo emocional, lo romántico y, frecuentemente, en el aspecto religioso de esa relación. La realidad legal es que los derechos financieros, derechos sobre la propiedad y obligaciones han sido creados y no se pueden romper sin un proceso legal.

El matrimonio le da a cada persona ciertos derechos sobre la propiedad y crea ciertas obligaciones, como el apoyo financiero de los hijos que las personas tienen o adoptan juntos. Desafortunadamente, la mayoría de las personas no se dan cuenta hasta el momento en que se divorcian, que al casarse se han originado estos derechos y obligaciones. En algunos estados el esposo(a) puede tener derecho a la propiedad que cada uno poseía antes de casarse.

El divorcio

Un divorcio es el método más común de terminar o romper con el contrato matrimonial. (Algunos estados se refieren al divorcio como la *disolución del matrimonio.*) En un divorcio, una corte declara la ruptura del contrato matrimonial, divide la propiedad y sus deudas en partes, decide qué partes deben recibir pensión y determina la custodia de los niños, el apoyo económico, las visitas de los hijos y las responsabilidades que a cada persona le tocan. Tradicionalmente, un divorcio sólo podía concederse bajo circunstancias muy específicas, como el adulterio o la crueldad mental. Hoy, muchos estados permiten un divorcio simplemente porque una o las dos partes lo quieren. A esto se le llama un divorcio de *no-culpabilidad.* Típicamente, la demanda o la petición sólo menciona que el matrimonio "está roto irrecuperablemente," o "irreparablemente roto," o se usan palabras similares. En el Apéndice A de este libro, usted podrá encontrar las palabras que se usan en su estado para definir el divorcio de no-culpabilidad.

La separación y requisitos de residencia

Todos los estados afirman tener leyes de divorcio de no-culpabilidad, pero ciertos estados tratan de hacer que el divorcio sea difícil y requieren que la pareja esté separada antes de presentar una demanda de divorcio, o que hayan vivido en el estado por un tiempo determinado por la ley de ese estado. La siguiente lista detalla los estados que requieren un período de separación y los estados cercanos que pueden permitir un divorcio más rápido. Siguiendo el nombre de cada uno aparece, entre corchetes "[]", el período de separación requerido. Los estados cercanos se listan con sus requisitos de residencia entre paréntesis "()". Para un divorcio más rápido, usted tendría que mudarse a ese otro estado por el período de residencia requerido antes de solicitar papeles de divorcio. También, las leyes de divorcio del otro estado pueden favorecer a su esposo(a), o causar otros problemas. En cierto caso, quizás le beneficiaría quedarse donde está y esperar a que transcurra el período de separación en su estado. La siguiente información es un resumen muy breve.

La frase "*a menos que los dos estén de acuerdo*" significa que el período de separación no es requerido si usted y su esposo(a) están de acuerdo con el divorcio y si los dos están de acuerdo en la distribución de la propiedad, pensión alimenticia, mantenimiento económico y custodia del niño(s). Refiérase al Apéndice A para más información sobre la separación y los requisitos de residencia en otros estados. Si usted está interesado en mudarse para obtener un divorcio más rápido, debe consultar a un abogado en ese estado, o a un abogado que esté autorizado en ambos estados. Por ejemplo, si vive en Arkansas, usted y su esposo(a) deben estar separados 18 meses antes de que puedan solicitar papeles para un divorcio. Si usted se muda a Kansas podría solicitar papeles después de los 60 días (o después de 6 meses en Oklahoma o Texas, y después de 180 días en Kentucky).

Arkansas [18 meses]:	Kansas (60 días); Oklahoma o Texas (6 meses); Kentucky (180 días).
El distrito de Columbia [1 año, a menos que los dos están de acuerdo]:	Delaware (6 meses).
Illinois [2 años, a menos que los dos estén de acuerdo]:	Indiana o Wisconsin (6 meses); Kentucky (180 días).
Maryland [1 - 2 años]:	Delaware (6 meses).
Mississippi [No culpabilidad sólo está disponible si ambas personas están de acuerdo. Si no, se debe usar uno de los modos tradicionales. Mississippi también tiene problemas con sus leyes de distribución de propiedad]:	Alabama, Georgia, Florida, Texas u Oklahoma (6 meses); Kentucky (180 días).
Missouri: [24 meses]:	Kansas (60 días); Kentucky (180 días).
Montana [180 días, a menos que los dos estén de acuerdo]:	Idaho (6 semanas); South Dakota (60 días después de solicitar papeles); Washington (90 días después de solicitar papeles).
New Jersey [18 meses]:	Delaware (6 meses).
Nueva York [1 año]:	Delaware (6 meses).
North Carolina [1 año]:	Georgia (6 meses); Kentucky (180 días).
Ohio [1 año si el esposo(a) con razón niega culpabilidad]:	Kentucky o Michigan (180 días)
Pennsylvania [2 años, a menos que los dos estén de acuerdo]:	Delaware (6 meses); Kentucky o Michigan (180 días).
Carolina del Sur [1 año]:	Georgia o Florida (6 meses).
Tennessee [2 años, a menos que los dos estén de acuerdo]:	Alabama o Georgia (6 meses); Kentucky (180 días).
Vermont [6 meses]:	No hay estado cercano donde el divorcio sea más rápido.
Virginia [1 año; 6 meses si no hay hijos]:	Delaware (6 meses); Kentucky (180 días)
West Virginia [1 año, a menos que los dos estén de acuerdo]:	Delaware (6 meses); Kentucky (180 días).

La anulación

Si bien la anulación del matrimonio no está incluída en este libro, puede ser útil en su situación si usted está consciente de cómo la anulación puede ser una posible alternativa al divorcio. Mientras que el divorcio se ve como la ruptura de un matrimonio válido, la anulación es la determinación de que el matrimonio válido nunca existió. Esto es más difícil y se complica para probarlo, por lo cual no se usa muy a menudo. Las anulaciones sólo son posibles en algunas circunstancias y normalmente se dan cuando una de las personas es demasiado joven para casarse, es mentalmente incompetente en el momento de la boda, es persuadido(a) para casarse por fraude o coacción, se casa con más de una persona (bigamia) o si las partes están estrechamente relacionadas por lazos de sangre (incesto). Usted debe consultar a un abogado si decide que desea una anulación legal. Si usted desea una anulación por razones religiosas, necesita cumplir con los procedimientos de la iglesia (en lugar del procedimiento legal). En ese caso, debe consultar a su sacerdote o ministro.

La separación legal

Este procedimiento distribuye la propiedad y mantiene la pensión alimenticia, el mantenimiento económico y la custodia de los hijos en los casos donde el marido y la esposa viven separados, pero permanecen casados. La separación legal se usaba tradicionalmente para romper los derechos financieros y obligaciones de una pareja cuya religión no permitía el divorcio. Algunas veces se usa para preparar a la pareja para un divorcio eventual, permitiéndoles que vivan separados por el período requerido por el estado para obtener un divorcio de no-culpabilidad. Algunos estados se refieren a este procedimiento como *el divorcio de la cama y comida*. La separación legal no está disponible en todos los estados.

¿Quiere usted realmente el divorcio?

El divorcio, en realidad, es una de las crisis más emocionantes y turbulentas en la vida de una persona. Sólo la muerte de un hijo o esposo(a) crea más tensión que un divorcio. Causará impacto en varios aspectos de su vida, y hasta puede cambiar su estilo de vida completamente.

Así que, antes de que usted empiece el proceso de obtener el divorcio, necesita tomar un tiempo para pensar sobre cómo le afectará su vida. Este capítulo le ayudará a examinar estas cosas y a seguir algunas alternativas si usted quiere intentar salvar su matrimonio. Aunque usted esté completamente seguro de que quiere el divorcio, debe leer este capítulo para prepararse a lo que pueda sobrevenir.

El divorcio legal

En términos emocionales, el aspecto legal es la parte más fácil de un divorcio. Es simplemente la ruptura de sus ataduras conyugales y el término de su asociación y contrato matrimonial.

El pasar por un procedimiento judicial y tener que lidiar con su esposo(a) durante este tiempo es lo más difícil porque existe mucha tensión. Sin embargo, cuando usted compara con otros aspectos del divorcio, el estrés causado por el divorcio legal no dura mucho tiempo. Por otro lado, el divorcio legal realmente puede ser la etapa de más enfrentamientos y emocionalmente explosiva.

Hay generalmente tres cuestiones que se resuelven a través del divorcio legal:

1. El divorcio de dos personas. Esto le da a cada persona el derecho legal para casarse de nuevo.
2. La división de la propiedad (y responsabilidad de las deudas de cada uno).
3. El cuidado y custodia de los hijos.

Es teóricamente posible que el divorcio legal concluya dentro de unos meses, pero las legalidades frecuentemente continúan durante años. Principalmente, esto es debido a los aspectos emocionales que llevan ambas partes en la batalla por los hijos.

El divorcio social y emocional

El divorcio tiene un tremendo impacto en su vida social y emocional, que continúa por mucho tiempo después de que usted se divorcia legalmente. Estos impactos incluyen:

Falta de compañía. Usted probablemente está acostumbrado a tener a su esposo(a) a su alrededor, aún cuando su relación es bastante tormentosa. Puede aguantar sus problemas temporalmente y apoyarse en el otro en tiempos de adversidad mutua (tales como la muerte de un familiar, la enfermedad de un hijo, o el daño ocasionado a su casa por tormenta severa). Usted también puede sentirse por la noche un poco más seguro, debido a que no está solo(a) en la casa. Aún cuando su matrimonio haya sido uno de los más miserables después del divorcio, notará un poco el vacío o la soledad. Simplemente puede ser que lo que usted extrañe es que otra persona esté a su alrededor.

El pesar. El divorcio puede compararse con la muerte de un matrimonio o con la ceremonia fúnebre de un matrimonio. Al divorciarse usted sentirá la pérdida, tal como se siente con la muerte de alguien muy cercano o la pérdida de algo con lo cual ha estado ligado muy profundamente. Esta situación emocional puede hacerlo experimentar todos los sentimientos normales asociados con el pesar, como la culpa, enojo, rechazo, y aceptación. Usted se sentirá enfadado y frustrado por los años que "perdió." Se sentirá culpable porque "fracasó al intentar que su matrimonio funcione." Usted se sorprenderá diciéndose, "yo no puedo creer que esto me esté pasando a mí." Durante meses o incluso años, pasará mucho tiempo pensando en su matrimonio. Puede llegar a ser sumamente difícil dejarlo en el pasado y seguir adelante con su vida.

El mundo de los solteros: saliendo con otros. Después del divorcio su vida social cambiará. Para evitar pasar sus solitarias tardes exclusivamente frente al televisor, usted intentará volver al mundo de los solteros. Esto puede involucrar nuevos amigos, así como a una nueva forma de vida. Primero se dará cuenta de que todos sus amigos actuales, quienes probablemente sean casados, no lo ven a usted dentro del mismo círculo social por ser soltero. Poco a poco, o quizás rápidamente, usted deja de ser invitado a las actividades que realizan. Ahora tiene que esforzarse por formar nuevas amistades en el trabajo, salir de noche por la ciudad e incluso tener citas con nuevas amistades. Esta experiencia puede ocasionar sentimientos de temor, cansancio y frustración después de haber pasado años de no llevar este estilo de vida. Igualmente, puede resultar muy difícil si usted tiene la custodia de sus hijos. Por otro lado, dependiendo del punto de vista que lo vea, podría ser una aventura excitante.

El divorcio financiero

Este período de ajuste puede ser muy largo y drástico. El divorcio tiene un impacto financiero muy significante en casi todos los casos. Muchos matrimonios escasamente pueden lograr que les redondeen las cuentas. De repente, después del divorcio hay dos pagos de renta, dos facturas eléctricas, etc. El esposo(a) que no tiene la custodia de los hijos tiene que pagar el sostenimiento de los niños. Al menos para uno de los esposos y a menudo para ambos, el dinero se vuelve menos disponible que antes del divorcio. Además hay que considerar que una vez que la propiedad haya sido dividida, cada uno necesitará reemplazar los artículos con los cuales la otra persona se ha quedado. Si ella se quedara con el juego de recámara, las ollas y cacerolas, él tendría que comprarlos de nuevo para su casa. Si él se quedara con la televisión y el sofá, ella tendría que comprar su propia televisión y sofá.

Los hijos y el divorcio

El impacto del divorcio en sus hijos y su relación con ellos puede llegar a ser el aspecto más difícil, más doloroso y prolongado que se debe considerar. La vida familiar cambiará permanentemente porque ya no habrá "una familia." Aunque usted se vuelva a casar, un padrastro o madrastra a veces no tiene la habilidad de devolver al hogar el sentimiento familiar. La relación entre usted y sus hijos puede llegar a ser muy tensa durante el tiempo en que ellos analicen sus sentimientos de reproche, culpa, desilusión y enojo. Esta tensión podría continuar durante muchos años. Sus niños tal vez deberían conseguir ayuda profesional de un consejero profesional o terapeuta. También recuerde que si el divorcio manda mantenimiento económico y visitas a los hijos, usted se verá obligado a tener contacto con su ex-esposa (o).

Alternativas para el divorcio

Tal vez, después de haber comprado y leído este libro haya decidido que quiere seguir adelante con el divorcio. Sin embargo, si lo que acaba de leer le ha hecho pensar y cambiar de decisión, o quiere hacer un último esfuerzo para rescatar su matrimonio, hay cosas que usted puede intentar para ello. Las siguientes son sólo ideas básicas. Para mayor detalle y otras sugerencias, es aconsejable consultar con consejeros profesionales que se ocupan de temas matrimoniales.

Hable con su esposo(a). Escoja un buen momento para hablar de sus problemas (o sea no lo haga cuando la otra persona está tratando de relajarse luego de haber tenido un día duro de trabajo o cuando él/ella está intentando calmar al bebé que llora). Trate de establecer reglas firmes para la conversación tales como:

- Hable sobre cómo usted se siente en lugar de hacer acusaciones que pueden dar lugar a una discusión.
- Acuerden que cada persona escuche mientras el otro habla (evite interrupciones).
- Acuerden que cada uno diga algo agradable sobre el otro y sobre la relación.

Durante las conversaciones, usted quizás desearía hablar sobre cosas tales como el futuro de la relación, cómo ésta ha cambiado desde que se casaron, y qué se puede hacer para unirlos otra vez.

Cambie su modo de pensar. Muchas personas se divorcian porque no quieren cambiar su punto de vista o forma de vivir. Una vez divorciados, se encuentran con que han hecho el cambio al que se resistieron por tanto tiempo.

Por ejemplo, Jorge y Marcela eran infelices en su matrimonio. No compartían el mismo estilo de vida. Jorge se sentía sobrecargado por la responsabilidad y aburrido. Él quería que Marcela fuera más independiente y activa, que conociera nuevas personas, que se ocupara del presupuesto de la casa, y que saliera más a menudo con él. Pero Marcela era tímida y reservada, no estaba segura de su preparación para encontrar un trabajo y tener éxito en el mundo de los negocios, y prefirió quedarse en casa. Marcela quería que Jorge redujera sus salidas por las noches con los amigos, le ayudara con la cocina y el lavado, dejara menos desorden por la casa, y que ya no le pidiera más salir con él. Pero ninguno de ellos intentó cambiar, y poco a poco todas "las cosas pequeñas" se acumularon y terminaron en divorcio.

Después del divorcio, Marcela tuvo que conseguir trabajo para mantenerse. Hoy día ella ha hecho amistades en el trabajo, sale con ellos dos o tres noches por semana, tiene éxito y está feliz en su trabajo, y además es bastante competente manejando su presupuesto. Jorge ahora tiene su propio apartamento, cocina sus comidas (algo que él ahora disfruta), y lava su propia ropa. Él también cree que es necesario ser más ordenado y tener todo bien arreglado, especialmente si piensa tener invitados. Incluso ha pensado invitar a Marcela para cenar y pasar una noche agradable en su apartamento. Marcela ha estado pensando en invitar a Jorge para salir a tomar un trago después del trabajo junto con sus amigos.

Jorge y Marcela han cambiado exactamente de la manera que el otro había querido. ¡Simplemente es una pena que ellos no hicieron estos cambios antes de divorciarse! Si usted piensa que algún cambio puede ayudarles—¡inténtelo! Si las cosas no funcionan, ya habrá tiempo para pensar en el divorcio.

Consejería. La consejería no es igual que dar consejo. Un consejero o terapeuta no le debe decir qué es lo que usted debe hacer. El trabajo de un consejero o terapeuta es ayudarle a deducir lo que usted realmente quiere hacer, formulándole preguntas que le hagan pensar.

Hablando claramente sobre las cosas con su esposo(a) es una forma de practicar auto-consejería. El único problema es que es difícil ser objetivo para evitar juzgar al otro. Es necesario que ambos, calmadamente, analicen cuáles son los problemas y conversen sobre las posibles soluciones.

Muy pocas parejas parecen hacerlo con éxito; es por eso que hay consejeros matrimoniales profesionales. Como con doctores y abogados, la mejor manera de saber de uno bueno es por referencias. Posiblemente tenga amigos que puedan guiarlo para encontrar a alguien que los haya ayudado. Usted puede consultar con su doctor familiar o su sacerdote para que le de una referencia, o incluso puede buscar en el directorio telefónico, o sea, en las Páginas Amarillas bajo "Consejeros Matrimoniales y de Familias" (Marriage and Family Counselors) o alguna categoría similar. Puede ver a un consejero o terapeuta solo o con su esposo(a).

Otra forma de someterse a consejería individual es hablar con un amigo íntimo. Simplemente recuerde que existe una diferencia entre terapia y dar consejos. ¡No permita que su amigo le diga lo que debe hacer!

Separación de prueba. Antes de empezar a enfrentar los problemas de divorcio, usted y su esposo(a) podrían intentar separarse uno del otro por algún tiempo. Ésto puede ser tan sencillo como tomar vacaciones separadas, o tan complejo como vivir separados en diferentes casas por un tiempo indefinido. Ésto les puede dar a cada uno la oportunidad de decidir si les gustaría vivir solos, de saber qué tan importantes o triviales son sus problemas, y qué realmente siente cada uno con respecto al otro.

El sistema legal 2

Este capítulo le enseñará el sistema legal y la ley de divorcio. Hay cosas que usted necesita saber para obtener un divorcio (o ayudarle a su abogado para que le haga la gestión) y para enfrentar cualquier situación dentro del sistema legal con un mínimo de estrés. Este capítulo también tratará sobre cómo el sistema legal debería funcionar en teoría y le presentará algunas realidades del mismo. Si usted no aprende a aceptar esas realidades, pasará mucho estrés y frustraciones.

La teoría versus la realidad

Nuestro sistema legal es un sistema de reglamentos. Hay tres tipos de reglamentos básicos:

1. *Reglamentos de la Ley:* Estos reglamentos proporcionan el principio básico de la ley, tal como la ley que le indica al juez cómo debe distribuir su propiedad.
2. *Reglamentos de Procedimiento:* Estos reglamentos proponen cómo se deben tratar los asuntos en la corte, tales como requerir que los papeles de la corte se sometan de una cierta manera, o que se proceda el juicio dentro de una fecha determinada.
3. *Reglamentos de Evidencia:* Estos reglamentos ordenan que los hechos se puedan probar de cierta manera.

La teoría es que estos reglamentos permiten que cada parte presente las evidencias más favorables a su caso frente a una persona independiente o personas (el Juez o el jurado) que puedan deducir la verdad. Entonces, aplicándose ciertos principios legales sobre esa "verdad", se llegaría así a una resolución justa para ambas partes. Supuestamente, estos principios legales son relativamente invariables para que todos sepamos lo que podría pasar en cualquier situación dada y podamos planificar nuestra vida en la forma debida. Esto ocasiona que exista orden y predicción en nuestra sociedad. Se supone que cualquier cambio en los principios legales debe ocurrir lentamente, para que el comportamiento esperado por la sociedad no sea confuso día a día.

Desafortunadamente, el sistema actual no funciona de esta manera. A continuación se exponen algunos de los problemas del sistema legal:

El sistema no es perfecto. Contrariamente a lo que pueda parecer, los reglamentos legales no se han creado para confundirnos o complicar el sistema. Los reglamentos legales sólo intentan que el sistema sea lo más razonable y justo posible. Se han desarrollado a través de miles de años y en la mayoría de los casos tienen mucho sentido. Desdichadamente, en el esfuerzo por corregir las injusticias existentes, hemos convertido nuestro sistema legal en una serie de reglamentos complejos. El sistema legal afecta nuestra vida de una manera importante y no es un juego, aunque ocasionalmente, puede compararse de alguna manera a un juego. Los reglamentos fueron creados para aplicarse a toda la gente, en todos los casos. A veces los reglamentos no parecen dar un resultado justo en ciertas situaciones, pero aún así se siguen. Como, en algunas ocasiones, un árbitro puede decidir injustamente, también así lo puede hacer un juez. De vez en cuando, las victorias se llevan a cabo basándose en una trampa.

Los jueces no siempre siguen los reglamentos. Éste es un descubrimiento desconcertante para muchos abogados jóvenes. Después de haber pasado tres años en la Facultad de Derecho donde se aprenden las teorías legales, incontables horas preparando una audiencia y teniendo la ley de su parte, uno descubre que el Juez no le presta la mínima atención a las teorías legales o a la ley. Muchos jueces toman una decisión simplemente basados en lo que ellos creen que parece justo para la circunstancia del caso. Actualmente se está enseñando este concepto en algunas facultades de Derecho. Desdichadamente, lo que le parece justo a un Juez en particular puede depender de sus ideas personales y de su propia filosofía. Por ejemplo, no existe nada en las leyes de divorcio de muchos estados acerca de dar prioridad a un padre sobre el otro para decidir la custodia de los niños. Sin embargo, la mayoría de los jueces creen que un niño está mejor con su madre. En igualdad de condiciones, estos jueces son capaces de encontrar maneras de justificar la custodia a favor de la madre, incluso aún teniendo que modificar la ley o los hechos.

A menudo el sistema es lento. Incluso los abogados se frustran por el tiempo que se toma para finalizar un caso (sobre todo si ellos no cobran hasta que el caso concluye). Cualquiera que sea su situación, no se sorprenda si tiene que esperar. Es necesario tener mucha paciencia para enfrentar el sistema con un mínimo de estrés. No permita que se den cuenta de su impaciencia o frustración. No importa lo que pase, manténgase tranquilo, sea atento y cortés con el Juez, los Secretarios de la Corte Judicial, los abogados involucrados, e incluso con su esposo(a) (por lo menos mientras que esté en la corte),

No hay dos casos iguales. Sólo porque el caso de su amigo se desarrolló de cierta manera no significa que su caso tendrá el mismo resultado. La participación del Juez es determinante, aunque en la mayoría de los casos son las circunstancias las que pueden hacer la diferencia. Sólo porque su compañero de trabajo tiene el mismo ingreso que el suyo y tiene la misma cantidad de hijos, usted no debe asumir que le pedirán que pague la misma cantidad como mantenimiento económico de los hijos. Normalmente hay otras circunstancias acerca de las cuales su colega no le ha contado y posiblemente no las ha entendido.

La mitad de las personas "pierden". El sistema legal está diseñado para originar un ganador y un perdedor. Esto normalmente evita que sea posible (y más justo) una situación donde ambas partes ganen, como sucede en algunos otros sistemas legales. Recuerde que hay dos partes en cada problema legal y que hay sólo un ganador. No espere que cada detalle de su caso vaya a su favor. Si usted permite que el Juez tome la decisión, prepárese para aceptar que algunas de las cosas salgan de la manera que su esposo(a) desea.

LA LEY DE DIVORCIO Y SU PROCEDIMIENTO

EN GENERAL

Esta sección ofrece información general sobre las leyes típicas y procedimientos en muchos estados. No deje de leer las próximas dos secciones las cuales le ayudarán a encontrar las leyes específicas de su estado que usted necesita conocer.

La ley básica de divorcio es muy simple en la mayoría de los estados. Usted necesitará decidir cuatro cosas:

1. Probar que su matrimonio ha terminado. (Simplemente debe declarar que esto es un hecho, que su relación matrimonial se ha acabado y es irreparable.)
2. De qué manera debe ser distribuída la propiedad entre usted y su esposo(a).
3. Quién debe tener custodia de los hijos y de qué manera se deben mantener.
4. Quién debe recibir pensión o apoyo financiero, y en caso afirmativo, qué cantidad y por cuánto tiempo.

El procedimiento del divorcio también es sencillo. Hay básicamente tres pasos a seguir:

1. Solicite su demanda al Secretario de la Corte Judicial.
2. Notifique a su esposo(a) de tal petición.
3. Vaya a la audiencia y presente la información requerida.

Estos temas se explicarán con más detalle en los capítulos siguientes.

LOS JUGADORES

A menudo la ley y el sistema legal se comparan a un juego, y como en un juego, es importante conocer a los jugadores:

El Juez. El Juez tiene el poder para decidir: a) si usted se puede divorciar; b) cómo distribuir su propiedad; c) quién de ustedes consigue la custodia de los niños; y d) cuánto se debe pagar por el mantenimiento económico de los hijos. No sería conveniente que el Juez se enojara. Los jueces tienen un número de casos y aprecian más cuando su caso puede concluirse rápidamente, sin mayores complicaciones. Si usted y su esposa están de acuerdo en la mayoría de las cosas y sus papeles están en orden, complacerán al Juez fácilmente.

La Secretaria del Juez. La secretaria del Juez registra las audiencias, y frecuentemente puede contestar muchas preguntas sobre el procedimiento del caso, acerca de cómo le gusta trabajar al Juez o lo que requiere. Al igual que al Juez, es importante caerle bien a la secretaria. Para lograrlo, se sugiere no llamar a menudo y no hacer demasiadas preguntas. Algunas preguntas son permisibles y usted puede empezar diciendo que desea asegurarse que tiene todo listo para el Juez. Sea amable y cortés, aunque la secretaria sea antipática. La secretaria tiene tantos casos como el Juez, y puede estar padeciendo de estrés; o simplemente puede no ser persona amable. Va a llegar más lejos si usted es agradable en lugar de discutir o quejarse.

El Secretario de la Corte Judicial. Mientras que la secretaria del Juez normalmente sólo trabaja para un Juez, el Secretario de la Corte Judicial trabaja para todos los jueces. La oficina del Secretario de la Corte es el lugar central donde se mantienen todos los casos judiciales. El Secretario de la Corte presenta sus papeles judiciales y registra las anotaciones oficiales de su divorcio. La mayoría de las personas que trabajan en la oficina del Secretario de la Corte son afables y útiles. No pueden asesorarlo legalmente (tal como decirle qué poner en sus papeles legales) pero sí pueden asistirle en explicarle el sistema y los procedimientos (por ejemplo, qué tipo de papeles debe presentar). El Secretario de la Corte tiene el poder de aceptar o rechazar sus papeles y por esa razón tampoco conviene que se enoje. Sí el Secretario de la Corte le dice que cambie algo en sus papeles, simplemente cámbielo, no le discuta ni se queje.

Los abogados. Los abogados actúan como guías del sistema legal y en nuestros tiempos modernos son guardaespaldas personales. Tratan de guiar a su propio cliente, mientras tratan de confundir, manipular o superar en estrategia a los oponentes. En el Capítulo 3 se explicará con más detalle el papel que desempeñan los abogados..

LA LEY EN SU ESTADO

Primero debe referirse a la lista en el Apéndice A de este libro, el cuál le dará una información básica sobre la ley en su estado. Para utilizar el apéndice A puede encontrar más información en los siguientes capítulos. También es buena idea llamar o visitar la oficina del Secretario de la Corte Judicial donde usted solicitará su divorcio. El Secretario de la Corte puede decirle qué formularios necesita completar, cuánto le cuestan los gastos judiciales por presentar el divorcio, dónde se encuentra la biblioteca legal más cercana y hasta puede darle alguna guía sobre los procedimientos judiciales. Sin embargo, el Secretario de la Corte Judicial no le dará asesoramiento legal. Se le recomienda firmemente que visite una biblioteca legal. La próxima sección de este capítulo le dará más información acerca de éstas.

LA INVESTIGACIÓN LEGAL

Para estar seguro de que usted está haciendo las cosas correctamente, necesita hacer una pequeña investigación de la ley del divorcio en su estado. En el Apéndice A se proporciona algo de información con respecto a la ley de cada estado y esto le dará un punto de partida.

Después de leer este libro, usted quizás quiera visitar una biblioteca legal en su área. Normalmente se encuentran cerca de, o en la Corte Municipal. Si vive cerca de la Facultad de Derecho, encontrará una biblioteca legal allí. No dude en preguntarle al bibliotecario si necesita ayuda en encontrar algún material. El bibliotecario no puede darle asesoramiento legal, pero le puede mostrar dónde se encuentran las leyes de su estado y otros libros sobre el divorcio. Las fuentes de información mayormente utilizadas se presentan a continuación.

Los estatutos o el código

La fuente principal de información sería la serie de volúmenes que contienen las leyes aprobadas por el Poder Legislativo. Dependiendo del estado donde usted reside esto se puede referir a los *estatutos* (statutes) o al *código* (code) de su estado (por ejemplo: *Florida Statutes*, o *Mississippi Code*). El verdadero título de los libros también puede incluir las palabras como Revisado (Revised) o Comentado (Annotated). Por ejemplo: *Annotated California Code, Illinois Statutes Annotated, Kentucky Revised Statutes*, o *Maine Revised Statutes Annotated*). *Revisado* básicamente significa que los libros fueron actualizados, y *Comentado* significa que contienen resúmenes de decisiones judiciales y otra información que explica e interpreta las leyes. En algunos estados los títulos incluyen también el nombre del editor, como el *West's Colorado Revised Statutes Annotated, Vernons Annotated Missouri Statutes*, o el *Purdon's Pennsylvania Consolidated Statutes Annotated*. La lista que contiene información sobre su estado en el Apéndice A, le dará el título de la serie de leyes en su estado después de las palabras: "The Law." Algunos estados tienen más de una serie de leyes, publicadas por varios editores. Por ejemplo: Florida tiene ambos estatutos, el *Florida Statutes* y el *Florida Statutes Annotated*. Michigan tiene tanto el *Michigan Statutes Annotated* como el *Michigan Compiled Laws Annotated*. La serie de libros para cada estado utilizada por el autor se detalla en el Apéndice A. Pídale ayuda al bibliotecario si tiene cualquier problema para ubicar las leyes de divorcio de su estado.

Cada año las legislaturas estatales se reúnen y cambian la ley; por consiguiente, es importante que usted tenga la versión más actualizada. Una vez que usted encuentra la serie de libros en la biblioteca, usted verá que están actualizados en una de tres maneras. La manera más común es con un suplemento de tapas blandas que se encuentra en la parte posterior de cada volumen. La fecha que aparece en la portada del suplemento indica cuándo fue publicado (por ejemplo "1998 Cumulative Supplement"). Si hace más de un año que se publicó, pida el suplemento actualizado al bibliotecario. Otra forma de actualizar las leyes es por medio de un volumen suplementario, el cual se encuentra al final de la serie de volúmenes regulares. Este volumen suplementario también tendrá la fecha o el año impreso en él. Por último, algunos estados usan una carpeta de hojas sueltas en las que se sacan las páginas viejas que serán reemplazadas, o se agrega una sección suplementaria a medida que la ley cambia.

Manuales de procedimiento

En la biblioteca legal usted podrá encontrar libros que contienen información detallada sobre la ley del divorcio en su estado, incluyendo formularios para todo tipo de situaciones. Algunos de estos libros están escritos en conexión con los seminarios de los abogados y son muy útiles para contestarle preguntas sobre situaciones muy específicas.

Los reglamentos de la corte judicial

Los reglamentos de la corte son disposiciones de procedimiento que se aplican en las cortes de su estado. Pueden contener algunos formularios aprobados. Es probable que usted no necesite utilizar demasiado los reglamentos de la corte, pero serán útiles si el Secretario de la Corte o el Juez le dice que usted no ha hecho algo correcto. En tal caso, puede leer la disposición para averiguar cómo corregir el problema.

Probablemente no necesita hacer más investigación que buscar las disposiciones de la ley de divorcio en los estatutos o código de su estado y revisar los formularios en el libro de formularios y procedimientos. No obstante, la siguiente información se proporciona en caso de que usted necesite o desee avanzar aún más en su investigación. Además de que las leyes sean aprobadas por el Poder Legislativo, cada año las leyes también se pasan basadas en decisiones tomadas por jueces en varios procesos judiciales. Para encontrar estos *precedentes judiciales* (case law) necesitaría ir a una biblioteca legal. Además de los códigos comentados o estatutos, hay varios tipos de libros que se utilizan para encontrar precedentes.

Los compendios

Un *compendio* es una serie de volúmenes que da breves resúmenes de los casos de apelaciones a la corte y lo dirigen a usted hacia donde puede encontrar escrita la opinión completa de la corte. La información en el compendio se encuentra alfabéticamente por tema. Primero, debe encontrar el compendio de su estado (por ejemplo, *Compendio de Nueva York*). Hay un compendio que comprende a todos los Estados Unidos, pero es más fácil encontrar las leyes de su estado en un compendio estatal. Busque bajo el capítulo de Divorcio ("Divorce") o Disolución del Matrimonio ("Dissolution of Marriage") y luego mire los subtítulos para encontrar el tema que usted desea. Si no puede encontrar ningún capítulo titulado Divorcio ("Divorce"), mire en el índice bajo la palabra Divorcio ("Divorce") para saber qué título debe usar.

COMPILACIÓN DE DECISIONES DE LAS CORTES DE APELACIÓN

Son las opiniones que se publican por escrito de los casos que se oyeron en las cortes de apelación. Posiblemente hay una compilación específica para su estado, o será necesario usar una compilación regional que contenga los casos de varios estados en su área. Su bibliotecario puede ayudarle a localizar la compilación de su estado. Puede haber dos *series* de compilaciones regionales, siendo generalmente la segunda serie la más reciente. Por ejemplo, si el compendio dice que el caso de *Smith v. Smith* se localiza a *149 So.2d 721*, lo puede encontrar yendo al Volumen 149 de la Compilación de Apelaciones, Segunda Serie del Sur y seguir hasta la página 721. La corte explicará, en su opinión, el contenido del caso, qué preguntas de la ley se consideraron y cómo llegaron a esa decisión.

LA ENCICLOPEDIA LEGAL

Una enciclopedia legal es similar a una enciclopedia regular. Busque por orden alfabético el capítulo que dice Divorcio ("Divorce") y cuando lo encuentre podrá ver un resumen de la ley referente a ese tema. También se refiere específicamente a los casos de la Corte Judicial que se encuentran en la Compilación de Apelaciones. En el ámbito nacional, las dos series principales son *la Jurisprudencia Americana* (abreviado: *Am.Jur.*), y Corpus Juris Secundum (C.J.S.). También podría encontrar una serie para su estado, como la de *Florida Jurisprudence*, o la de *Texas Jurisprudence*.

Los abogados 3

Dependerá de muchos factores determinar si usted necesita un abogado o no, entre ellos a) cuán cómodo se siente para ocuparse usted mismo del asunto; b) si su situación es más complicada que la usual; saber qué tipo de oposición hay entre usted y su esposo o por parte del abogado de su esposo. En el caso de que el juez tuviera una actitud hostil, puede ser aconsejable que contrate a un abogado. La regla general es que debería considerar contratar a un abogado cuando usted llegue a un punto donde sienta que ya no puede representarse a sí mismo. Este momento varía considerablemente con cada persona; por consiguiente, no hay una manera fácil de ser más preciso. Hay otras situaciones en las cuales usted podría necesitar los servicios de un abogado; éstas se detallan en los capítulos siguientes.

¿Desea usted contratar a un abogado?

Una de las primeras preguntas sobre la que debería reflexionar, y probablemente sea la razón por la cual usted está leyendo este libro, es: ¿Cuánto cuesta un abogado? Se encuentran abogados de todas las edades, estilos, tamaños, sexos, grupos raciales y étnicos, y claro, de una variedad de precios. Para darle una idea estimada, puede contar con que un abogado cobre aproximadamente de $150 a $1,000 por un divorcio por acuerdo y de $800 hacia arriba para un divorcio contencioso. Los abogados típicamente cobran desde $75 hasta $300 por hora, en juicios contenciosos; tenga presente que estos honorarios varían en cada estado. Los abogados recién recibidos (y por consiguiente más baratos) deberían ser capaces de manejar un divorcio sencillo, pero si su situación se complicara muy probablemente preferiría un abogado con más experiencia.

ALGUNAS DE LAS VENTAJAS DE TENER UN ABOGADO

- Los jueces y los otros abogados quizás podrían tomarle más en serio si usted tiene un abogado. La mayoría de los jueces prefieren que ambas partes tengan abogado. Ellos creen que esto ayuda a que el proceso legal se conduzca ordenadamente, porque así ambas partes sabrán los procedimientos y las consecuencias relevantes. Las personas que se representan a sí mismas, a menudo pasan mucho tiempo discutiendo asuntos que no afectan en absoluto el resultado del caso.
- Un abogado sirve como un "parachoques" entre usted y su ex-esposo(a). Esto puede promover un pasaje rápido por el sistema reduciendo la oportunidad de que las emociones tomen control de la situación y confundan los asuntos.
- Los abogados prefieren tratar con otros abogados por las mismas razones mencionadas anteriormente. Sin embargo, si usted se familiariza con los capítulos de este libro y puede dirigirse en una manera calmada y apropiada, no debería tener ningún problema.
- Teniendo un abogado, usted se despreocuparía de todo los detalles, pues él se responsabilizaría de ellos. Generalmente, usted sólo necesitaría familiarizarse con los capítulos de este libro. El trabajo de su abogado sería presentar los papeles de divorcio apropiados usando los formularios correctos, tratar con los secretarios de la Corte Judicial, el Juez, el notificador, su ex-esposo(a), y el abogado de su ex-esposo(a).
- Los abogados le proporcionan la ayuda profesional a los problemas. Es una ventaja tener un abogado en el caso eventual de que

el proceso se complique; del mismo modo, puede confiar en él sabiendo que le aconsejará y contestará sus preguntas.

ALGUNAS VENTAJAS DE REPRESENTARSE A SÍ MISMO

- Ahorra el costo de contratar a un abogado
- A veces los jueces se muestran más compasivos hacia las personas que no son representadas por un abogado. Ocasionalmente, el resultado es que a la persona sin representación se le permite un cierto margen de amplitud en cuanto al cumplimiento de las normas de procedimiento.
- El proceso puede ser más rápido. De las quejas más frecuentes recibidas por las asociaciones de abogados sobre los servicios profesionales prestados, hay dos que predominan: la demora para completar el proceso y la no-devolución de las llamadas telefónicas de los clientes. La mayoría de los abogados tienen muchos casos y a veces dejan de lado otros por largo período de tiempo. Si usted sigue el proceso de su propio caso, puede empujarlo diligentemente dentro del sistema.
- No es fácil seleccionar un abogado. Como se observará en la próxima sección, es difícil saber si usted está escogiendo un abogado que le satisfaga.

CONCESIONES MUTUAS

Tal vez usted desee buscar a un abogado que esté dispuesto a aceptar cobrarle sus honorarios por hora para contestarle sus preguntas y darle asesoramiento cuando lo necesite sin tener que contratarlo para que le haga todo el proceso. De esta manera usted ahorra algunos costos legales, pero aún consigue ayuda profesional. Solamente esté consciente de que los abogados suelen encontrar errores en los documentos que no hayan preparado personalmente. Es más, usted puede mostrarle a un abogado un documento que haya sido preparado por él mismo; si no lo recuerda, encontrará cosas para cambiar. Ocasionalmente, un abogado puede decirle que usted ha hecho todo incorrecto y tratar de convencerle de que le debe dar el caso completo a él. Por consiguiente, es posible que usted únicamente desee ver a un abogado si encuentra algún problema en la Corte Judicial, con los secretarios o con el Juez.

LA SELECCIÓN DE UN ABOGADO

Seleccionar un abogado es un proceso de dos pasos. Primero debe decidir qué abogado le gustaría entrevistar y luego necesitará determinar si lo quiere contratar.

MEDIOS PARA ENCONTRAR UN POSIBLE ABOGADO

- ***A través de un amigo.*** Frecuentemente la mejor manera y la más común de encontrar un abogado es pidiéndole a alguien que usted conozca, que le recomiende uno. Es realmente útil si el abogado representó a su amigo(a) en un divorcio o en algún asunto familiar legal.
- ***Servicio de referencia de abogados.*** Otra forma de conseguir un abogado es en la guía telefónica de las Páginas Amarillas bajo "Servicio de Referencia de Abogados" o "Abogados". Habitualmente, este es un servicio proporcionado por la Asociación del Cuerpo de Abogados y está diseñado para buscar profesionales que practiquen la especialidad que el cliente necesita. El servicio no garantiza la calidad de trabajo ni el nivel de experiencia o la habilidad del abogado. Al utilizar este servicio se contactará por lo menos con un abogado que se especialice en casos de divorcio y en leyes familiares y que probablemente tenga alguna experiencia en el área.
- ***Las páginas amarillas.*** Empiece su búsqueda en las Páginas Amarillas de su guía telefónica bajo el título de "Abogados." Muchos abogados y empresas legales publican sus anuncios aquí indicando sus áreas de especialidad y sus antecedentes educativos. Busque anuncios de empresas o abogados que indiquen que ellos practican las leyes en áreas como "divorcio", "leyes de asuntos familiares," o "relaciones domésticas."
- ***Consulte con otro abogado.*** Llame a un abogado que usted haya utilizado en el pasado por algún otro asunto (por ejemplo, para una operación de bienes raíces, una infracción de tráfico o para un testamento) y pregúntele si se ocupa de casos de divorcio o si

podría referirle a otro abogado cuya experiencia en el área de leyes familiares fuera respetada.

La evaluación de un abogado

Usted debe seleccionar de tres a cinco abogados merecidamente considerables. Una vez obtenida la selección, el primer paso sería llamar a la oficina de cada abogado, explicar que usted está interesado en obtener un divorcio, y hacer las siguientes preguntas:

1. ¿ Se ocupa de divorcios este abogado (o firma)?
2. ¿Cuánto cree que le costará?
3. ¿Cuán rápido se puede obtener una cita?

Si usted está conforme con las contestaciones, pida hablar con el abogado, (algunas oficinas se lo permitirán, otras le exigirán que haga una cita). Concierte la cita si eso es lo que se requiere. Una vez que usted se comunique con el abogado (sea por teléfono o en una cita), haga las preguntas siguientes:

1. ¿Cuánto costará la gestión?
2. ¿Cómo se pagarán los honorarios?
3. ¿Cuánto tiempo ha ejercido como abogado?
4. ¿Cuánto tiempo ha practicado en ese estado?
5. ¿Qué porcentaje de los casos que el(la) abogado ha resuelto involucraron casos de divorcio u otros asuntos legales de familia? (No debe esperar una respuesta exacta, pero debería aproximarse al menos al 20%.)
6. ¿Cuánto tiempo tomará el trámite? (No espere una respuesta exacta pero el abogado debería poder darle un tiempo promedio y detallarle los tipos de cosas que puedan ser relevantes.)

Si usted encuentra estas respuestas aceptables, es hora de preguntarse a sí mismo cosas sobre el abogado:

1. ¿Se siente cómodo hablando con el abogado?

2. ¿Le parece que él o ella es amable con usted?
3. ¿ Parece este(a) abogado estar seguro de sí mismo(a)?
4. ¿ Le parece que este(a) abogado le explica las cosas claramente para que usted las entienda?

Si usted está satisfecho con las respuestas, es probable que tenga un abogado con quien pueda proceder. Es importante que el cliente se sienta cómodo con su abogado, lo cual le hace sentirse contento.

CÓMO TRABAJAR CON UN ABOGADO EFICIENTEMENTE

Usted trabajará mejor con su abogado si actúa sincera, honrada y amistosamente. También debe considerar las siguientes sugerencias.

Haga preguntas. Pregúntele a su abogado cuando usted quiera saber algo o cuando no entienda algo. Por ejemplo, si usted no entiende una respuesta, pídale a su abogado que se lo explique de nuevo. Hay muchos puntos de la ley que incluso los abogados no entienden totalmente; no debe avergonzarse de hacer las preguntas. La razón por la que muchas personas tuvieron malas experiencias con un abogado posiblemente haya sido porque no hicieron las preguntas suficientes o porque tuvieron a un abogado que no se tomó el tiempo necesario para explicarles detalladamente las cosas. Si su abogado no se dedica a explicarle lo que está haciendo, tal vez sea el momento de buscar a un nuevo abogado.

Dele a su abogado la información completa. Todo lo que usted le diga a su abogado es confidencial. Un abogado puede perder su licencia para ejercer la profesión si él o ella revela información sin su permiso. Así que no se contenga en decirle a su abogado los hechos pertinentes a su caso. Dígale todo, aunque a usted no le parezca importante. Hay muchas cosas que parecen de menor significado para la mayor parte de la gente pero que pueden cambiar el resultado de un caso. Tampoco se contenga por miedo de dañar su caso. ¡Definitivamente dañaría su caso si su abogado no se informara de algo a tiempo y él lo descubriera en la Corte Judicial a través del abogado de su esposo(a)! Si su abogado supiera todo de antemano, él(ella) podría planear mejor a fin de eliminar o reducir el perjuicio que le afectaría a su caso.

Acepte la realidad. Escuche y acepte lo que su abogado le dice sobre la ley y el sistema. No le haría ningún bien discutir con su abogado porque la ley o el sistema no funcionan de la manera que usted cree que debería ser. Por ejemplo, si su abogado le dice que el juez no puede oír su caso hasta dentro de dos semanas, no intente exigir que el juez le arregle una audiencia para el día siguiente. Si se niega a aceptar la realidad, sólo está preparándose para desilusionarse. Recuerde: El abogado no tiene la culpa de que el sistema no sea perfecto, o de que la ley no dice lo que a usted le gustaría que diga.

Sea paciente. Esto significa que sea paciente con el sistema (que es a menudo lento como se mencionó antes), así como con su abogado. No espere que él(ella) le devuelva su llamada telefónica dentro de una hora; tal vez no pueda devolvérsela ese mismo día. La mayoría de los abogados están muy ocupados y agotados. Es raro que un abogado pueda mantener sus casos y además lograr que cada cliente se sienta como si fuera el único.

Hable con la secretaria. La secretaria de su abogado es una valiosa fuente de información. Así que sea amable con ella y haga un esfuerzo por conocerla. A menudo le puede contestar sus preguntas y además, no le cobrará por el tiempo que permanezca hablando.

Permita que su abogado trate a su esposo(a). Es el trabajo de su abogado comunicarse con su esposo(a) o con el abogado de su esposo(a). Permita que su abogado haga su trabajo. Muchos abogados han perdido sus clientes o dañan sus casos cuando el cliente decide decir o hacer algo sin consultarle previamente.

Sea puntual. Esto aplica tanto para las citas con su abogado, como para las citas de las audiencias judiciales.

Mantenga su caso en movimiento. Muchos abogados operan siguiendo el viejo principio que dice que *la rueda que rechina es la que consigue el aceite*. Un proceso puede ser postergado hasta que la fecha límite esté cercana, surja una emergencia, o el cliente llame. Hay una razón para esto: Muchos abogados toman más casos de los que eficazmente pueden manejar a fin de aumentar sus ingresos. Su tarea es convertirse en una rueda que rechina pero no demasiado. En cada ocasión que hable con su abogado hágale las siguientes preguntas:

1. ¿Cuál es el próximo paso?
2. ¿Cuándo estima que finalizará el caso?
3. ¿Cuándo es la próxima vez que debo hablar con usted?

Si el abogado no le ha llamado cuando usted esperaba, llámele al día siguiente. No le recuerde que él o ella no le llamó; sólo pregunte cómo siguen las cosas.

Cómo ahorrar dinero. Por supuesto que usted no quiere gastar cantidades innecesarias de dinero por un abogado. Aquí encontrará sugerencias de lo que puede hacer para evitar el exceso de honorarios legales:

1. No haga llamadas telefónicas innecesarias a su abogado.
2. Dele la información a la secretaria siempre que sea posible.
3. Dirija sus preguntas primero a la secretaria. La secretaria le referirá al abogado si ella no puede contestarle.
4. Planifique sus llamadas telefónicas para ir al grano y tomar menos tiempo de su abogado.
5. Haga algunos trabajos preparatorios, por ejemplo, recoja y entregue los papeles usted mismo. Pregúntele a su abogado qué más puede hacer para ayudar con su caso.

Prepárese para las citas. Tenga todos los papeles relacionados con su caso en su poder, planifique su visita para no andar con rodeos; haga un bosquejo de los temas que usted quiera tratar y de las preguntas que desearía hacerle a su abogado.

Pague la factura del abogado cuando es debido. Ningún cliente consigue mejor atención que el cliente que paga a su abogado a tiempo. Sin embargo, tiene derecho a una factura detallada, que le muestre lo que el abogado ha hecho y cuánto tiempo le tomó. Muchos abogados requieren que usted firme un acuerdo que declara cómo se cobrarán los honorarios, lo que se incluye en los honorarios por hora y lo que se considera extra. Revise su factura cuidadosamente. Hay numerosas historias de gente que pagó de antemano a un abogado $500 o $1,000 solamente para que el abogado hiciera algunas llamadas telefónicas al abogado del esposo(a) y luego le pidieran más dinero. Si su abogado pide $500 o $1,000 de antemano, asegúrese que usted y su abogado están de acuerdo en lo que se hará con esos honorarios. Por $500 debe tener la petición preparada, presentada en la Corte Judicial y debe ser enviada a su esposo(a) (aunque la presentación ante la corte y los costos de servicio probablemente serán extras).

Cómo despedir a su abogado. Si usted cree que ya no puede continuar con su abogado o no confía en él, es tiempo de seguir solo(a) o de conseguir un nuevo abogado. Necesitará enviarle una carta diciéndole que ya no quiere continuar con sus servicios y que le exime de su caso. Además debe explicarle que al día siguiente usted recogerá su archivo de su oficina. El abogado no tiene que darle sus propias notas u otro trabajo que él tenga en marcha, pero debe darle los documentos esenciales de su archivo (tales como las copias de papeles ya presentados o preparados y facturados, y cualquier documento que usted le haya entregado). Si él se niega a darle su archivo por cualquier razón, avise a la Asociación de Abogados de su estado y solicite que registren una denuncia o *agravio* contra el abogado. Tenga presente que deberá conciliar con el abogado cualquier honorario que quede pendiente.

EVALUANDO SU SITUACIÓN 4

SU ESPOSO(A)

Se le ha advertido, en la contraportada de este libro, que no permitiera que su esposo(a) descubra que está leyendo este libro por una buena razón. No sería conveniente que su esposo(a) se entere de que piensa presentar una demanda de divorcio, a menos que ya estén de acuerdo en hacerlo. Aunque no pareciera desde el principio, ésta podría ser una táctica de defensa en el futuro. Si su esposo(a) sospecha que usted está pensando divorciarse, podría hacer cosas tales como: sacar dinero de las cuentas bancarias, ocultar información sobre los ingresos, o no declarar bienes para impedir un resultado justo. Así que no revele información alguna hasta que usted haya recopilado todo lo necesario y esté a punto de presentar su demanda de divorcio.

RECOPILANDO LA INFORMACIÓN

Es sumamente importante que usted acumule toda la información financiera que pueda conseguir. Haga copias de todos los papeles que pueda y manténgalas en un lugar seguro como ser en una caja fuerte (donde su esposo(a) no los pueda encontrar). Asimismo haga copia de todos los nuevos papeles que le lleguen, especialmente cuando esté a punto de presentar papeles judiciales o cuando se aproxime la audiencia judicial. Estas pruebas serán necesarias si su caso se convierte en un divorcio contencioso o si su esposo(a) no proporciona ninguna información. En este caso deberá incluir lo que se detalla a continuación (o tanto como le sea posible):

- Su más reciente declaración de ingreso y el formulario de Impuesto Federal W-2 de usted y de su esposo(a).
- Cualquier otro documento de ingreso (como intereses, dividendos de acciones, etc.).
- El talón de pago más reciente de su esposo(a), donde muestre las ganancias del año hasta la fecha. Si no figura en el talón, intente conseguir copias de todos los recibos de pago desde principios de año.
- Las escrituras y títulos de propiedades de automóviles, barcos u otros vehículos.
- El testamento suyo y el de su esposo(a).
- Las pólizas de seguro de vida, acciones, bonos u otros papeles de inversión.
- Declaraciones de pensiones o fondos jubilatorios.
- Las tarjetas y documentos del seguro médico.
- Cuenta bancaria o declaraciones del banco cooperativo.
- El número del seguro social y el de la licencia de conducir de su esposo(a).
- Los nombres, direcciones y números de teléfono del empleador de su esposo, amigos íntimos y miembros familiares.
- Los estados de cuenta de tarjetas de crédito, documentos de la hipoteca u otros papeles de sus deudas o créditos.
- Las copias de facturas o recibos de gastos regulares, como gastos de luz, gas, el seguro del automóvil, etc.

- Las copias de facturas, recibos, pólizas de seguro o expedientes de gastos médicos (incluyendo las facturas por condiciones médicas crónicas) de usted, su esposo(a) y sus hijos.
- Cualquier otro expediente o documento que detalle lo que usted y su esposo(a) ganen, poseen o deban.

¡Advertencia!

La información en las secciones siguientes de este capítulo es de sentido general. Por favor lea lo que le pertenece a su estado en el Apéndice A. Lea el estatuto actual o la sección del código de su estado antes de presentar cualquier documento en la Corte Judicial. Igualmente, se sugiere que consulte otros libros que traten el tema del divorcio y la distribución de propiedad en su estado, en la biblioteca legal de su ciudad.

LA PROPIEDAD Y LAS DEUDAS

La propiedad

Debe familiarizarse con las dos condiciones legales básicas que tratan el tema de la división de propiedad y que se llaman *comunidad de bienes* (bienes comunes) y la *distribución equitativa*. Cada uno de los estados ha adoptado uno de estos términos o conceptos legales. Ambas formas se utilizan para dividir la propiedad e incluso se considera cuándo fue adquirida y bajo qué circunstancias. Como una cuestión práctica, cualquiera de los términos que se use no es tan importante como lo son los factores específicos que se encuentran en las leyes de cada estado.

Generalmente, todas las propiedades que usted y su esposo(a) hayan adquirido durante su matrimonio se consideran de los dos (conjuntamente); o sea que los dos son dueños y comúnmente se la llama *propiedad matrimonial*. La mayoría de los estados distribuyen la propiedad en: *matrimonial* y *la adquirida fuera del matrimonio* (a veces llamada *por separado* o *única*). Básicamente, la propiedad fuera del matrimonio es la que se considera como posesión separada de cada parte, y que fue adquirida por cada una de las partes separadamente, fuera del matrimonio. En algunos casos se pueden incluir los regalos y herencias recibidas mientras estaban casados y alguna otra propiedad que haya sido adquirida durante el matrimonio, intercambiándose por propiedad fuera del matrimonio. Por ejemplo, si usted era dueño de un automóvil antes de casarse se consideraría propiedad adquirida fuera del matrimonio. Si usted lo cambió por otro automóvil después de casarse, ese nuevo automóvil todavía se considera propiedad no matrimonial. Cada estado difiere en cuanto a si los ingresos de las propiedades adquiridas fuera del matrimonio y el aumento del valor de estas propiedades también son clasificadas como propiedades fuera del matrimonio. Esto depende de si su esposo(a) tuvo algo que ver o contribuyó con la causa del ingreso o el aumento de valor. Cada parte se queda con la propiedad fuera del matrimonio que le pertenece, y después la Corte Judicial aplicará varios factores para distribuir la propiedad matrimonial. Busque la información referente a su estado en el Apéndice A para determinar qué se considera propiedad fuera del matrimonio en su estado y qué factores se usan para distribuir la propiedad matrimonial.

Para averiguar cómo se distribuye la propiedad, de acuerdo a los reglamentos de su estado, refiérase al Apéndice A y busque bajo el título "Propiedad". La siguiente aclaración le ayudará a entender la información provista para cada estado:

1. Lo primero que se indica es si su estado utiliza la teoría legal de los *bienes comunes* o la *distribución equitativa*. Esto es sólo para su información general, en el evento de que el juez o alguien más lo mencione. Cada concepto tiene diferencias legales sutiles que generalmente no son de gran significado.

2. Luego habrá una aclaración acerca de si la *culpabilidad* fue considerada al distribuir la propiedad. Si lo fue, porque el esposo(a) causó la disolución del matrimonio (por ejemplo en el caso de adulterio, crueldad, etc.), la parte puede tener derecho a más de la mitad de la propiedad. Para obtener la propiedad adicional, es necesario demostrar que la otra persona fue culpable, aún cuando se estén usando fundamentos de no-culpabilidad.

3. Le sigue una lista de los tipos de propiedad que de acuerdo al estado se titulan: *propiedad separada, propiedad fuera del matrimonio, o propiedad única*. La *propiedad única* es con la cual cada parte puede quedarse, libre de reclamo por parte del otro. El resto de la propiedad es propiedad matrimonial y está sujeta a la distribución entre usted y su esposo(a). Algunos estados no hacen la distinción entre la propiedad matrimonial y la propiedad adquirida fuera del matrimonio, sólo consideran cuándo y cómo fue adquirida, como el factor decisivo para distribuirla. En caso de que hubiera otras excepciones o condiciones, deberán ser notificadas.
4. Se detallan otros factores que se usan en su estado para distribuir la propiedad.
5. Asimismo encontrará referencias al estatuto de su estado o a las secciones de los códigos que tratan la distribución de la propiedad. Sería una buena idea que usted buscara la ley actual en una biblioteca legal. Esta referencia le dirá dónde encontrarla.

La siguiente información le ayudará a completar el INVENTARIO DE LAS PROPIEDADES (formulario 1), que se encuentra en el Apéndice B de este libro. El formulario es una lista de todas sus propiedades y alguna otra información importante relacionada con la propiedad. Nótese que este formulario se divide en nueve columnas:

Columna 1 Si en su estado se distribuye la propiedad entre la propiedad matrimonial y la de fuera del matrimonio, coloque"M" (para esposo) o "E" (para esposa) en la columna que corresponda para indicar a quién le pertenece la propiedad.

Columna 2 Deberá describir aquí la propiedad. Se provee información más detallada con respecto a este tema.

Columna 3	Se usa para escribir el número de serie, número de cuenta u otro número que pueda ayudar a clarificar y a identificar esa propiedad.
Columna 4	Se deberá registrar el valor actualizado de la propiedad en el mercado.
Columna 5	Se anotará, si existe, la cantidad de dinero que se debe por la propiedad.
Columna 6	No olvide sustraer el saldo que debe del valor de su propiedad. El resultado indicará lo que tiene invertido en su propiedad (valor líquido).
Columna 7	Se manifiesta quiénes son los dueños legales y actuales de la propiedad. La "M" es para el esposo, "E" para la esposa, y la "C" para la propiedad en posesión conjunta.
Columna 8	Se registrarán las propiedades con las que probablemente se quede el esposo. Haga su lista completando primero la primera columna (1) hasta la séptima (7); entonces proceda a rellenar las columnas ocho (8) y nueve (9).
Columna 9	Se anotarán las propiedades con las que probablemente se quedará la esposa.

Los siguientes son algunos tipos de propiedad que deberían estar incluídos en su lista:

El dinero en efectivo. Indique el nombre del banco, banco cooperativo, etc., y el número de cuenta de cada uno, incluyendo las cuentas corrientes, las de ahorros y los certificados de depósito ("los CD"). El saldo de cada cuenta se deberá asentar en la columna titulada VALOR LIQUIDO. (Se sugiere que deje en blanco las columnas del VALOR y SALDO DEBIDO).

Bienes inmuebles. Debe registrar cada propiedad que usted y su esposo posean. La descripción debe incluir la dirección de la propiedad, el nombre de la subdivisión y el número de lote, o algo que le permita saber a qué propiedad se refiere. El inmueble puede estar a nombre de ambos, o a su nombre o a de su esposo(a), exclusivamente. La única manera de saber con seguridad es mirando el título de propiedad. Si no encuentra una copia del título, intente buscar los papeles de la hipoteca, los cupones de pago, las pólizas de seguro de propiedad, o las copias del aviso de contribución de impuestos. Normalmente, los dueños de bienes inmuebles se describen en el título como los *concesionarios*. Para asignar un valor a la propiedad, debe considerar por cuánto podría venderla, es decir saber el valor del mercado, el cual se puede determinar averiguando a qué precio se han vendido recientemente las casas similares en su barrio. También podría considerar cuánto fue lo que se pagó por la propiedad o por cuánto está asegurada. Evite usar el valor de la contribución de impuestos, porque, en general, es considerablemente más bajo que el valor del mercado.

Los vehículos. Esta categoría incluye los automóviles, camiones, las casas móviles, los vehículos recreativos ("RVs"), motocicletas, barcos, casas rodantes, aviones o cualquier otro medio de transporte para el cual el estado requiera un título y matrícula. Incluya información sobre el fabricante, la marca del vehículo, el año en que fue fabricado y el número de identificación. En cuanto al valor, puede ir a la biblioteca pública y pedir el *libro azul* de los automóviles, camiones o cualquier otro vehículo que usted busque. En este libro (puede ser de cualquier otro color) encontrará el valor promedio de los vehículos usados. Recuerde que su bibliotecario puede ayudarle a encontrar lo que usted necesite. Otra fuente de información para determinar el valor es la sección de anuncios clasificados de un periódico; revísela para ver el precio de venta de vehículos similares. Igualmente, puede intentar llamar a un distribuidor de vehículos para averiguar si le podría dar una idea del valor. Cuando llame, esté consciente de la condición de su vehículo para proveer la información adecuada.

Los aparatos, equipos electrónicos y máquinas de jardinería. Esta categoría incluye tales cosas como televisores, videograbadoras, refrigeradores, segadoras de césped, y herramientas eléctricas. No se preocupe en asignar un valor a estos artículos a menos que usted esté lo suficientemente familiarizado y tenga conocimiento de cuánto valen.

Los muebles. Describa todos sus muebles de la manera más específica que le sea posible, incluyendo el tipo de pieza (como: sofá, mesa de café, etc.), el color, y si lo sabe, el nombre del fabricante y el estilo. Los muebles normalmente no llevan número de identificación, pero si lo encuentra escríbalo en la lista. Como en el caso anterior, no se preocupe por el valor a menos que usted realmente sepa el valor actual.

Las joyas y otras cosas valiosas. No necesita anotar las joyas de fantasía. Se puede quedar con sus propios relojes, anillos, etc. Sin embargo, si posee una pieza de valor, debe incluirla en su lista, detallando el precio estimado. Esté seguro de incluir la vajilla de plata, los abrigos de pieles, el arte original, el oro, las colecciones de monedas, etc. De nuevo, sea lo más detallado y específico posible.

Las acciones y bonos. Se deben anotar todas las acciones, depósitos de bonos u otras inversiones bursátiles. Apunte el número de acciones que tiene y el nombre de la compañía u otra organización que las emitieron. Del mismo modo, apunte cualquier anotación que identifique la clase de acción, tal como: *común* o *preferida*. Puede obtener esta información del propio certificado de acciones o de una declaración escrita por su agente.

Otros artículos de valor. Esto se refiere simplemente a todo aquello de alto valor que no pueda registrarse en una de las categorías previamente indicadas. Como ejemplos se indican: piscina de hidromasaje, piscina (no empotrada), palos de golf, armas, mesa de billar, equipo de campamento o de pesca, animales de granja, o maquinarias.

Lo que no debe anotar. No es necesario incluir su ropa y otros efectos personales. Las ollas, cacerolas, vasijas y los utensilios de cocina generalmente no necesitan ser registradas, a menos que sean de mucho valor.

Una vez que haya acabado con su lista, revísela y trate de determinar quién debe quedarse con qué artículo. Lo ideal sería que los dos revisen la lista juntos y distribuyan razonablemente las cosas. Si no fuera posible, usted necesita presentarle un acuerdo razonable al Juez. Considere cada artículo y marque en la columna ocho (8) o nueve (9) si ese artículo debe pertenecerle a usted o a su esposo(a). Usted puede asumir lo siguiente:

- ☛ La propiedad que usted haya adquirido fuera del matrimonio le corresponde a usted.
- ☛ La propiedad de su esposo(a) adquirida fuera del matrimonio, le corresponde a él(ella).
- ☛ Debe quedarse con los artículos que sólo usted utiliza.
- ☛ Su esposo(a) debe quedarse con los artículos que sólo él o ella usa.
- ☛ El resto debe ser distribuido justamente, teniendo en cuenta quién realmente querría cada artículo.

Para distribuir su propiedad equitativamente, primero necesita saber el valor total de su propiedad. En primer lugar, no se debe contar el valor de los artículos adquiridos fuera del matrimonio (a menos que la información para su estado en el Apéndice A indicara que debe ser incluído). Sume las cantidades que quedan en la columna de VALOR LÍQUIDO del INVENTARIO DE LA PROPIEDAD (formulario 1) y así podrá obtener un valor aproximado de toda la propiedad matrimonial. Cuando llegue el momento de la audiencia, su esposo(a) y usted probablemente tratarán y discutirán sobre algunos o todos los artículos de la lista. Es entonces, cuando usted apreciará el haber hecho copias de los documentos que se relacionan con la propiedad registrada. Las discusiones que se originan a raíz del valor de la propiedad podrían ser resueltas empleando a un tasador para que lo determine. No obstante, debe tener en cuenta que tendrá que pagarle por sus estipendios. En los próximos capítulos se detallará más ampliamente la distribución de la propiedad.

Las pensiones y los beneficios militares. Puede ser una cuestión complicada distribuir las pensiones y beneficios militares y de retiro. Siempre que existe este tipo de beneficios, es necesario consultar a un abogado o a un contador público para determinar el valor de los beneficios y cómo deben ser asignados.

LAS DEUDAS

Esta sección está relacionada con el INVENTARIO DE LA DEUDA (formulario 2), en el cual usted deberá asentar sus deudas, aunque hay casos, por ejemplo, donde la esposa se queda con el automóvil pero el marido continúa haciendo los pagos; la regla general es que quien se queda con la propiedad también se queda con la deuda que existe sobre esa propiedad. En la mayoría de los casos, esto parece ser un arreglo justo. En el formulario 2 usted deberá anotar cada obligación contraída por usted y/o su esposo(a). Si su estado distingue la propiedad matrimonial y la propiedad adquirida fuera del matrimonio, deberá incluir la deuda matrimonial y la deuda contraída antes del matrimonio. Es decir, cualquier deuda que haya sido adquirida antes de casarse, continuará siendo suya. El formulario 2 tiene una columna para las deudas de no matrimonial. Marque cada deuda no matrimonial con "M" (para esposo) o "E" (para esposa) para diferenciar las deudas. Usted será responsable de su deuda no matrimonial y su esposo(a) será responsable de la deuda de él(ella). Complete el formulario 2 por cada deuda como se detalla a continuación:

Columna 1: Escriba en la casilla "M" o "E", según corresponda, para mostrar las deudas de cada uno adquiridas fuera del matrimonio.

Columna 2: Escriba el nombre y dirección del acreedor (ya sea un banco, una compañía, o persona a quien se debe la deuda).

Columna 3: Escriba el número de cuenta bancaria, al igual que el número de préstamo o de la hipoteca.

Columna 4: Escriba cualquier nota que ayude a identificar el propósito del préstamo (como "regalos de Navidad," "vacaciones," etc.)

Columna 5: Escriba cuánto paga mensualmente.

Columna 6: Escriba el saldo que debe del préstamo.

Columna 7: Escriba la fecha (aproximadamente) en que fue efectuado el préstamo.

Columna 8: Escriba, donde corresponda, si la cuenta está a nombre del esposo (M), a nombre de la esposa (E), o conjuntamente (C) a nombre de ambos.

Columnas 9 y 10: En estas columnas se indicará quién será responsable de la deuda después del divorcio.

Al igual que la propiedad, cada uno se queda con sus respectivas deudas adquiridas fuera del matrimonio; lo que sobra debe ser distribuido equitativamente, tomando en cuenta quién se queda con la propiedad para la cual ha sido solicitado el préstamo.

LA PENSIÓN ALIMENTICIA

Tradicionalmente, sólo la esposa podía obtener la pensión alimenticia de su marido. Hoy en día, las leyes en muchos estados contemplan la provisión de esta pensión tanto al marido como a la esposa. En realidad, hay muy pocos casos en que a una esposa se le obligue a pagar la pensión alimenticia a su marido. Hay dos tipos de pensiones:

1. Temporaria. Sólo se asignará por un período de tiempo determinado y permite que uno de los esposos consiga la educación o entrenamiento necesario para encontrar un trabajo. Normalmente, esta pensión se otorga cuando una de las partes no ha trabajado fuera del hogar durante el matrimonio.

2. Permanente. Puede continuar por un largo tiempo, posiblemente hasta que fallece la parte que recibe la pensión. Se otorga típicamente cuando una de las partes es incapaz de tra-

bajar debido a una enfermedad física o mental, o a otras circunstancias parecidas.

Como alternativa, quizás querrá negociar para recibir (o rechazar) un porcentaje mayor de la propiedad a cambio de la pensión. Esto último quizás podría evitarle molestias en el futuro, pero también podría cambiarle las consecuencias del impuesto de su divorcio.

¿Pensión alimenticia o distribución de la propiedad?

Si usted tratara de llegar a un acuerdo aceptando la pensión alimenticia o la distribución de la propiedad (o la combinación de las dos), esto estará determinado por su situación financiera y sus impuestos. Probablemente desee consultar con un abogado o contador público. La siguiente información le podría ser útil: La pensión alimenticia se considera tributable a la persona que lo recibe y es una deducción sobre impuestos de la persona que lo paga. Se puede llegar a cambiar la pensión alimenticia, cuando así lo requiera cada parte, si las circunstancias cambiaran; pero generalmente la distribución de la propiedad no se puede cambiar.

Si usted tuviera que pagar la pensión alimenticia, ésta seria deducible de impuestos, pero correría el riesgo de que su esposo(a) podría obtener la suma de la pensión o podría extenderse la duración si las circunstancias cambiaran. Por lo tanto, si usted pudiera convencer a su esposo(a) de que se quede con un porcentaje mayor de la propiedad en lugar de la pensión alimenticia, tal vez le impediría que obtuviera más en el futuro; así usted sacrificaría la correspondiente deducción de impuestos sobre la pensión.

Si usted recibiera la pensión alimenticia, podría pedirle a la Corte Judicial que aumentara la cantidad o duración de la pensión si cambiaran las circunstancias, pero recuerde que tiene que pagar los impuestos por la suma que usted reciba. Por consiguiente, si usted aceptara mayor porcentaje de la propiedad en lugar de la pensión, evitaría pagar algunos impuestos, sacrificando así la posibilidad de pedir un aumento si lo necesitara en el futuro.

El mantenimiento económico de los hijos

Del mismo modo que con la propiedad, es muy probable que si el juez estuviera satisfecho con el cuidado adecuado de los niños, aceptaría cualquier arreglo que se haya hecho entre usted y su esposo(a). Básicamente hay dos factores que se utilizan para determinar la cantidad apropiada que se debe pagar: 1) las necesidades de los niños, y 2) la disponibilidad económica de cada padre para satisfacer esas necesidades. Asegúrese de revisar la ley de su estado en el Apéndice A, bajo el título "Mantenimiento Económico de los Niños," para obtener información relacionada con su estado.

La custodia y visitación de los niños

Como con todo lo demás en un divorcio, las cosas son ideales si ambas partes están de acuerdo con la cuestión de la custodia de los niños. Generalmente, el juez aceptará cualquier arreglo que usted y su esposo(a) hayan propuesto, siempre y cuando no exista ninguna duda de que el acuerdo podría causarles daño a su niño(s). A pesar de que la filosofía moderna no expresa preferencia por la madre o el padre, usted descubrirá que muchos jueces practican el pensamiento de la vieja escuela con respecto a este tema y creen que (aunque todo sea igual) un niño pequeño siempre estará mejor con su madre. A consecuencia de esta percepción de la ley, un juez puede ahondar en detalles y justificar su decisión de otorgarle la custodia a la madre. Esto ocurre diariamente en las cortes judiciales de todos los estados, y tendrá que asumir esta realidad. Si usted y su esposo(a) no pueden llegar a un acuerdo anticipadamente, deben tener en cuenta que es el Juez quien tomará esta decisión tan importante. Posiblemente el Juez no conozca a su niño(s) tan bien como usted y su esposo lo conocen. Entonces ¿no cree que tiene más sentido que ustedes mismos arreglen este asunto? De lo contrario, estarían dejando que la decisión sea hecha por un desconocido.

Es difícil predecir el resultado de una disputa por la custodia de los hijos porque hay envueltos demasiados factores y circunstancias individuales. La única excepción es cuando un padre es obviamente incompetente y el otro pueda demostrarlo. Probablemente, el abuso de drogas y abuso de los niños, son los cargos más comunes en contra del esposo(a), pero a menos que haya habido un arresto y condena es difícil probárselo a un juez. En general, no debe acusar a su esposo(a) de ser incompetente a menos que pueda demostrarlo. Las alegaciones sin fundamentos causan mala impresión al juez y ocasiona más daño que beneficios para su caso. Refiérase al Apéndice A, bajo el título "Custodia de los niños", allí encontrará información sobre los factores que se consideran de acuerdo a la ley en su estado. Adicionalmente, encontrará referencias de las secciones de los estatutos o códigos referentes a su estado; tome nota de cualquier observación específica relativa al suyo.

Consideraciones sobre los impuestos

Como usted sabe, en los Estados Unidos de América el código de impuestos sobre los ingresos es bastante complicado y cambia rápidamente. Por esta razón, es imposible dar en este libro, asesoramiento legal detallado con respecto a los impuestos. Posiblemente, cualquier información podría ser atrasada en el momento de la publicación del mismo. Por consiguiente, se sugiere firmemente que consulte sobre las consecuencias de los impuestos en un divorcio con su contador público, abogado, o con quien prepare su declaración de impuestos. Para darle una idea sobre las preguntas que podrían originarse sobre los impuestos, se detallan algunos asuntos a continuación.

La propiedad

Tal vez usted y su esposo(a) ya hayan cambiado el nombre en el título de propiedad a raíz de su divorcio. Generalmente, no habría que pagar ningún impuesto como resultado de tal transacción. Sin embargo, quien se quede con la propiedad será responsable de pagar cualquier impuesto que se deba cuando ésta se venda. La Superintendencia de Contribuciones (IRS: abreviatura de Internal Revenue Service) ha emitido numerosas regulaciones sobre cómo se deberá considerar la propiedad en situaciones de divorcio. Usted debe tener mucho cuidado si está transfiriendo algún abrigo tributario (tax shelter) u otros arreglos financieros complicados. Asegúrese de leer la sección sobre la pensión alimenticia, porque es posible que un extravagante arreglo sobre la propiedad le traiga problemas impositivos.

La pensión alimenticia

La pensión alimenticia puede causar más problemas con los impuestos que cualquier otro aspecto del divorcio. Permanentemente, el IRS emite nuevas reglas con referencia a si un acuerdo es realmente considerado una *pensión alimenticia* o la *distribución de la propiedad*. La regla básica es que una *pensión alimenticia* se atribuye como ingreso a la persona que la recibe, y se trata como una deducción para la persona que lo paga. Por lo tanto, para manipular las consecuencias de los impuestos, muchas parejas intentan demostrar que algo es parte del acuerdo de propiedad en lugar de la pensión, o a veces al revés. A medida que el IRS ha ido dándose cuenta de estos "juegos impositivos", ha comenzado a emitir reglas sobre cómo se contemplarán ciertos arreglos. Si se trata simplemente del pago periódico y regular de dinero en efectivo, es probable que el IRS no tenga dudas que es parte de la pensión alimenticia. (Pero si usted intenta considerar algo como parte de la propiedad, es muy probable que se encuentre en problemas.) Lo más importante es que si usted desea considerar un acuerdo de propiedad especial o pensión alimenticia diferente y/o creativa, debería consultar con un experto en impuestos.

El mantenimiento económico de los niños y la custodia

Hay reglas de impuestos, sencillas con respecto al mantenimiento económico de los niños:

1. Quien tiene la custodia de los niños puede solicitar derechos por los niños en su declaración de impuesto (a menos que ambos padres presenten un formulario especial del IRS acordando un arreglo diferente cada año.)

2. El padre que recibe el mantenimiento económico del niño(s) no necesita declararlo como ingreso.

3. El padre que paga el mantenimiento económico del niño(s) no puede deducirlo.

Para el caso en que la custodia física del niño(s) fuera compartida, el padre con quien viven los niños la mayor parte del tiempo durante el año, tiene el derecho de declarar al niño como un dependiente en su declaración; Para revertir la situación, cada año uno debe rellenar un formulario con el IRS. Por consiguiente, si con su esposo(a) han acordado que usted debía declarar a los niño(s) (aunque no tenga la custodia), debe lograr que su esposo(a) firme un formulario sin límite de vigencia, para que lo pueda presentar cada año, así no tendrá que preocuparse. Un llamado telefónico a las oficinas del IRS podrá ayudarle a obtener respuestas sobre las preguntas que usted tenga con relación a este tema.

5 Cómo se solicita el divorcio

Los formularios legales

No hay ningún misterio con respecto a los formularios legales. Simplemente, es la vía que se utiliza para comunicar la información a la Corte Judicial. En el Apéndice B hay varios modelos de formularios legales que se utilizan. No obstante, quizás estos formularios sean diferentes a los que se utilizan en su tribunal y usted deba usar otros. Necesitará comparar los formularios en el Apéndice B con los formularios que se usan en su corte, asegurándose de que el formato sea aceptable. Haga una visita a la oficina del Secretario de la Corte, solicitándole examinar un expediente de divorcio. Normalmente las cortes permiten que los archivos legales sean examinados hasta dos o tres veces por el público. Probablemente usted querrá copiar el formato de los papeles tal como el de los expedientes. Se le sugiere que si no está seguro de cómo preparar un formulario, vaya a la Corte Judicial y revise los expedientes de divorcio de otras personas. Para proporcionar una información fácil de entender, se ha hecho un esfuerzo por utilizar un lenguaje simple al preparar los formularios del Apéndice B, usando una mínima cantidad de términos legales.

El Apéndice C contiene modelos de formularios completos para un caso ficticio. Éstos son sólo ejemplos para darle una idea de cómo se deben completar los formularios. No es la única forma de completarlos y, muy probablemente, necesite hacer cambios que correspondan a su estado en particular.

El tamaño del papel

Los formularios en este libro miden el mismo tamaño que las páginas de este libro (8½ x 11 pulgadas). Tradicionalmente, las cortes judiciales usaban el tamaño legal (8½ x 14 pulgadas) que es más largo. Sin embargo, en los últimos años, muchos estados han cambiado y utilizan el tamaño del papel de carta. Consulte con el Secretario de la Corte si este papel es aceptable. Si va a usar el tamaño de papel legal, prepare sus formularios en este papel más largo, o utilice los formularios en el Apéndice B copiándolos en papel de tamaño legal.

El formato del encabezamiento

Los formularios legales se empiezan con la identificación de la corte y los nombres de cada una de las partes. A esta sección del formulario se le llama el *encabezamiento* o el *Titulo del Antecedente*. Una vez que su caso tiene asignado el número, expedido por el Secretario de la Corte, ese número será parte del encabezamiento. En el Apéndice A, bajo su estado encontrará la información que le ayudará a encontrar el encabezamiento apropiado, incluyendo dónde se colocan la corte y las partes (nombres). Adicionalmente, debería verificar otros expedientes de divorcio para ver los diferentes formatos de encabezamientos. A continuación se presenta un modelo del título de un supuesto estado.

```
                        ESTADO SUPERIOR
   EN EL CIRCUITO DE LA CORTE DEL CUARTO CIRCUITO JUDICIAL,
               EN Y PARA EL CONDADO DE MONROE

Con Ref. Al Matrimonio de:              No. De Caso ______

Dorotea Jimenez,

        Demandante,

        y

Jaime Guadalupe Jimenez

        Demandado.
```

El formato del encabezamiento variará ligeramente dependiendo del estado en que usted resida. El título de la corte será diferente en cada estado. Por ejemplo, en California la corte será "LA CORTE SUPERIOR DE CALIFORNIA, CONDADO DE __________." (Deberá llenar el nombre del condado donde va a solicitar su divorcio. Refiérase al Apéndice A bajo el título "Los Formatos de Encabezamientos y las Partes"; encontrará cómo se denomina la corte en su estado. Cualquier espacio en blanco deberá ser rellenado con el nombre del condado o el número del Circuito Judicial (o ambas cosas). Si necesitara poner algún número, escríbalo en lugar de usar números ("CUARTO," en lugar de "4th."). En algunos estados, el nombre de la corte varía entre condados. Por ejemplo, en el estado de Maine, la corte que se ocupa de los casos de divorcio es la Corte del Distrito y en otros condados estos casos se debaten en la *Corte Superior*. El Apéndice A le ayudará a rellenar los espacios en blanco. No olvide pasar por la oficina del Secretario de la Corte y revisar uno o más de los modelos de los expedientes de divorcio para darse una idea. Interésese por el encabezamiento del expediente y copie el mismo formato en sus papeles. Recuerde que si tiene dudas al respecto puede consultarle al Secretario de la Corte.

Igualmente, cada estado se refiere a las partes de distinta forma. Las *partes* son las personas involucradas en el caso de divorcio (usted y su esposo(a)). En el Apéndice A bajo del nombre de la corte judicial encontrará cómo se nombran las partes en su estado. En una demanda de divorcio hay dos maneras comunes de referirse a cada parte, éstas son: el *demandante* y el *demandado*, o el *peticionario* y el *apelado*. En algunos estados donde se permite que las partes presenten una petición de divorcio conjunta se llaman *codemandantes* (normalmente se hace cuando los dos desean el divorcio y ambos llegaron a un acuerdo sobre los problemas). En Florida, Louisiana, y Mississippi se usan otras variaciones. De nuevo, no olvide revisar otros expedientes en la oficina del Secretario de la Corte.

Una vez que usted haya determinado el formato apropiado del encabezamiento requerido por su corte judicial, puede utilizar el mismo formato en todos los papeles que presente. Se ha dejado un espacio en blanco en la parte superior de los formularios en el Apéndice B, así usted podrá marcar el formato del encabezamiento. Si el formato del encabezamiento de su estado no cabe en los formularios del Apéndice B, necesitará usar una hoja de papel y escribir a máquina su propio formulario utilizando aquellos del Apéndice B como guía.

Quizás no sea absolutamente necesario que usted llene los formularios utilizando una máquina de escribir, aunque los jueces prefieren que éstos sean escritos a máquina, ya que queda más profesional que manuscrito. Si no tiene una máquina de escribir, puede pedírsela prestada a un amigo, o quizás haya una disponible en su biblioteca local o en la oficina del Secretario de la Corte. Si no le fuera posible escribirlo a máquina, escriba la información a mano utilizando letra de imprenta; pero asegúrese de que su escritura se entienda fácilmente. Diríjase al Apéndice C para ver modelos de algunos formularios completos.

La demanda o petición (formulario 4)

La demanda o petición es el documento básico (primer documento) que usted deberá presentar ante la Corte Judicial, para empezar el proceso del divorcio. Los nombres más comunes para este documento son: *Demanda de Divorcio (Complaint for Divorce)*, *Petición para la Disolución del Matrimonio (Petition for Dissolution of Marriage)* y *Petición de Divorcio (Petition for Divorce)*. En Connecticut se lo llama *Demanda para la Disolución de Matrimonio (Complaint for Dissolution of Marriage)*; en Maryland es una *Declaración de Divorcio (Bill for Divorce)*; y una *Declaración de la Demanda de Divorcio (Bill of Complaint for Divorce)* en Mississippi. En el Apéndice A bajo "el Título de la Demanda" usted encontrará el nombre que se usa en su estado. Muy pocos estados tienen diferentes tipos de procedimientos para el divorcio y utilizan diferentes términos que corresponden con el procedimiento. Para hacerlo sencillo, se utiliza la palabra *demanda* para describir este documento. Cuando usted prepare sus papeles, asegúrese de revisar el Apéndice A para emplear la palabra correcta que se usa en su estado.

Procedimientos simplificados

Si usted y su esposo(a) están de acuerdo en todos los asuntos, es importante que revisen el Apéndice A o consulten con el Secretario de la Corte para averiguar si pueden usar un procedimiento simplificado, es decir si pueden solicitar *una demanda* o petición juntos. Si no fuera posible, aún podría simplificar las cosas pidiéndole a su esposo(a) que presente la **Contestación a la demanda** (formulario 8). Posiblemente, sin modificación, este formulario no podría satisfacer los requisitos de su estado y condado. Definitivamente no satisface los re-quisitos de los siguientes estados: Alaska (procedimiento simplificado), California (procedimiento sumario de disolución), Delaware, Iowa, Montana (procedimiento sumario), Nebraska, Nevada (proce-dimiento sumario), Oregón (procedimiento sumario), Tennessee, Texas, y Wisconsin (procedimiento sumario). Ayúdese con la información que se encuentra en el Apéndice A, para ver qué se debe cambiar o agregar para su estado en particular.

La **Demanda de divorcio** (formulario 4) se encuentra en el Apéndice B. Es posible que necesite modificar este formulario para seguir con los requisitos de su estado o la Corte Judicial que le pertenezca. Como con los otros documentos, se sugiere que antes de usar el formulario de este libro, llame o visite la oficina del Secretario de la Corte para informarse cuál debe usar. Si estos formularios son diferentes, pídaselos y utilícelos. Igual que en los casos anteriores, solicite ver algún expediente de divorcio presentado por otra pareja, ya que éstos son documentos públicos y le permitirán ver cómo el abogado ha preparado la demanda. Modifique el formulario proporcionado en este libro para que se adapte al formato de documento que se suele usar en la Corte Judicial donde usted presentará su demanda. *Asegúrese de referirse al Apéndice A para obtener la información sobre su estado cuando esté a punto de rellenar su información en el formulario 4.* Para completar una **Demanda de divorcio** (formulario 4), es necesario que:

1. Escriba el formato del encabezamiento siguiendo las instrucciones de la primera sección de este capítulo.

2. Refiérase a su estado en el Apéndice A bajo: "Título de la Demanda" para saber cómo titular el documento (ya sea "la Demanda de Divorcio", "la Petición para la Disolución del Matrimonio," etc.). Este título irá debajo del encabezamiento, en el centro del formulario.

3. En el primer espacio en blanco del primer párrafo (sin numerar) escriba la palabra "Demandante" o "Peticionario" (como se use en su estado) y la palabra "Marido" o "Esposa" en el segundo espacio en blanco (describiéndolo a usted). En el tercer espacio en blanco coloque el título de la demanda que se use en su estado (del Apéndice A). En el cuarto espacio en blanco, escriba la palabra "Demandado" o "Apelado" (lo que se use en su estado); y "Marido" o "Esposa", describiendo a su esposo(a), en el último espacio en blanco.

4. Párrafo 1: Marque la casilla del "Marido" o la "Esposa", o sea, quien cumpla con los requisitos de la residencia para su estado. Escriba el nombre de su estado en el primer espacio en blanco; la fecha en que la residencia ha comenzado se deberá colocar en el segundo espacio en blanco y el nombre del condado y la actual fecha en el cuarto espacio en blanco.

5. Párrafos 2 y 3: Escriba la información, o tanto como sepa, sobre usted y su esposo(a). Si desconociera cierta información, escriba la palabra "desconocido" en el espacio en blanco.

6. Párrafo 4: Escriba la fecha en que usted y su esposo(a) se casaron, el nombre de la ciudad y el estado donde se casaron, y el nombre de la ciudad, condado y estado donde su matrimonio haya sido registrado (que probablemente sean los mismos datos del de donde se casaron).

7. Párrafo 5: Escriba la fecha en que usted y su esposo(a) se separaron. En el Apéndice A en la sección para su estado bajo "las Causas" se detallará si ustedes debieran separarse antes de divorciarse. Algunos estados le permite (a la pareja) vivir en la

misma casa, con la condición de no tener relaciones sexuales; varios estados requieren que cada uno viva en domicilios separados y otros estados no tienen ningún requisito que indique que deben estar separados en absoluto. Si usted viviera en un estado donde no se requiere separación, y ustedes no están separados, simplemente deberá escribir en este espacio: "No Aplicable." Sin embargo, si su estado requiere una separación, asegúrese de incluir la fecha de su separación, y de que usted haya estado separado por el tiempo solicitado por su estado como se indica en el Apéndice A.

8. Párrafo 6: Marque (con una "x") la casilla(s) correspondiente(s) a su situación. Se considera que un niño es menor de edad cuando no tiene mayoría (o sea está por debajo de la edad adulta). Normalmente se es mayor a los 18 años, pero puede variar en los estados. Un niño *dependiente* (*persona a cargo*) es una persona que ha pasado la mayoría de edad, pero todavía depende de los padres para el sostenimiento económico, generalmente debido a algún impedimento físico o mental (como en un caso de enfermedad, accidente, o defecto de nacimiento). Generalmente no se reconoce *a cargo,* a un niño adulto que está simplemente viviendo con el padre(s) y que goza de perfecta salud. En el ítem D, la columna "Custodia Actual" es para indicar con quién está viviendo el niño ahora. Puede ser el "Marido" o la "Esposa" si éstos se han separado, si aún están viviendo juntos "Marido y Esposa", o con una tercera parte, de quien se describirá el nombre y parentesco con el niño (como la " tía" o el "amigo familiar," etc.). Si usted tuviera niños, su estado podría exigirle que presente un ACTA DE DECLARACIÓN JURADA DE LA CUSTODIA DEL NIÑO DE JURISDICCIÓN UNIFORME) (formulario 7). Marque (con una x) en la casilla en el ítem E y complete el formulario 7 del Apéndice B. Escriba la palabra "Demanda" o "Petición" o el título que se usa en su estado. Por ejemplo, si su estado uti-

lizara Demanda de Divorcio, debe escribir la palabra "Demanda" en el espacio en blanco.

9. Párrafo 7: Marque (con una x) la casilla que le corresponda. Luego escriba en el espacio en blanco provisto "divorcio" o "disolución de matrimonio," lo que se use en su estado. En el espacio posterior debajo de las palabras "por las causas siguientes", escriba la causa para el divorcio que está usando. Para los casos de No-Culpabilidad, puede usar las causas exactamente como están escritas para su estado en el Apéndice A. Si desea utilizar las causas tradicionales que utiliza su estado, necesitará revisar la ley para emplear el lenguaje parecido al que se usa en los códigos o estatutos. También tendrá que hacer alguna investigación extensa para estar seguro que usted está incluyendo toda la información necesaria (para investigaciones legales consulte el Capítulo 2). Hay algunos estados que requieren que presente hechos para justificar las causas y otros que lo prohíben; por esta razón, se sugiere que consulte previamente el Apéndice A.

10. Párrafo 8: Si usted y su esposo(a) han firmado un ACUERDO FINAL DE DISOLUCIÓN DE MATRIMONIO (formulario 6), debe marcar esta casilla. Además tiene que indicar (con una x) en que otros aspectos están de acuerdo. Si no hubiera ningún acuerdo, no debe poner nada en este párrafo.

11. Párrafo 9: Primero debe indicar (con una x) en la casilla que corresponda si usted *tiene* o *no tiene* propiedad que se debe distribuir. La situación ideal es que usted y su esposo(a) estén de acuerdo con lo que cada uno quiera quedarse, dividan su propiedad y cada uno lleve su propiedad hacia donde haya decido vivir en el futuro. Entonces, podrá marcar la casilla del ítem A y no deberá preocuparse más por la propiedad. Sin embargo, esto no es tan fácil, a menos que usted y su esposo(a) puedan mantener una buena comunicación a pesar de tener un divorcio pendiente. Si usted tiene un ACUERDO FINAL DE

DISOLUCIÓN DE MATRIMONIO (formulario 6), debe indicarlo en la casilla del ítem B. Entonces, deberá completar y presentar el formulario 6 junto con su demanda. Si no hay ningún acuerdo acerca de la propiedad, señálelo (con una x) en la casilla del ítem C, y escriba el nombre de la demanda como lo hizo en el Párrafo 6 E de este formulario. Si su estado reconoce la propiedad adquirida fuera del matrimonio o separada (vea el Apéndice A), marque las casillas para los ítems D y E, y escriba en el correspondiente espacio en blanco, debajo de la casilla (marido o esposa), los bienes y las deudas a quién usted cree deberían pertenecerle.

12. Párrafo 10: Si usted desea cambiar su nombre al mismo tiempo que se está llevando a cabo el divorcio, indíquelo en la casilla que corresponda, y escriba el nuevo nombre que usted desea llevar. Lea el Apéndice A para enterarse de los cambios de nombre que se permiten en su estado. Algunos estados permiten el cambio de nombre a ambas personas y otros sólo se lo permiten a la esposa. Algunos permiten el cambio a cualquier otro nombre, otros sólo permiten que se utilice el nombre de soltera, y en algunos estados solamente se permite el cambio al nombre original de soltera u otro nombre anterior.

13. Párrafo 11: No se necesita hacer nada con este párrafo

14. Párrafo 12: Aquí se debe indicar el tipo de *Reparación* (*compensación*) que usted pide a la corte y es simplemente la manera legal de describir lo que quiere que la corte haga por usted. Primero marque la casilla "Marido" o "Esposa," lo que le corresponda a usted. Consulte con el Apéndice A buscando en el estado que le pertenece, bajo "Título de la Demanda," y tome nota de lo que deba ser incluido en su decreto o fallo. Marque luego las otras casillas que le correspondan, teniendo en cuenta lo siguiente:

    Ítem A. Marque el nombre que se le da al proceso de divorcio en su estado. Esto sería el "Divorcio del Contrato

Matrimonial," o la "Disolución del Matrimonio." Use la primera frase si su demanda o petición emplea la palabra "Divorcio," y la segunda frase si su queja o petición utiliza la frase "Disolución del Matrimonio."

Ítem B. Si este párrafo correspondiera a su situación, debe marcar la primera casilla. La *Custodia Legal* se refiere a quién toma las decisiones importantes referentes a sus niños. Puede tener custodia legal su esposo(a) o ambos. Asegúrese de leer el Apéndice A por cualquier requisito especial de su estado sobre la custodia legal conjunta (ambas partes).

Ítem C. Marque la primera casilla si este párrafo corresponde a su situación. La *Custodia Física* se refiere a la residencia donde el niño(s) vivirá principalmente.

Ítem D. Indique (con una x) en la primera casilla si este párrafo corresponde a su situación. Si marca la casilla que permite la visitación *razonable,* usted y su esposo(a) están tomando la responsabilidad de estar de acuerdo sobre los horarios. Esto proporciona mayor flexibilidad para que las visitas se hagan alrededor de los horarios acordados, pero al mismo tiempo puede crear problemas si hay resentimientos entre usted y su esposo(a). En el caso de que no puedan cooperar (moderadamente bien) entre ustedes, debe marcar en la casilla para la visitación *estipulada* (con horarios fijos), y debe adjuntar una hoja de papel donde se detalla el horario que se debe seguir. Un modelo del horario podría describirse así: "Fines de semanas alternados, empezando el viernes a las 6:00 p.m. hasta el domingo a las 16:00 p.m; Días de Fiestas alternados, tales como Año Nuevo, Pascuas, Día de la Independencia de Estados Unidos de América (cuatro de julio) y Día del Trabajador (en EE.UU.), Día de Acción de Gracias, Nochebuena, el Día de Navidad; los cumpleaños del niño año de por medio; y por dos semanas durante las vacaciones de verano." Solamente marque la casilla de "Restricta o Supervisada" si hubiera una razón que se pueda probar como en el caso de que su esposo(a) ponga en peligro al niño (antecedentes de abuso del niño o abandono).

Ítem E, F y **G**. Marque las casillas que le corresponda.

Ítem H. Debe marcar en esta casilla si usted está pidiendo la pensión alimenticia, aclare si es el "Marido" o la "Esposa," quien lo solicita.

Ítem I. Marque en esta casilla si la propiedad necesitara ser distribuida. La única vez que no tiene que marcarla es cuando la propiedad ya ha sido distribuida y previamente se ha marcado la casilla en el Párrafo 9, Artículo A.

Ítem J. Si usted quisiera cambiar su nombre, marque esta casilla y escriba aquí el nuevo nombre. Modifíquelo si está en uno de los pocos estados que permiten que el marido cambie su nombre (consulte el Apéndice A).

Ítem K. Esto sólo le permitirá solicitar órdenes judiciales temporales si son necesarias.

Ítem L. Aquí puede indicar la reparación en particular que requiere de la corte. Se ha hecho un gran esfuerzo para cubrir los temas más comunes, pero si algo se hubiera omitido, usted deberá marcar esta casilla y describir los detalles.

15. Deberá llevar este formulario a un notario público. Ante el notario, coloque la fecha y firme con su nombre completo (en la línea donde dice "Firma"). Si lo desea, puede escribir su nombre, dirección y número del teléfono en las líneas si-guientes designadas para ello después de la primera línea, pero asegúrese de no firmar antes de visitar la oficina de un notario público. Cuando el notario complete el formulario con sus datos, (sello y declaración en el espacio en blanco provisto) el documento estará listo para ser presentado ante la Corte Judicial.

Los documentos justificativos

Algunos estados exigen que se presenten ciertos documentos junto con la demanda. Estos documentos consisten típicamente de una declaración financiera y una declaración jurada que esté de acuerdo con el ACTA JURISDICCIONAL UNIFORME DE LA CUSTODIA DE LOS NIÑOS. Para averiguar si deberá presentar documentos justificativos en su estado (si es que hay alguno), consulte el Apéndice A y luego, el Secretario de la Corte para verificar si hay formularios oficiales y obligatorios que deban usarse.

La declaración financiera (formulario 5)

Si se requiere una DECLARACIÓN FINANCIERA, pero no existe formulario oficial obligatorio, puede usarse el modelo provisto en el del Apéndice B. Su DECLARACIÓN FINANCIERA debe contener información mensual. En el caso de que usted recibiera su salario semanalmente (una vez por semana) o quincenalmente (cada dos semanas) deberá convertir sus ingresos a una cifra mensual. La misma conversión se requerirá para cualquier gasto que no se pague mensualmente. Para convertir las cifras semanales a cifras mensuales, tome la cifra semanal y multiplíquela por 4.3. (Hay aproximadamente 4.3 semanas en un mes.) Para convertir la cifra quincenal, divídala por 2 y el resultado multiplíquelo por 4.3.

Complete todos los espacios en blanco que se encuentren en la DECLARACIÓN FINANCIERA (formulario 5) y lléveselo a un notario público para firmarlo delante de él/ella. La mayoría de estos espacios indican claramente qué tipo de información debe figurar allí. No obstante, lo que a continuación se especifica puede responder a algunas preguntas que podrían surgir al colocar sus datos:

1. Complete el formato del encabezamiento siguiendo las instrucciones en la primera sección de este capítulo.

2. Después de las palabras ESTADO DE, escriba el nombre del estado que le corresponda. Después de las palabras CONDADO DE, escriba el nombre del condado en que se firmará la DECLARACIÓN FINANCIERA.

3. Escriba su nombre en el espacio en blanco del primer párrafo.
4. Proporcione la información requerida en el ÍTEM 1 (EMPLEO e INGRESOS) sobre su ocupación, el nombre y la dirección de su empleador, su número de seguro social, el período de pago y el tipo de pago.
5. EL TIPO DE PAGO se refiere a la forma en que se calcula su pago ya sea por hora, por semana, por mes o por año.
6. EL PERÍODO DE PAGO se refiere a la frecuencia con que recibe su salario ya sea por semana, quincenal, dos veces por semana o mensual.
7. EL PROMEDIO MENSUAL DEL INGRESO BRUTO se refiere a su ingreso mensual total antes de cualquier deducción de impuestos u otros ítems. Generalmente, los ítems indicados en el formulario se incluyen como ingresos. Puede conseguir una definición más detallada del ingreso bruto en las leyes referentes al mantenimiento económico de los niños que se apliquen en su estado (Apéndice A). Sume los ítems (bonos, comisiones, horas extras etc.), si los tiene, a su PROMEDIO MENSUAL DEL INGRESO BRUTO y escriba el total en la línea que corresponde al TOTAL DEL INGRESO BRUTO MENSUAL.
8. LAS DEDUCCIONES se refieren a las deducciones acordadas del ingreso bruto. Los ítems que se detallan en el formulario son los que normalmente se permiten (impuestos, pagos del seguro de salud, retiro etc.), pero el Apéndice A tiene más detalles sobre las leyes referentes a su estado sobre el mantenimiento económico de los niños.
9. EL INGRESO NETO TOTAL. Para obtener esta cifra, debe sustraer el TOTAL de las DEDUCCIONES del TOTAL de los INGRESOS MENSUALES BRUTOS.

10. EL ÍTEM 2 se refiere al PROMEDIO DE LOS GASTOS MENSUALES. Simplemente debe revisar cada ítem listado y estimar aproximadamente cuánto gasta por cada ítem mensualmente. Si algunos de estos ítems fueran gastos anuales, como el seguro del auto, debe convertirlos en cantidades mensuales. Bajo la sección OTROS GASTOS, mencione los artículos que no se encuentran en ninguna otra parte de la declaración financiera, y haga la suma de estos gastos. En la sección para PAGOS A LOS ACREEDORES debe describir lo que debe por dinero prestado u otras deudas. Normalmente se incluyen la deuda de tarjetas de crédito u otros pagos en cuotas mensuales. Obtenga el total de la deuda a los acreedores. Luego sume todos los gastos mensuales, otros gastos, e incluya la suma de los pagos mensuales a sus acreedores; escriba este total en la línea de TOTAL DE GASTOS MENSUALES.

11. Para completar el Ítem 3 BIENES, debe referirse a su INVENTARIO DE LA PROPIEDAD (formulario 1) y en el mismo Ítem (3) para completar la sección denominada RECURSOS debe consultar el Capítulo 4 bajo "Propiedad y Deudas".

12. Para completar el Ítem 4, bajo OBLIGACIONES, diríjase a la lista que hizo en el INVENTARIO DE LA DEUDA (formulario 2) y vea en el Capítulo 4 la sección "Propiedad y Deudas".

13. Finalmente, lleve el formulario a un notario público y fírmelo ante él en la línea designada para el "Deponente." El notario completará con sus datos la parte del formulario directamente debajo de su firma.

14. Bajo el título CERTIFICADO DE SERVICIO necesitará colocar la fecha en que ha enviado a su esposo(a) por correo la copia de este formulario y firme nuevamente en la línea designada como "Firma".

Acta de declaración jurada de jurisdicción uniforme de la custodia de los niños (formulario 7)

Todos los estados han adoptado el Acta de Jurisdicción Uniforme de la Custodia de los Niños, que fue diseñada para eliminar los problemas que existían cuando un padre podía sacar a los niños fuera del estado e intentaba tener la custodia en el nuevo estado. Para asegurar que no haya violaciones de este Acta, muchas cortes exigen que se presente un formulario que proporcione información sobre su(s) niño(s). Una muestra del **Acta de declaración jurada de jurisdicción uniforme de la custodia de los niños** (formulario 7) se encuentra en el Apéndice A. Si tiene hijos, no cometerá ningún error con presentarlo de todos modos aunque el estado no lo requiera. Para completarlo (formulario 7) necesitará lo siguiente:

1. Según las instrucciones en la primera sección de este capítulo complete el encabezamiento de acuerdo al formato original.
2. En el párrafo 1, escriba el nombre y la dirección actual de cada uno de sus niños
3. En el párrafo 2, escriba las direcciones donde cada niño ha vivido durante los últimos cinco años. Si un niño(a) no ha cumplido aún cinco años de vida, escriba los lugares donde haya vivido desde su nacimiento.
4. En el párrafo 3, escriba los nombres y las direcciones actuales de las personas con quien cada niño haya vivido durante los últimos cinco años. Si el niño sólo ha vivido con usted y su esposo(a), escriba lo siguiente: "Con el Marido y la Esposa por los últimos cinco años" y luego describa las direcciones donde ustedes hayan vivido durante este período.
5. El Párrafo 4 requiere que usted declare si ha estado involucrado en otros casos judiciales que trataban la custodia o la visita de sus niños. Paralelamente, el Párrafo 5 le solicita que detalle si usted conoce algún otro caso judicial que trata la custodia de, o la visita a los niños (incluyendo situaciones en las cuales usted no haya sido partícipe). Si su respuesta es negativa, debe escribir la palabra "Ninguno" debajo de los párrafos

4 y 5. Si su respuesta es afirmativa, necesitará marcar las casillas apropiadas que indiquen si el otro caso(s) está continuando o ha *sido demorado* (temporalmente detenido) por la otra Corte Judicial y también debe indicar si usted quisiera que el Juez, en su caso de divorcio actual, tome alguna acción para proteger a los niños de abuso o maltrato (normalmente esto no es necesario en un caso de divorcio por acuerdo).

6. Si hubiera otra persona, además de usted o su esposo(a), que tuviera la custodia del niño(s) o que exigiera los derechos de custodia o la visitación, debe escribir el nombre y domicilio de esa persona. Si no existe esa tercera persona, debe escribir la palabra "Ninguna".
7. Escriba el nombre del *estado de la vivienda* donde resida el niño o niños, en la línea del párrafo 7. Lea la definición de hogar estado en el mismo párrafo del formulario.
8. Escriba su nombre, dirección y número de teléfono en las líneas apropiadas al pie de la página.
9. Lleve el formulario a la oficina del notario público y fírmelo ante él o ella. Luego preséntelo al Secretario de la Corte Judicial junto con su demanda.

CONTESTACIÓN A LA DEMANDA (formulario 8)

Si usted y su esposo(a) están de acuerdo en todos los puntos y ambos firman y presentan el ACUERDO FINAL DE DISOLUCIÓN MATRIMONIAL (formulario 6), no necesita completar este formulario. Si su esposo(a) está completamente de acuerdo con el divorcio, pero no quiere firmar el formulario 6, usted puede simplificarlo y acelerar el caso simplemente con hacer que su esposo(a) firme la Contestación a la Demanda (formulario 8) ante un notario público. Si usa este formulario, no necesitará pasar por el procedimiento explicado en el Capítulo 7 referente a la notificación a su esposo(a) y no necesitará completar la DECLARACIÓN JURADA DE EXCEPCIÓN DEL SERVICION MILITAR (formulario 9). Para completar la CONTESTACIÓN A LA DEMANDA (formulario 8), usted necesita:

1. Completar el formato del encabezamiento de acuerdo a las

instrucciones en la primera sección del Capítulo 6.

2. En el primer espacio en blanco del primer párrafo (sin numerar) escriba la palabra "Demandado" o "Apelado", lo que se use en su estado, el nombre de su esposo(a) en el segundo espacio en blanco y el título de la demanda que se use en su estado (Apéndice A) en el tercer espacio en blanco.
3. En el Párrafo 1, escriba la palabra "demanda" o "petición" o cualquier otro título de demanda que se use en su estado.
4. En el primer espacio en blanco del Párrafo 2 escriba "divorcio" o "disolución de matrimonio," de acuerdo con el término que se use en su estado. En el segundo espacio en blanco, escriba la palabra "demanda" o "petición," de acuerdo a lo que se use en su Estado.
5. En el párrafo 3, escriba la palabra "Demandado" o "Apelado", de acuerdo con el término que se use en su estado.
6. El párrafo 4 es para escribir cualquier otro tema que necesite mencionar, pudiendo incluir los puntos de la queja con los que su esposo(a) está de acuerdo o los que niega.
7. Después de POR LO CUAL escriba la palabra "Demandado" o "Apelado" (lo que se use en su estado).
8. En el párrafo 2, después de la frase que comienza con POR LO CUAL, escriba el nombre del fallo o decreto de acuerdo a su estado (vea el Apéndice A).
9. Escriba el nombre de su esposo(a), domicilio y número de teléfono debajo de la palabra "Firma".
10. Pídale a su esposo(a) que firme ante un notario público, en la línea que indica "Firma" y luego podrá presentarlo al Secretario de la Corte Judicial.

DECLARACIÓN JURADA DE EXCEPCIÓN DEL SERVICIO MILITAR (formulario 9)

Si su esposo(a) no está en el servicio militar y no firma ni el ACUERDO FINAL DE DISOLUCIÓN MATRIMONIAL (formulario 6) ni la CONTESTACIÓN A LA DEMANDA (formulario 8), usted necesitará completar el formulario 9. Para completar la DECLARACION JURADA DE EXCEPCIÓN DEL SERVICIO MILITAR (formulario 9) usted necesita:

1. Completar el formato del encabezamiento siguiendo las instrucciones en la primera sección de este capítulo.

2. Escribir su nombre en el espacio en blanco del primer párrafo(sin numerar).

3. Marcar (con una x) el Párrafo 1 o 2, (el que le corresponda). Escriba la palabra "Demandado" o "Apelado" o cualquier término que se use en su estado en los espacios en blanco de los párrafos 1 ó 2 (dependiendo del párrafo que le corresponda en su situación).

4. Escribir su nombre, dirección y número de teléfono debajo de la línea donde va la firma.

5. Firme ante un notario público donde dice "DEPONENTE".

Consulte con el Secretario de la Corte Judicial para saber cuando debe presentar la DECLARACION JURADA DE EXCEPCIÓN DEL SERVICIO MILITAR. En algunas cortes se requiere que no se firme demasiado tiempo antes, porque quieren que la información sea lo más actual posible. Otros requieren que la fecha en que el notario público ha firmado la DECLARACION JURADA DE EXCEPCIÓN DEL SERVICIO MILITAR sea dentro de determinados días antes de solicitar la PETICIÓN POR FALTA DE COMPARENCIA (formulario 12), o antes de la última audiencia. Presente la DECLARACIÓN JURADA DE EXCEPCIÓN DEL SERVICIO MILITAR ante el Secretario de la Corte Judicial.

Si su esposo(a) no está dispuesto a presentar una CONTESTACIÓN A LA DEMANDA (formulario 8), o un ACUERDO FINAL DE DISOLUCION MATRIMONIAL (formulario 6) y está en el servicio militar, no necesita completar este formulario pero debería consultar con un abogado. Las leyes federales, que fueron creadas para proteger a las personas que se encuentran en el exterior en cumplimiento de servicios, pueden ocasionar problemas en ciertas circunstancias.

CERTIFICADO DE ESTATUS MILITAR (formulario 10)

Si usted no sabe si su esposo(a) ha pertenecido o pertenece al servicio militar, necesita llenar el CERTIFICADO DE ESTATUS MILITAR (formulario 10) antes de que usted pueda completar el formulario 9. Para el formulario 10 debe:

1. Seguir las instrucciones de la primera sección de este Capítulo complete el formato del encabezamiento.
2. Escribir el nombre de su esposo(a) y el número del seguro social en los lugares respectivamente indicados como "Parte" (la persona interesada) y número del Seguro Social (documento de identidad en EE. UU).
3. Escribir la fecha en la línea indicada y su nombre, dirección y número de teléfono bajo el título "Parte solicitante."
4. Firmar el formulario en la línea señalada.

Luego necesitará hacer siete copias de este formulario. Mande por correo una copia a cada una de las seis direcciones que se encuentran en el formulario (a cada dependencia del gobierno de EE. UU de América que se considere del servicio *militar*). Presente el original al Secretario de la Corte Judicial y quédese con una copia. Asegúrese de incluir un sobre con su nombre y dirección ya estampillado con cada copia que envíe a cada dependencia militar. Cada una de estas dependencias verificará sus archivos y le mandarán por correo un aviso notificándole si su esposo(a) está o no en esa dependencia (luego estos avisos se pueden presentar al Secretario de la Corte Judicial). Si su esposo(a) se encuentra en servicio en una de las dependencias, le proporcionarán la dirección. Entonces podrá enviarle su notificación de divorcio y ver si puede llegar a algún acuerdo para que pueda usar el procedimiento de divorcio por acuerdo. Si su esposo(a) *está* bajo servicio y no es posible contactarle, o no quiere cooperar (ya sea presentando la contestación a la demanda, la declaración jurada financiera, o un acuerdo final), debería consultar a un abogado. Si su esposo(a) no está en el servicio militar, complete el formulario 9.

ACUERDO FINAL DE DISOLUCIÓN MATRIMONIAL (formulario 6)

El ACUERDO FINAL DE DISOLUCIÓN MATRIMONIAL (formulario 6) incluye las condiciones finales sobre la distribución de la propiedad, el mantenimiento económico y custodia de los niños, la pensión alimenticia y los honorarios del abogado. Ya sea que ustedes hayan estado de acuerdo desde el principio o que hayan pasado por negociaciones extensas para llegar a un acuerdo, ha llegado el momento de ponerlo por escrito. Esto se hace a través de un acuerdo final. Aunque no estén de acuerdo en todo, deben poner por escrito los puntos en los que hayan convenido. Es imposible que este formulario cubra todas las posibles situaciones existentes, pero le servirá de guía para ayudarle a diseñar *uno* que se adapte a sus circunstancias específicas.

Para completar el ACUERDO FINAL DE DISOLUCIÓN MATRIMONIAL (formulario 6) es necesario:

1. Completar el formato del encabezamiento siguiendo las instrucciones en la primera sección de este capítulo.
2. Escribir su nombre y el nombre de su esposo(a) en los espacios en blanco del primer párrafo; escriba la fecha que ustedes se casaron.
3. En cada sección del formulario hay casillas para que marque donde corresponda de acuerdo a la información que usted provea.
4. Escribir los nombres de sus niños en la sección CUSTODIA DE LOS NIÑOS. La custodia física se refiere a la residencia permanente y al padre(madre) con quien los niños vivirán. Cualquier arreglo especial que desee puede incluirlo en la última casilla de esta sección.
5. La sección del formulario que se refiere al MANTENIMIENTO ECONÓMICO DE LOS NIÑOS, requiere que

detalle la cantidad y el período por el cual éste ha sido acordado; por ejemplo US$500.00 por "mes". También, en esta misma sección de "Mantenimiento Económico de los Niños" al refirirse al seguro médico deberá indicar en la casilla de "Marido" o "Esposa" el que asumirá la responsabilidad de estos dos puntos. Actualmente muchos estados requieren que haya cláusulas que incluyan el seguro médico en cada juicio de divorcio (vea el Apéndice A).

6. Refiérase a las instrucciones en el Capítulo 5 bajo la "Propiedad y las Deudas" para saber cómo se deben completar las secciones referentes a la distribución de la propiedad y las deudas en este formulario.

7. Hay tres casillas sobre la pensión alimenticia que puede escoger de acuerdo a su situación. Marque la primera casilla si usted o su esposo(a) no tuvieran el compromiso de pagarla. Marque la segunda casilla si usted y su esposo(a) están de acuerdo con la pensión alimenticia. En ese caso, necesitará marcar la casilla apropiada de quién deberá pagar la pensión, indicar la cantidad, cada cuánto se pagará la misma (por semana, mes, etc.) y por cuánto tiempo se establecerán los pagos. Si se trata de la pensión temporaria (de rehabilitación), será por un tiempo determinado. Si es pensión permanente, se debe tachar las palabras "por un período de". La última casilla es para indicar si hay algún acuerdo especial con respecto a la pensión alimenticia.

8. Cada una de las partes debe firmar y fechar el formulario (ante un notario) en el espacio indicado, y después presentarlo al Secretario de la Corte Judicial.

NEGOCIACIONES

El presentar un curso completo sobre las técnicas de la negociación, va más allá del alcance y posibilidad de este libro. Sin embargo a continuación se sugieren algunas reglas básicas que le podrán ayudar.

PIDA MÁS DE LO QUE USTED QUIERA

Pidiendo más de lo que usted quiere, le dará lugar a obtener posibles beneficios. Si está dispuesto(a) a renunciar a algunas cosas, terminará recibiendo apenas lo que realmente quería. Con referencia a la distribución de la propiedad, debe revisar su INVENTARIO DE LA PROPIEDAD (formulario 1) y decidir los artículos que de verdad va a querer, los que le gustaría tener y los que no le importan demasiado. Además trate de averiguar los artículos que pueda querer su esposo(a), los que le gustaría tener y los que no le interesan demasiado. Al principio dirá que usted quiere cosas específicas. Su lista deberá incluir: a) todo lo que realmente quiere, b) casi todo lo que le gustaría tener, c) algunas cosas que no le importan y d) algunas de las cosas que usted piensa que su esposo(a) quiere o le gustaría tener. Una vez que averigüe lo que está en la lista de su esposo(a), comience a intercambiar cosas (unas por otras). Básicamente la idea es darle a su esposo(a) lo que realmente quiere y lo que a usted no le importa demasiado, recibiendo así de su esposo(a) los artículos que a usted realmente le interesan y desearía tener.

Generalmente, la custodia del niño(s) es algo que no se puede negociar. Se usa más a menudo como una amenaza por una de las partes para obtener ventajas, tales como quedarse con más propiedad, o pagar menos de lo adecuado por el mantenimiento económico de los niños.

Si la cuestión está relacionada con uno de esos temas, no se preocupe por la amenaza de una pelea por obtener la custodia de los niños. Es muy probable que la persona que le amenaza realmente no quiere la custodia. Si la lucha es verdaderamente por la custodia, no se podrá negociar y será el Juez quien determinará la decisión.

Si usted será quien reciba el mantenimiento económico del niño(s) deberá primero hacer un análisis de la suma que usted cree que el Juez ordenará basado en las pautas usadas en su estado. Entonces debería solicitar por más de lo anticipado y negociar por menos llegando a lo que las pautas requieran. Si su esposo(a) no transigiera con una suma cercana a la establecida en las pautas, ríndase y permita que el Juez decida. La mayoría de los estados no permiten que los padres se involucren en la decisión sobre el bienestar de los niños y es el Juez quien insistirá en seguir las pautas del estado.

PERMÍTALE A SU ESPOSO(A) HACER LA PROPUESTA PRIMERO

La primera persona que mencione una cantidad monetaria pierde. Sea una cantidad para el mantenimiento económico del niños o el valor de una determinada propiedad, trate de que su esposo(a) mencione la cifra primero. Si su esposo(a) empieza con la cantidad que usted tenía en mente no será difícil sacar lo que usted desea. Si su esposo(a) empieza con una cantidad muy retirada de la suya, usted sabrá cuán lejos en la dirección contraria debe empezar su propuesta.

DÉLE TIEMPO A SU ESPOSO(A) PARA PENSAR Y PREOCUPARSE

Probablemente su esposo(a) tenga tanto miedo como usted ante la posibilidad de perder por una decisión tomada por el Juez y deseará llegar a un acuerdo final. No tema expresar su "última propuesta" y salir sin esperar la contestación. Dele un par de días para pensarlo. Tal vez volverá a llamar y hará una oferta mejor. Caso contrario, usted siempre puede "reconsiderarlo" y hacer una propuesta diferente unos días más tarde. Pero no se muestre tan dispuesto a ello ya que su esposo(a) puede pensar que usted concederá aún más.

RECONOZCA SU LÍMITE

Antes de que empiece a negociar debería determinar el punto donde usted no hará más concesiones. Si ha decidido que hay cuatro cosas de la propiedad que desearía tener y su esposo(a) solo llegará a concederle solamente tres, ése es el momento en que termine con el regateo y regrese a su casa.

RECUERDE LO QUE HA APRENDIDO

Luego de haber leído hasta este punto del libro, debe estar consciente de dos cosas:

1. El juez distribuirá su propiedad aproximadamente en forma equitativa.

2. Probablemente el Juez seguirá las pautas establecidas en el estado sobre el mantenimiento económico del niño(s).

Este conocimiento le dará una idea aproximada de cómo resultarán las cosas si el Juez toma decisión sobre estos temas y podría ayudarle a determinar su límite.

Cómo presentar sus documentos al Secretario de la Corte Judicial

Para presentar su petición al Secretario de la Corte Judicial, primero haga por lo menos tres copias de la misma o de cualquier otro documento que haya preparado. Deberá entregarle una copia al Secretario, una a su esposo(a), una para usted y una copia extra por si acaso el Secretario le pidiera dos copias o si usted decide contratar a un abogado. El hecho de presentar los documentos de la demanda de divorcio es sencillo y la información siguiente le ayudará a que las cosas sean más fáciles.

Llame a la oficina del Secretario de la Corte Judicial. Probablemente el número de teléfono lo encontrará en la guía telefónica bajo la sección gubernamental del condado. Aparte de averiguar dónde está ubicada la oficina del Secretario y sus horarios de operación, formule las siguientes preguntas:

1. ¿Cuánto es lo que se debe pagar para presentar un caso de divorcio?
2. ¿Existe algún formulario especial que la corte requiere que sea presentado junto con la petición? (Si existen, necesitará recogerlo de la oficina del secretario.)
3. ¿Cuántas copias de la petición u otros formularios requiere la Corte Judicial?

Luego presente la petición y cualquier otro documento en la oficina del Secretario de la Corte Judicial, donde se ocupan de diferentes casos. Así que asegúrese de buscar la oficina o ventanilla que le corresponda, las cuales están debidamente señaladas; busque las que digan "Corte Judicial Familiar," "División Familiar," "Petición de Divorcios", etc. Si tiene dudas pregúntale a algún empleado.

Una vez que ubique la oficina apropiada, entréguele los papeles al Secretario y coméntele el propósito de su visita. En la Corte Judicial el Secretario examinará los papeles y: a) le dará las gracias (en cuyo caso recogerá el pago allí mismo o le indicará donde ir a pagarlo); o b) le dirá que algo no está correcto. Si algo estuviera incorrecto pídale que le explique el problema y cómo corregirlo. Aunque los secretarios no pueden aconsejar legalmente, están capacitados para explicarle cómo corregirlos, ya que los errores que encuentran suelen ser de menor importancia. Generalmente es posible deducir cómo corregirlos después de que el secretario le proporcione la explicación.

Recopilando información sobre su esposo(a)

En muchos estados el Juez requerirá que usted y su esposo(a) proporcionen cierta información financiera. Si usted no puede encontrar el formulario de su estado, use la **Declaración financiera** (formulario 5), en el Apéndice B. Si su esposo(a) ha indicado que él o ella no cooperará en absoluto y no proporcionará una **Declaración financiera**, será usted quien tendrá que presentar esta información Si solicita una audiencia para explicarle al juez que su esposo(a) no coopera, es posible que sólo logre que el Juez le envíe una orden exigiéndole a su esposo(a) que provea la información y continuar la audiencia en otra fecha (o acusarle de desobediencia a la Corte Judicial). Podría acelerar el proceso si pudiera obtener los datos usted mismo, y tenerlos disponibles para la audiencia. Esto requerirá que usted consiga enviar citación para comparecer y producir documentos.

En algunos estados, antes de que usted envíe una citación al empleador de su esposo(a) (banco, o contador), necesita avisarle a su esposo(a) lo que va a hacer. Tal vez la idea de involucrar a otras personas en este asunto puede ser suficiente para que su esposo(a) desee cooperar. Si su esposo(a) le llama y le dice "daré la información," dele unos días para que pueda hacerlo. Pregúntele cuándo usted recibirá la DECLARACIÓN FINANCIERA y ofrézcale enviarle otra copia en blanco en caso de que la necesite. Si su esposo(a) le envía una declaración financiera completa tal como lo había prometido, no envíe la citación. Sólo prosiga con la citación si su esposo(a) no lleva a cabo lo prometido. El procedimiento y los formularios para las citaciones varían de acuerdo al estado. Revise un expediente de divorcio en la oficina del Secretario de la Corte Judicial, o consulte en la biblioteca legal en su ciudad (si la hubiera) para ver qué formularios y procedimientos se utilizan en su estado o condado. En el Apéndice C encontrará un modelo de un formulario típico de citación. Las citaciones se pueden mandar a varias personas u organizaciones como usted crea necesario, pero recuerde que deberá usar las reglas que se detallan a continuación para cada citación.

Para determinar adonde enviar las citaciones, revise la DECLARACIÓN FINANCIERA y qué tipo de información se requiere. Si ha podido realizar las copias de los papeles importantes mientras preparaba su expediente de divorcio, no debería tener problemas en anticipar adonde necesitará enviar las citaciones. La información sobre los ingresos de su esposo(a) la puede obtener del empleador. Todo lo referente a acciones y depósitos de bonos se pueden adquirir del corredor de valores, estados de cuentas bancarias del banco, saldos de préstamos financieros por compra de automóvil del acreedor prestamista, etc. Las citaciones pueden ser emitidas a alguno o todos estos lugares, pero no se exceda. Se su-giere que se concentre en obtener información sobre los ingresos (sobre todo sí está solicitando el mantenimiento económico del niño(s) o asume que tiene que pagarlo), e información sobre los ítems de la propiedad más importantes. Asegúrese de describir con absoluta precisión la información solicitada (en la citación). Probablemente no sea necesario mandar las citaciones si tiene copias recientes de los documentos que se relacionan con los ítems arriba mencionados. Siempre tiene la oportunidad de mostrarle al Juez, durante la audiencia, copias de los recibos de sueldo de su esposo(a), las declaraciones de impuestos federales (W- 2) y otros comprobantes.

¡Advertencia!

NOTA: Muchos estados no le permiten cumplir con la orden de citación hasta que su esposo(a) haya tenido un número específico de días para presentar una objeción por escrito. Asegúrese de revisar las leyes referentes a su estado antes de enviar tal citación.

El procedimiento general es mandar por correo a su esposo(a) una copia del formulario de aviso (llamado un *Aviso de Producción del No Participante* (Notice of Production from Non-Party) en algunos estados), junto con una copia de la citación. Cerciórese de que realmente lo haya enviado por correo el mismo día que indicó en el Aviso de Producción por el No Participante/Notice of Production from Non-Party/Si su esposo(a) no presenta una DECLARACIÓN FINANCIERA (o no le proporciona la información adecuada sobre su ingreso), o le envía una objeción por escrito a la citación, dentro del tiempo permitido en su estado, usted procederá a obtener que el Secretario de la Corte Judicial emita la citación. Si su esposo(a) le envía una objeción por escrito, necesitará lograr que él(ella) esté de acuerdo en darle la información o tendrá que pedir una moción al Juez para emitir la Citación, y obtener una fecha de audiencia con la secretaria del Juez. Entonces el Juez decidirá si usted puede mandar la citación.

El próximo paso que deberá tomar es pedirle al Alguacil (el funcionario jefe del condado) que le notifique personalmente la citación a la persona interesada o al lugar mencionado en la citación. El Alguacil necesitará por lo menos una copia extra de la citación y un cheque por el costo del servicio. El empleador, banco, etc., deberá enviarle la información requerida. Si el empleador le llamara para decirle que tiene que pagar por hacer las copias, pregúntele cuánto cuestan y envíele un cheque o giro postal (si la cantidad no es demasiado elevada y usted aún no tiene suficiente información reciente del ingreso). Si el empleador no proporciona la información, puede intentar mandarle una carta diciéndole que "a menos que proporcione la información requerida en la citación dentro de siete días, se presentará a la Corte del Circuito una moción por desacato al tribunal". Quizás, esto le asuste al empleador lo suficiente como para que le envíe la información. Asimismo, el Alguacil habrá presentado una declaración jurada que verificará cuándo fue notificada la citación.

Hay más procedimientos que podría utilizar para obligar al empleador a que le dé la información, pero no vale la pena pasar por tanta molestia y probablemente a este punto necesitaría la ayuda de un abogado. En la última audiencia usted puede explicarle al Juez que su esposo(a) se negó a cooperar para proporcionar información sobre su ingreso y que su empleador no cumplió con la citación. Quizás, el Juez haga algo para ayudarle o le aconseje que vaya a un abogado.

Existe otro procedimiento donde usted envía las preguntas por escrito a su esposo(a) y él o ella le deberá contestar por escrito y bajo juramento. Estas preguntas por escrito se llaman los *interrogatorios*. Sin embargo si su esposo(a) no ha presentado la DECLARACIÓN FINANCIERA, es probable que tampoco conteste los interrogatorios lo cual lo deja en la misma situación que con la citación.

6 Los procedimentos de emergencia

Algunas personas tienen tres preocupaciones de mayor importancia antes de presentar los papeles para un divorcio: 1) cómo protegerse ellos mismos y a sus niños del esposo(a); 2) cómo asegurarse de que su esposo(a) no tome la propiedad matrimonial y tenga la posibilidad de mantenerla escondida y 3) cómo van a mantenerse económicamente ellos y sus hijos durante el proceso de divorcio. Hay documentos legales que usted puede presentar en esos casos. Si su esposo(a) es hábil y determinado(a), no hay manera de asegurarle que se puedan evitar los problemas mencionados. Todo lo que usted puede hacer es poner suficientes obstáculos en su camino y estar preparado(a) cuando se enfrente con las consecuencias legales por actuar desapropiadamente (por ejemplo que le pongan en la cárcel por desacato judicial). No se puede proveer formularios para todas estas situaciones ya que los requisitos varían en cada estado. Usted necesitará que consultar con el Secretario de la Corte Judicial o en la biblioteca legal (refiérase a la sección "Investigación Legal" en el Capítulo 2).

Cómo protegerse usted mismo

En la mayoría de los estados, si no en todos, hay leyes y procedimientos que protegen a las familias del *abuso y la violencia doméstica*. Consulte el Apéndice A en la página relacionada a su estado, bajo el título "Violencia Doméstica," para encontrar información sobre las leyes específicas a su estado. Estas leyes son bastante sencillas y muy frecuentemente incluyen los formularios que se deben usar. También puede consultar con el Secretario de la Corte Judicial. Muchos estados requieren que este Secretario ayude a los solicitantes a llenar los formularios y a explicarles los procedimientos para protegerlos mejor de la violencia doméstica.

Usted también puede solicitar Moción para la Orden de Detención por Mandato Judicial en caso de violencia doméstica. Este documento será parte de su caso de divorcio y deberá utilizar el mismo formato de encabezamiento. En la biblioteca legal más cercana revise los formularios que se usan en otros libros de divorcio o adapte los que se usan en su estado de acuerdo con las leyes estipuladas para prevención de violencia doméstica. Una posible ventaja con respeto a este procedimiento es que se evitaría pagar derechos de registro que se cobran bajo ciertas leyes de protección por violencia doméstica

Cualquier proceso que usted escoja producirá el mismo resultado un juez firmará una orden que inhibe que su esposo(a) abuse físicamente de usted o le acose ilegalmente con acciones o palabras. Si su esposo(a) violara esta orden, puede ser arrestado(a) y acusado(a) de desacato a la orden de la Corte Judicial. Normalmente cuando hay una orden judicial es más común que la policía arreste a su esposo(a) en una situación de abuso u otro tipo de violencia.

También es posible solicitar una moción donde le pide al Juez que ordene que su esposo(a) se mude de la casa. Habitualmente en este caso se requiere que se demuestre el abuso físico o verbal, ya sea cualquier forma de acoso o intimidación, para proceder con el divorcio. Es aún más probable que esto sea concedido si usted tiene custodia temporal de sus niños y puede demostrar que las acciones de su esposo(a) están causando que los niños sufran una tensión adicional.

Estas soluciones legales funcionan con la mayoría de los esposos(as). Sin embargo, generalmente puede que estas soluciones no sean lo suficientemente eficientes como para controlar a un esposo(a) irracional y violento(a). En tal caso, sería necesario que usted y sus niños encontraran algún otro lugar para vivir. Quizás sería conveniente vivir en casa de un amigo o pariente (preferentemente donde su esposo(a) no pueda encontrarlos), o en un centro que albergue esposos(as) abusados y que se encuentran disponibles en muchas ciudades. Si usted necesita recurrir a esto, probablemente sería una idea buena ver a un abogado que le pueda aconsejar cómo protegerse mejor y cómo tomar las acciones legales necesarias.

Cómo proteger a sus niños

Si usted está preocupado(a) de que su esposo(a) pueda intentar secuestrar a sus niños, debería asegurarse que en la guardería donde van los niños, la niñera, el familiar, o quienquiera cuide los niños estén conscientes de que usted está pasando por el proceso de divorcio y que los niños sólo deben ser entregados personalmente a usted (no a su esposo(a) o a cualquier otro familiar, amigo, etc.). Para impedir que su esposo(a) saque a los niños de los Estados Unidos, usted puede solicitar pasaportes para cada uno de ellos. Una vez que el pasaporte sea expedido, el gobierno no emitirá otro. Así que consígales sus pasaportes y guárdelos bajo llave en una caja fuerte del banco. (Esto no impedirá que se los lleven a Canadá o México donde no se requieren pasaportes, pero evitaría que se los lleven al extranjero). También puede solicitar una moción de la Corte Judicial para que se le nieguen a sus niños los privilegios de adquirir pasaporte. En ese caso, una copia de la orden del Juez se enviará al Departamento de Estado de los EE.UU. para que este departamento tome nota y no otorgue pasaporte.

Cómo proteger su propiedad

Si usted genuinamente temiera que su esposo(a) podría llevarse el dinero de las cuentas bancarias y cree que esconderá las escrituras de papeles importantes que prueben que usted es el dueño de ciertas propiedades que posee, puede tomar alguna acción para proteger sus recursos antes de que su esposo(a) se los lleve. Sin embargo, usted puede crearse una situación desfavorable ante el Juez si aparenta que es usted quien trata de quedarse con todos los bienes. Lo mejor será que tome la mitad de los bienes que cree que estarán en peligro. Por ejemplo, supongamos que ustedes tienen una cuenta bancaria conjunta con un saldo de $10,000. Si usted saca los $10,000 de una vez, puede parecer que está intentando quedarse con todo y no dejarle nada a su esposo(a) para vivir en el futuro. En cambio, debería sacar sólo $5,000 y ponerlos exclusivamente en una cuenta a su nombre. Debe guardar una copia del estado de cuenta de ambos donde muestra el total de $10,000, el recibo donde consta el retiro de los $5,000 y su nuevo recibo de depósito de cuenta o el primer estado de cuenta donde muestra el depósito. De esta manera usted puede probar cuál era la cantidad total de la cuenta conjunta y que usted sólo ha tomado la mitad de la misma.

Con una cuenta bancaria es fácil de obtener los papeles para demostrar lo que originalmente había y lo que se ha tomado. Con otros tipos de recursos quizás no sea tan fácil demostrarlo. Probablemente necesite hacer una de las siguientes cosas o todas juntas: a) conseguir un testigo; b) tomar fotografías de sus bienes; y/o c) hacer un inventario por escrito de los artículos que deja y los que lleva.

Cerciórese de tener una lista completa de cualquier propiedad que se lleve, e incluir estos artículos en su **Declaración financiera** (formulario 5). Luego necesitará convencer al juez que sólo ha tomado temporalmente estos artículos para conservarlos hasta que el veredicto final se registre oficialmente. Es aconsejable que no gaste nada del dinero en efectivo que ha tomado de la cuenta bancaria o no venda ni regale cualquier artículo que haya sido de la propiedad en común y usted haya tomado. Por supuesto que puede usar el dinero para pagar gastos necesarios como la renta, la comida, los pagos del automóvil, las facturas médicas, etc. Otros fondos deberían colocarse en una cuenta bancaria separada, sin el nombre de su esposo(a), y apartada de cualquier otro dinero que pudiera poseer.

Los documentos, títulos de propiedad, títulos del automóvil, acciones o certificados de bonos, hipotecas, etc., deben colocarse en la caja de seguridad del banco que usted tenga a su nombre (sin el nombre de su esposo(a)). La idea no es que usted se apropie de las cosas sino que éstas estén en un lugar seguro para que su esposo(a) no pueda esconderlos o pueda negar que alguna vez existieron. No lo haga a menos que sea absolutamente necesario proteger la propiedad.

Usted también puede pedir una moción solicitándole al juez que le dé una orden para que su esposo(a) le muestre documentos específicos de cierta propiedad, o que le prohíba que esconda, disponga, o destruya la propiedad. En algunos estados esta orden restrictiva se impone automáticamente en todos los casos de divorcio en cuanto se presenta la demanda.

LA PENSIÓN TEMPORARIA, EL MANTENIMIENTO ECONÓMICO Y LA CUSTODIA DE LOS NIÑOS

Si su esposo(a) le ha abandonado con los niños, la hipoteca y las facturas mensuales y no le ayuda financieramente, puede considerar en solicitarle a la Corte Judicial que le ordene el pago de mantenimiento económico a usted y los niños durante el proceso del divorcio. Por supuesto que si usted era la única persona que contribuía económicamente y ha estado pagando todas las facturas, no es factible que consiga ningún apoyo temporal.

Debe tratar de encontrar un modelo de una moción para la obtención de una pensión temporal, mantenimiento económico y custodia de los niños, revisando otros expedientes en la oficina del secretario de la Corte Judicial, o en una biblioteca legal. Dicha moción también puede llamarse *Moción para Asistencia Temporaria* o *Moción para un Pleito Pendiente de Asistencia,* o nombres similares. (*Pendente lite* es una frase del Latin que significa pendiente de litigio.) Si no pudiera encontrar un modelo, use la **Moción para asistencia temporaria** (formulario 14) y una **Orden de asistencia temporaria** (formulario 15) provista en el Apéndice B.

Para completar la **Moción para asistencia temporaria** (formulario 14) usted deberá:

1. Completar el formato del encabezamiento de acuerdo con instrucciones del Capítulo 6.
2. Marcar en la casilla o casillas según correspondan a su situación.
3. Hay espacios disponibles para escribir cualquier otra asistencia que usted pueda necesitar, o cualquier alegación especial que sea requerida en su estado y para explicar por qué usted solicita que el asunto sea decidido sin notificar a su esposo(a) de antemano. Para ser justos, los jueces no emiten esta clase de órdenes a menos que se notifiquen a ambas partes y tengan la oportunidad de presentar sus respectivas opiniones. Sin embargo, en ciertas circunstancias, los jueces no requieren el aviso de antemano. Estas circunstancias generalmente son en casos de emergencia, tales como situaciones en que hubiera peligro realmente de que su esposo(a) intentara llevarse a sus niños. Para ello deberá describir la razón por la cual no pudo notificarle o qué esfuerzos ha hacho usted para intentar notificarle. Algunas cortes son más flexibles que otras para dar la pensión temporal y custodia dependiendo de la práctica local.

4. Colocar la fecha y firmar con su nombre completo en la línea que dice "Firma", debajo aclare su dirección y número de teléfono.

5. A menos que su esposo(a) ya haya presentado una declaración financiera, debería adjuntar copias de cualquier recibo de pago de su esposo(a), los más recientes formularios de declaración de impuestos u otra información que compruebe los ingresos de su esposo(a). Para ese entonces, usted ya hubo archivado su declaración financiera que mostrará los gastos mensuales suyos, así como sus ingresos.

Este formulario debe ser presentado al Juez juntamente con la orden para la pensión temporal (formulario 15). Puede llamar a la secretaria del Juez y decirle que le gustaría presentar una MOCIÓN PARA ASISTENCIA TEMPORARIA al Juez por un caso de divorcio y que necesita información para hacerlo. La secretaria podrá decirle que traiga sus papeles en determinada fecha, o si debe mandárselos al Juez por correo, o presentarlos en la oficina del Secretario de la Corte Judicial. Simplemente siga las instrucciones de la secretaria.

Para completar la ORDEN DE ASISTENCIA TEMPORARIA (formulario 15), todo lo que usted debe hacer es llenar la porción de arriba del formulario. El juez rellenará el resto, o le dirá cómo hacerlo. Se ha incluido una casilla y un espacio extra que se podrá utilizar en el caso de que el juez tenga alguna cosa adicional que él o ella quiera que usted ponga en la ORDEN DE ASISTENCIA TEMPORARIA.

Una vez que usted tenga la copia firmada de la orden ORDEN DE ASISTENCIA TEMPORARIA, mándela por correo o entréguele personalmente una copia a su esposo(a). Entonces complete un CERTIFICADO DE NOTIFICACIÓN (formulario 3) para comprobar que usted le ha notificado a su esposo(a). Las instrucciones para completar el formulario 3 se encuentran en el Capítulo 7.

7 Cuándo notificarle a su esposo(a)

Si usted está usando el proceso para una petición conjunta permitida en su estado, no necesita preocuparse por la información en este capítulo (su esposo(a) tendrá que firmar la petición, así será obvio que tiene conocimiento del divorcio). Tampoco se debe preocupar de este capítulo si usted y su esposo(a) están de acuerdo en todo, pero no califican para un proceso de petición conjunta. Su esposo(a) sólo debería presentar simplemente la CONTESTACIÓN A LA DEMANDA (formulario 8) o ustedes dos pueden firmar un ACUERDO FINAL DE DISOLUCIÓN MATRIMONIAL (formulario 6). Sin embargo, en todos los otros casos, le exigirán que le notifique que usted ha solicitado una demanda de divorcio. De este modo su esposo(a) tendrá la oportunidad de responder a su demanda.

Cómo notificar la presentación de la demanda

La manera usual de notificar a su esposo(a) que usted presentó una demanda de divorcio es a través del Alguacil o un oficial designado por el Juez, quien personalmente le entrega los documentos a su esposo(a). Esto lleva el nombre de "servicio personal". Asegúrese de verificar con el Secretario de la Corte Judicial sobre cuál es el formulario apropiado para las citaciones, porque éstos varían en cada estado. El Apéndice C contiene un modelo típico de una citación pero necesitará emplear el formulario apropiado para su condado. Del mismo modo que con los otros formularios es aconsejable revisar un expediente de divorcio en la oficina del Secretario o consultar en una biblioteca legal para escoger el adecuado.

Una vez que haya preparado la citación, llévesela al Secretario para la firma. Luego llame al Alguacil del condado donde vive su esposo(a) y averigüe cuánto costará para notificarle sobre los documentos de divorcio y cuántas copias de la demanda y citaciones se necesitan proporcionar a la oficina del Alguacil. Entregue o envíe por correo las copias requeridas de su demanda (adjunto con cualquier otro papel que usted haya presentado), citaciones y un cheque o giro postal por los derechos de servicio a la oficina del Alguacil.

Un diputado de los alguaciles entregará personalmente los documentos a su esposo(a). Por supuesto que usted debe proporcionarle la información exacta acerca de dónde podría encontrar a su esposo(a). Si hubiera varias direcciones (tales como domicilio propio, de un pariente, y/o el del trabajo), adjúntele una nota al Alguacil con todas las direcciones y cualquier información adicional que pudiera ayudarle a encontrar a su esposo(a) (un dato importante: los horarios de trabajo de su esposo(a)). Asegúrese de proveer información que sea verdaderamente útil, así conseguirá que el Alguacil cumpla con su misión y no tenga que adivinar el paradero de su esposo(a). El diputado completará un formulario para verificar que los documentos fueron entregados (incluso la fecha y la hora en que se entregaron) y presentará una copia de ese formulario al Secretario de la Corte Judicial. El diputado también debe enviarle una copia a usted para informarle que su esposo(a) ha sido notificado(a) pero puede que usted necesite verificar en su expediente en la oficina del Secretario. Una vez que sepa la fecha de notificación, puede calcular para cuándo tendrá la contestación. Tómese unos cinco días adicionales permitiéndole suficiente tiempo al correo postal y al Secretario de la Corte Judicial para procesar los documentos; luego verifique con esta oficina si ya tiene la contestación en su expediente. Más adelante en este capítulo encontrará detalles del tema de acuerdo a cómo su esposo(a) responda a la notificación.

OTRO TIPO DE NOTIFICACIONES (formulario 3)

Una vez que le hayan entregado en mano la demanda de divorcio a su esposo(a), simplemente envíele por correo copias de cualquier otro documento que usted presente posteriormente. En este caso todo lo que necesita hacer es firmar una declaración (llamada *certificado de servicio*) verificando que usted las ha enviado. Algunos de los formularios en este libro incluirán un certificado de servicio para que usted lo complete. Si ninguno de los formularios que usted presenta incluyera uno, necesitará utilizar el CERTIFICADO DE SERVICIOS (formulario 3) para lo cual deberá:

1. Completar el formato del encabezamiento siguiendo las instrucciones del Capítulo 6.
2. Escribir el nombre o título de los documentos enviados en el primer espacio en blanco en el párrafo principal.
3. Marcar la casilla donde indica en qué fecha y por qué vía han sido enviados los documentos (por correo postal o personalmente).
4. Escribir el nombre, la dirección, y el número del teléfono de la persona (o personas) a quien los documentos le fueron enviados, generalmente su esposo(a) o el abogado de su esposo(a).
5. Firmar con su nombre completo en la línea que indica "Firma" y escribir su nombre, dirección y número de teléfono debajo de su firma. Este formulario deberá ser presentado al Secretario de la Corte Judicial como comprobante de usted ha enviado una copia.

Una vez que tenga la fecha de la audiencia con el Juez, usted necesitará notificarle a su esposo(a) cuando habrá de tener lugar la misma.

Para ello, deberá preparar la NOTIFICACIÓN DE AUDENCIA (formulario 11). Antes de usar el formulario 11, revise los expedientes de divorcio en la oficina del Secretario de la Corte Judicial, o investigue en una biblioteca legal para ver si la NOTIFICACIÓN DE AUDENCIA es la misma que se utiliza en su estado o condado. Si no pudiera encontrarlo(a), utilice el formulario 11. Para completar la NOTIFICACIÓN DE AUDENCIA (formulario 11), usted necesitará:

1. Llenar el formato del encabezamiento siguiendo las instrucciones del Capítulo 6.

2. Escribir el nombre completo y la dirección postal de su esposo(a). Si su esposo(a) tiene un abogado, escribir el nombre del abogado y la dirección.

3. En los espacios del párrafo principal, escribir la información requerida sobre cuándo y dónde tendrá lugar la audiencia, incluyendo el día de la semana, la fecha, la hora, el nombre del Juez y el lugar de la audiencia y si es posible el número de cuarto y dirección del Tribunal de Justicia. Es importante revisar el formulario F en el Apéndice D para ver un modelo de una NOTIFICACIÓN DE AUDENCIA.

Probablemente necesitará por lo menos tres copias del Aviso de Audiencia, para que pueda mandar por correo una copia a su esposo(a), presentar el original al Secretario de la Corte Judicial y poder guardar dos copias para usted.

QUÉ SE PUEDE HACER EN CASO DE DESCONOCER EL DOMICILIO DE SU ESPOSO(A)

En el supuesto caso de que su esposo(a) se haya escapado y usted no tiene idea dónde podría encontrarse, ¿cómo podría el Alguacil entregarle una copia de la demanda a su esposo(a)? La respuesta es que no podrá utilizar los servicios del Alguacil. En lugar de utilizar un servicio personal, usted deberá usar un método de notificación llamado *notificación por publicación*. Éste es uno de los procesos más complicados del sistema legal. Los requisitos, formularios y procedimientos para la notificación por publicación varían en cada estado. Necesitará averiguar cuáles son los requisitos de su estado en una biblioteca legal. Los mo-delos de formularios típicamente usados se incluyen Apéndice C. Es muy probable que esta información la pueda encontrar en los estatutos o el código de su estado o en los reglamentos judiciales. A continuación tendrá descripta una idea general del funcionamiento de la Notificación por Publicación.

La búsqueda diligente

La Corte Judicial permitirá sólo la publicación cuando es imposible localizar a un esposo(a). También se incluye la situación cuando el Alguacil ha intentado varias veces entregar la notificación a su esposo(a) personalmente, pero parece que su esposo(a) se está escondiendo para evitar recibirla. En tal caso primero, usted tendrá que probar que no puede localizarle haciéndole saber a la Corte Judicial que ha hecho todo lo posible por dar con él o ella. Para que pueda cumplir con la búsqueda debería tratar lo siguiente:

1. Revise la guía telefónica y solicite la ayuda de la operadora en el área donde vive.
2. Consulte con la operadora telefónica el área donde tuvo su última residencia.
3. Pregúntele a los amigos y parientes quienes tal vez sepan dónde se encuentra su esposo(a).
4. Verifique con la oficina del Correo Postal si hubiera registrada una nueva dirección donde su esposo(a) podría estar viviendo o está recibiendo la correspondencia. (Si el Correo Postal estuviera muy lejos podría escribirles pidiendo la información).
5. Busque en los archivos del tasador de propiedades o el cobrador de impuestos sobre bienes para ver si su esposo(a) posee una propiedad.

6. Escriba a las oficinas donde emiten la licencia de conducir y las oficinas donde se registran los vehículos en su estado para ver si su esposo(a) ha sacado una licencia recientemente o ha registrado el automóvil.

7. Consulte cualquier otra fuente que usted crea que podría darle una pista de la nueva residencia (por ejemplo: dueños de casa, empleadores anteriores, etc.).

Si usted consiguiera el domicilio actual, regrese a la oficina del Alguacil que entrega las notificaciones personalmente. Caso contrario, continúe con este procedimiento. Aunque su esposo(a) se encontrara en otro estado, haga todo lo posible para que le entreguen la notificación personalmente. Para tal fin deberá llamar al Alguacil en el condado y el estado donde su esposo(a) reside y presentar una orden.

Cómo preparar y presentar los documentos a la Corte Judicial

Una vez que usted haya hecho su búsqueda, necesita notificarle a la corte. Para ello debe solicitar *una petición para la notificación por publicación*. Todo lo que hace este formulario es decirle a la Corte Judicial que usted ha hecho todo lo posible para localizar a su esposo(a) y solicita autorización para publicar su notificación. En el Apéndice C se incluye un modelo típico de una petición para obtener el servicio de notificación por publicación.

También deberá preparar una *notificación de la demanda (notice of action)*; es el aviso que se publicará en el periódico. En el Apéndice C se incluye un modelo típico de la Notificación de Demanda.

El trabajo del Secretario de la Corte Judicial

La notificación de la demanda está firmada por el Secretario de la Corte Judicial. El Secretario firmará el documento y probablemente le devolverá dos copias. Si el Secretario encuentra algún error en sus documentos, le notificará qué es lo que necesita ser corregido. Usted deberá proporcionarle un sobre estampillado con su nombre y dirección cuando le entregue o le envíe estos documentos.

Cómo se publica

El próximo paso es lograr que un periódico le publique su notificación de demanda. Consulte con la guía telefónica de las Paginas Amarillas bajo el rubro "Periódicos" y llame a varios de los periódicos más pequeños de su condado (asegúrese que estén ubicados en el mismo condado que la Corte Judicial). Pregúnteles si están autorizados para publicar notificaciones legales. Si lo están, averigüe cuánto cobran para publicar la notificación de demanda de divorcio. No necesitará que utilicen un papel costoso. En la mayoría de las áreas tienen periódicos que se especializan en la publicación de notificaciones legales y son más baratos que los periódicos que se publican diariamente. Puede encontrar copias del mismo cerca de las oficinas de la Corte Judicial.

La notificación de la demanda se publicará el número de veces que sea requerido por su estado. Consígase una copia del periódico la primera vez que aparezca y revíselo para cerciorarse que todo esta correctamente impreso. Si encontrara un error, notifíquele al periódico inmediatamente. El periódico le enviarán un formulario certificando que la Notificación de la Demanda fue publicada las veces requeridas por la ley. Preséntele este formulario al Secretario de la Corte Judicial.

Como ha sido indicado en la Notificación de la Demanda, su esposo(a) tiene hasta una cierta fecha para responder. Si su esposo(a) respondiera a la notificación publicada en el periódico, deberá continuar con el proceso de divorcio. Si su esposo(a) no responde en la fecha indicada en la Notificación de la Demanda, deberá proceder con la **Moción para registrar incumplimiento legal** (formulario 12), como se detalla en la próxima sección de este capítulo.

Cómo responde su esposo(a)

Si su esposo(a) contesta la demanda

Si su esposo(a) presenta una contestación, lo primero que usted debe hacer es leerla cuidadosamente. La contestación le dirá en lo que su esposo(a) está de acuerdo y lo que quiere cuestionar. Por ejemplo, si usted pide la custodia de los niños en su demanda y su esposo(a) no la solicita en su contestación, entonces usted debería obtener la custodia sin tener que defenderlo en la audiencia. Si él o ella pide la custodia, usted sabe que tendrá que negociar o dejar que el Juez resuelva el problema. La contestación le dará una buena idea de lo que usted necesitará negociar o demostrar en la audiencia.

Una contestación podría contener nuevas demandas a las cuales usted necesitará responder. Esto frecuentemente se llama *contra demanda* o *contra reclamo*. Por ejemplo: Usted no pidió la pensión y designó su automóvil como propiedad matrimonial en su demanda (o en la declaración financiera). Sin embargo, en la contestación su esposo(a) reclama que usted le pague la pensión alimenticia y que su automóvil se considere como propiedad que él o ella ha adquirido fuera del matrimonio. Éstas son nuevas demandas a las que usted debe responder. Lo podrá hacer preparando una *contestación a la contra demanda* (o utilice el mismo título que su esposo(a) le ha dado al documento). Y así simplemente negará las nuevas demandas hechas en la contestación de su esposo(a).

Una vez que su esposo(a) haya presentado una contestación (y usted le ha respondido a cualquiera de sus nuevas demandas), puede tener el caso preparado para la audiencia final. Sencillamente cerciórese de haber cumplido con el período de espera asignado, tal como se indica en el Apéndice A para su estado. Muchos estados no permiten que una audiencia final sea conducida o que un fallo sea registrado en los libros de la Corte Judicial hasta tanto no haya pasado una cierta cantidad de tiempo después de que la demanda ha sido presentada o hasta que su esposo(a) haya sido notificado(a). Por supuesto que mientras que usted está esperando a que llegue la fecha de la audiencia siempre puede intentar negociar un acuerdo con su esposo(a).

SU ESPOSO(A) NO HACE NADA

Si su esposo(a) no presentara una contestación o no se reuniera con usted para efectuar el ACUERDA FINAL DE DISOLUCIÓN MATRIMONIAL (formulario 6) dentro del tiempo permitido en su estado y después de que se le haya sido entregada la demanda por el Alguacil; su esposo(a) ha cometido un *Incumplimiento de un deber legal*. Usted debería notificarle al Secretario de la Corte que su esposo(a) no ha presentado una contestación y pedirle (al Secretario) que ponga el *Incumplimiento* formalmente en su expediente judicial. Para lograrlo necesita completar una MOCIÓN POR INCUMPLIMIENTO DE LA LEY (formulario 12) y entregárselo al Secretario.

Para completar la MOCIÓN PARA REGISTRAR UN INCUMPLIMIENTO LEGAL (formulario 12) necesitará:

1. Completar el formato del encabezamiento siguiendo las instrucciones del Capítulo 6.
2. Colocar la fecha y firmar su nombre completo en la línea dispuesta para ello al final del primer párrafo y escribir su nombre, dirección, y número de teléfono debajo de la línea.

El Secretario completará la porción al pie del formulario y le dará una copia. Una vez que la MOCIÓN PARA REGISTRAR UN INCUMPLIMIENTO LEGAL (formulario 12) haya sido registrada por el Secretario, usted estará en condiciones para obtener la cita para la audiencia final.

8 El divorcio contencioso

La diferencia en procedimientos con el divorcio por acuerdo

Este libro no puede convertirle en un abogado litigante. Puede haber muchos riesgos al intentar ocuparse de un caso disputado usted solo(a), aunque ya lo ha hecho. Hay grandes diferencias entre un caso de divorcio contencioso y un caso de divorcio por acuerdo. Primero, en un caso de divorcio por acuerdo, normalmente el Juez está de acuerdo con cualquier asunto que usted y su esposo(a) hayan arreglado. En un caso de divorcio contencioso, usted necesita demostrar que le corresponde lo que usted está pidiendo. Esto significa que necesitará un plazo de tiempo más largo para la audiencia, necesitará presentar documentos como evidencia y es posible que necesite testigos para atestiguar sus declaraciones.

En segundo lugar, tendrá que hacer trabajo extra para conseguir la evidencia que necesite, tal como mandar citaciones (que se detallan en secciones posteriores) o incluso contratar a un investigador privado.

Tercero, necesitará prestar atención extra para asegurarse que su esposo(a) ha sido notificado apropiadamente de cualquier audiencia de la corte y que le han sido enviadas copias de cualquier documento que fue presentado al Secretario de la Corte Judicial.

Cuarto, cuando es obvio que usted tiene un divorcio contencioso, probablemente es el momento que considere contratar a un abogado, sobre todo si está involucrado el tema de la custodia de los niños. Si está verdaderamente listo(a) para enfrentarse con la guerra por la custodia de sus hijos, prueba que este tema es sumamente importante para usted y probablemente sería mejor que buscara ayuda profesional. Puede anticipar que le espera un caso contencioso cuando su esposo(a) le está amenazando con que luchará tenazmente o cuando él o ella contrate a un abogado.

Por otro lado, no debería asumir que necesita un abogado sólo porque su esposo(a) haya contratado uno. A veces será más fácil tratar con el abogado que con su esposo(a). El abogado no está emocionalmente involucrado y puede ver su propuesta de acuerdo en forma razonable. Así que discuta los asuntos primero con el abogado de su esposo(a) y vea si las cosas se pueden solucionar. En cualquier momento usted puede contratar su propio abogado si el de su esposo(a) no es razonable. Sea muy prudente antes de firmar cualquier documento; no lo haga hasta no estar seguro(a) de que los entiende totalmente. Tal vez querría que un abogado revisara los documentos preparados por el abogado de su esposo(a) antes de que decida firmarlos.

Además de tomar la decisión de si desea un abogado o no, hay dos dife-rencias en procesos principales entre el divorcio por acuerdo y el divorcio contencioso. Primero, necesitará estar aún más preparado para la audiencia. Segundo, no necesitará elaborar el VEREDICTO FINAL (formulario 13) hasta después de la audiencia con el Juez. Esto es porque usted no sabrá qué poner en el VEREDICTO FINAL hasta que el Juez haga sus decisiones sobre los diferentes temas en disputa.

Las próximas secciones detallarán cómo prepararse para los temas que serán discutidos en la audiencia y cómo prepararse para el veredicto final.

La propiedad y las deudas

Generalmente, el Juez se fijará en su propiedad y sus deudas e intentará distribuirlas "equitativamente". Esto no significa que serán necesariamente distribuidas en un 50% a cada uno. Lo que usted debe hacer es presentarle al Juez una solución razonable que parezca justa. Consulte el Apéndice A para ver qué factores se usan para distribuir la propiedad en su estado. Usted debe demostrar qué artículos se deben designar como *separados* o *propiedad adquirida fuera del matrimonio*. Generalmente, esto involucrará demostrar quc usted tenía la propiedad antes de haberse casado (con recibos de compra que tengan la fecha o títulos de propiedad) o que usted adquirió la propiedad por medio de una herencia o regalo (con un testamento, una orden de la corte o una carta de la persona que le concedió el regalo).

Ahora es el momento preciso de revisar el **Inventario de la propiedad** (formulario 1) y el **Inventario de la deuda** (formulario 2) que usted preparó anteriormente. Apunte en cuál de las categorías siguientes se encuentra cada artículo o propiedad (un artículo puede encontrarse en más de una):

1. La propiedad adquirida fuera del matrimonio que tiene derecho a mantener.
2. Lo que usted realmente quiere.
3. Lo que a usted le gustaría tener.
4. Lo que a usted no le importa demasiado.
5. Lo que su esposo(a) realmente quiere.
6. Lo que a su esposo(a) le gustaría tener.
7. Lo que a su esposo(a) no le importa demasiado.

Ahora empiece una lista con lo que cada uno de ustedes debería quedarse, usando las categorías previamente mencionadas.

Eventualmente terminará con una lista de cosas que usted probablemente podrá conseguir sin mayores dificultades (con cosas que realmente quiere y que a su esposo(a) no le importan); aquéllas cosas por las que se pelean (que ambos realmente quieren) y esas cosas que necesitan ser distribuídas pero que probablemente sean fácilmente distribuídas (a ustedes dos realmente no les importa).

En la audiencia el Juez puede tratar de que ustedes negocien sus desacuerdos, pero no permitirá escuchar argumentos por mucho tiempo. Finalmente, pasará a distribuir arbitrariamente los artículos en que ustedes no estén de acuerdo u ordenará que vendan todos los artículos y dividan el dinero en partes iguales entre ustedes dos..

Acerca de los pocos artículos que son muy importantes para usted, quizás sea necesario que demuestre por qué usted debe tenerlos. Además de usar los factores aplicados en su estado, le ayudará si puede convencer al Juez de uno o más de los siguientes puntos:

1. El artículo es propiedad adquirida fuera del matrimonio o fue adquirido por usted antes del matrimonio o lo recibió como regalo o herencia (vea el Apéndice A).
2. Usted pagó el artículo con sus propias ganancias o fondos.
3. Usted es principalmente quien ha usado ese artículo.
4. Usted usa el artículo en su empleo, negocio, o como pasatiempo favorito.
5. Está dispuesto a cambiar alguna cosa que realmente desea por ese otro artículo. (Por supuesto que intentará dar algo de su lista de cosas que "menos me importa" o de la que "me gustaría tener".)
6. El artículo que necesitan sus niños (asumiendo que usted es el que tendrá la custodia).

Es conveniente que haga una lista de que cómo planea que la propiedad sea distribuída. Prepárela en forma razonablemente equitativa, sin tener en cuenta cuán enojado(a) está con su esposo(a). Aún cuando el Juez cambiara algunas cosas para parecerle justo a su esposo(a), usted probablemente conseguirá más de lo que desea al ofrecer una sugerencia. [No, ésta no es una excepción a la regla de negociaciones al permitirle a su esposo(a) hacer la primer propuesta porque a este nivel usted no está simplemente negociando con su esposo(a). Usted ahora está negociando con el Juez. Usted está intentando impresionarle al Juez con su sentido de igualdad; no intenta convencer a su esposo(a)].

Si el reclamo de una propiedad adquirida fuera del matrimonio se torna en conflicto pueden surgir problemas especiales, como por ejemplo, si su esposo(a) intentara quitarle la propiedad (adquirida fuera del matrimonio) o si usted tratara de obtener la propiedad que cree que su esposo(a) le está reclamando equivocadamente por haber sido adquirida fuera del matrimonio. También es buena idea tener documentos que demuestren que la propiedad que usted reclama como suya fue realmente adquirida antes del matrimonio. Tales documentos deberían demostrar que:

1. Compró el artículo antes de haberse casado (con recibos fechados y/o facturas).
2. Recibió el artículo como regalo (debe haber sido obsequiado por alguien que no sea su esposo(a)).
3. Heredó el artículo como su propiedad (copias certificadas de testamentos y documentos legalizados por la Corte Judicial).
4. Obtuvo la propiedad a cambio de propiedad que usted tenía antes de casarse o por propiedad que usted recibió como regalo o a través de una herencia (declaración de la persona que hizo el intercambio o algún recibo que demuestre que fue efectuado el intercambio).

Puede disputar la demanda de su esposo(a) diciendo que cierta propiedad fue adquirida fuera del matrimonio. Consulte el Apéndice "A" para ver qué factores se usan para determinar si la propiedad es matrimonial o si se considera fuera del matrimonio. Varios estados usan algunos de los conceptos siguientes permitiéndole reclamar intereses que, de otra manera serían propiedad de su esposo(a) adquirida fuera del matrimonio:

1. El valor de la propiedad ha aumentado durante su matrimonio.
2. Usted ha hecho las contribuciones financieras relacionadas con la compra, reparación, mantenimiento o mejoras en la propiedad.
3. Usted también hizo otras contribuciones no financieras referentes a la reparación, mantenimiento, o mejoras de la propiedad (como reparaciones o construcción de una parte adicional en su casa).
4. Usted y su esposo(a) trataron la propiedad como si fuera propiedad matrimonial.

Si usted quiere obtener bienes que su esposo(a) está reclamando que no son matrimoniales, necesitará reunir los siguientes tipos de evidencia:

1. Exhibir documentos que prueben que usted ha ayudado a pagar por los bienes (un cheque que usted haya emitido o estados de cuentas que muestren que su dinero entró en la misma cuenta que fue usada para hacer los pagos relacionado con esos bienes). Por ejemplo, suponga que su esposo(a) compró una casa antes de que se casaran. Durante su matrimonio usted hizo algunos de los pagos de la hipoteca con su propia cuenta corriente (usted tendrá el cheque cancelado con el número de cuenta de hipoteca en el cheque para demostrarlo). En otras ocasiones, depositó algunos de sus sueldos en la cuenta corriente de su esposo(a) y él(ella) emitió los cheques de esa cuenta para pagar la hipoteca (nuevamente, debe haber algún trámite bancario y un cheque cancelado que pruebe que así fue). Porque usted ha contribuido con la compra de la casa, puede exigir algo del valor de la casa como bienes matrimoniales.
2. Exhibir documentos que prueben que usted pagó por las reparaciones de los bienes. Si usted pagó por reparaciones

hechas en la casa o a un automóvil que su esposo(a) tuvo antes de que ustedes se casaran, usted puede exigir parte de su valor.

3. Exhibir documentos en los que los bienes fueron mejorados o su valor ha aumentado durante el período del matrimonio. Ejemplo 1: Su esposo(a) poseía la casa previamente al matrimonio. Durante el matrimonio usted y su esposo(a) le añadieron una sala a la casa. Esto le permitirá hacer una reclamo por algo de valor de la casa. Ejemplo 2: Su esposo(a) era dueño de la casa antes de que ustedes se casaran. El día antes de casarse, la casa valía $85,000. Ahora la casa tiene un valor estimado de $115,000. Usted puede exigir parte de los $30,000 del incremento de la propiedad.

Durante la audiencia, el juez anunciará quién se queda con qué artículos. Haga una lista de lo que el Juez haya decidido. Después, complete el VEREDICTO FINAL (formulario 13) según la decisión del Juez. Una vez usted haya completado el VEREDICTO FINAL, haga una copia y envíesela a su esposo(a). Envíe el original al Juez (no al Secretario de la Corte Judicial), junto con un CERTIFICADO DE NOTIFICACIÓN (formulario 3) adjunto para demostrar la fecha en que se le envió una copia a su esposo(a). Si su esposo(a) no presenta objeción sobre la forma en que usted ha preparado el VEREDICTO FINAL, el Juez firmará el Veredicto y le devolverá una copia a usted. Usted debe enviarle al Juez el original y dos copias del VEREDICTO FINAL, junto con dos sobres estampillados (uno con su dirección y el otro con la de su esposo(a)).

LA PENSIÓN ALIMENTICIA

En el caso de originarse una disputa sobre la pensión alimenticia puede implicar que tenga que consultar a un abogado, sobre todo si hay una demanda para obtener pensión permanente por invalidez. Tal demanda puede requerir el testimonio profesional de expertos (como doctores, contadores, y actuarios), lo cual requeriría el conocimiento especial de un abogado. Un caso de adulterio también puede requerir la experiencia de un abogado y posiblemente también la de un investigador privado. Usted también debería decidir qué información (incluyendo los documentos y el testimonio de testigos) necesitará presentar al Juez para que acepte o rechace las razones por las que se pidió la pensión. No olvide utilizar la lista de su estado del Apéndice A donde puede ver qué factores determinan si alguien es elegible para la pensión alimenticia, la cantidad que recibirá la pensión y por cuánto tiempo.

Para la pensión temporal (también llamada rehabilitadora), la razón más común es que la persona necesita ayuda hasta que pueda obtener entrenamiento para conseguir trabajo. Las preguntas que se deben contestar son:

1. ¿Qué entrenamiento ha recibido esta persona en el pasado?
2. ¿Qué tipo de entrenamiento se necesita para poder trabajar en ese campo?
3. ¿Cuánto tiempo tomaría un entrenamiento?
4. ¿Cuánto espera ganar al empezar a trabajar en ese empleo?
5. ¿Cuánto dinero se requiere para el entrenamiento?

Las preguntas que se hacen en casos de pensión temporal o permanente incluyen: revisar la situación para explicar por qué una de las partes no trabajó durante el matrimonio; en qué forma ha contribuido esta persona al matrimonio y qué conducta inapropiada de la otra parte justifica que el que se le otorguen beneficios de pensión sea apropiado (si la culpabilidad es un factor en su estado). Debe prepararse para presentar evidencia referentes a estas preguntas.

EL MANTENIMIENTO ECONÓMICO DE LOS NIÑOS

En muchos estados, el tema del mantenimiento de los niños es principalmente una cuestión de un cálculo matemático. Esto normalmente se hace en una de dos maneras:

1. Determinando un porcentaje de la totalidad o ingreso neto del portador. Este porcentaje aumenta con el número de niños.
2. A través de un proceso de dos-pasos. Primero, las necesidades del niño se determinan agregando el ingreso suyo y el de su esposo(a) siguiendo la tabla de ingresos. Segundo, la cantidad de mantenimiento económico que el niño(s) recibirá se determina multiplicando las necesidades del niño por el porcentaje que le corresponde a la parte que paga sobre el ingreso total de ambas partes. Por ejemplo: El ingreso de Francisco es de $3,000 por mes y el de Juana es de $2,000 por mes. Esto da un ingreso total de $5,000 por mes. Según el formulario del estado al que ellos pertenecen, este ingreso total indica que las necesidades de su único hijo son de $904.00. Juana tendrá la custodia, así que Francisco pagará el mantenimiento del niño. El ingreso de Francisco es 60% del ingreso total de la pareja, así que él pagará 60% de los $904.00 que el niño necesita, o sea $542.40 por mes ($904.00 x .60).

El recibir una cantidad justa de mantenimiento para el niño(s) depende de la exactitud de la información que se le presenta al Juez. Si usted se siente bastante seguro(a) de que la información de su esposo(a) es correcta, o si usted ha obtenido información correcta sobre su ingreso, no hay que preocuparse mucho. El Juez tomará la información del ingreso proporcionada, usará la fórmula para calcular la cantidad que debe ser pagada y dará la orden de que esa cantidad sea abonada.

En la mayoría de los casos, no hay gran cosa que discutir sobre la cantidad de mantenimiento económico para el niño(s), así que normalmente no se necesitará contratar un abogado. Si usted sabe que su esposo(a) no está proporcionando la información adecuada acerca de su ingreso, usted es quien deberá demostrárselo al Juez con los datos sobre su ingreso que ha obtenido del empleador de su esposo(a) o de otra fuente de ingreso.

Las únicas áreas que pueden dar lugar a discusión son las necesidades especiales que exige la parte que pide el mantenimiento económico del niño(s). Muchos estados permitirán alguna desviación de la fórmula cuando se trata de niños con serias necesidades médicas, educativas o con otras necesidades especiales. De nuevo, será necesario que esa parte proporcione pruebas del costo de estas necesidades especiales con testimonios profesionales, facturas, declaraciones, recibos, u otros documentos que muestren la cantidad que requieren estas necesidades.

La decisión del Juez con respecto al mantenimiento del niño(s) deberá escribirse en el VEREDICTO FINAL (formulario 13).

LA CUSTODIA Y VISITACIÓN DEL NIÑO(S)

Generalmente, si usted es la esposa, tiene más posibilidades de obtener la custodia. Pero no dependa de las posibilidades. Empiece a repasar las pautas que el Juez usará para decidir el tema de la custodia. Éstas pautas pueden encontrarse en la sección de su estado en el Apéndice A. Para cada artículo que está en la lista, escriba abajo una explicación de cómo ese artículo se relaciona con usted. Éste será su argumento cuando usted tenga su audiencia con el Juez.

Muchas batallas de custodia tienen que ver con la vida moral de uno o ambos padres. Si usted está involucrado con en este tipo de custodia, debe consultar a un abogado. Los cargos de inaptitud moral (como el uso de drogas, el abuso de niños, la conducta sexual inmoral) pueden requerir largos juicios donde se necesita el testimonio de muchos testigos y posiblemente la necesidad de tomar un investigador privado. Por ese tipo de audiencia va a necesitar un buen abogado que conozca la ley, sepa las preguntas que hará a los testigos y las reglas de evidencia.

Sin embargo si la única pregunta es que si usted o su esposo(a) ha sido principal encargado del cuidado del niño(s), puede tener amigos, vecinos y parientes que testifiquen a su favor en el juicio (si desean ayudarle). En ese caso, tal vez no sea necesario que contrate a un abogado. Pero, si necesita obligarle a un testigo que se presente a través de una citación, será mejor que contrate a un abogado.

El veredicto o sentencia (formulario 13)

El **Veredicto final** (formulario 13) se provee en el Apéndice B que sirve de guía al preparar su propio veredicto o sentencia. El formulario está diseñado para que Ud. pueda completarlo en el momento de la audiencia de acuerdo a lo que el Juez decida en cada asunto. Puede completar por adelantado cualquier sección con la que usted y su esposo(a) hayan acordado. Dele a su esposo(a) una copia del **Veredicto final** que usted ha creado antes de la audiencia final, así el o ella puede decirle al Juez que está de acuerdo con lo que dice. Refiérase al Apéndice A para seguir los requisitos especiales de su estado sobre lo que debe incluir el veredicto final o sentencia.

El Juez firmará el **Veredicto final** o le pedirá que haga algunos cambios. Si los cambios son importantes o si ha sido una audiencia disputada, sería muy difícil prepararlos en la audiencia. Tome nota de cuáles son los cambios exactamente que el Juez requiere, vuelva a su casa y prepare el **Veredicto final** de acuerdo a sus instrucciones. Lleve el formulario revisado para que el Juez lo firme.

Si debe preparar el Veredicto Final después de la audiencia, también debe completar el **Certificado de notificación** (formulario 3), adjuntárselo al Veredicto Final y enviárselo a la secretaria del Juez. También deberá incluir dos copias extras y dos sobres estampillados, uno dirigido a usted y el otro a su esposo(a).

LA AUDENCIA

Ya tiene la información que necesita para proceder a su audiencia judicial. Una vez que se ha decidido la fecha de la audiencia, notifíquele a su esposo(a) y escoja sus testigos. Lo único que le queda por hacer es prepararse emocionalmente para la audiencia. Haga lo que se le sugiere a continuación para que el Juez tenga en consideración sus intereses: muestre respeto por el Juez y por su esposo(a); diríjase al Juez y no a su esposo(a); hable sólo cuando sea su turno y no se desvíe del tema. Es muy importante que mantenga la calma y actúe respetuosamente; así le permitirá al Juez concentrarse en los asuntos relacionados con el divorcio en lugar de los problemas emocionales que pudieran existir entre usted y su esposo(a).

EL FUTURO

Una vez que su divorcio ha terminado, usted estará legalmente libre para casarse de nuevo. Si alguna vez lo sorprende el pensamiento de volverse a casar, tenga mucho cuidado antes de hacerlo. Ahora que sabe cuán difícil puede resultar romper los lazos matrimoniales, no tendrá excusa en apurarse a casarse. Sin embargo, si decidiera hacerlo, sería importante considerar un acuerdo prematrimonial. Se trata de un acuerdo hecho antes del matrimonio, en el cual las dos partes revelan las propiedades y deudas que tienen y llegan a un acuerdo antes del matrimonio acerca de cómo se manejarán las cosas ante una separación. Un acuerdo prematrimonial puede evitar un divorcio largo y costoso. Consulte en su librería o biblioteca legal sobre la publicación Sphinx llamada *Cómo escribir su propio acuerdo prematrimonial* escrito por Edward A. Haman.

Apéndice A
Información de las leyes estatales, Puerto Rico, y el Distrito de Columbia

Este apéndice contiene una breve reseña, por orden alfabético, de lo que se requiere en los cincuenta estados, Puerto Rico y el Distrito de Columbia. Las definiciones siguientes le ayudarán a encontrar lo referente a su estado.

La Ley: Se trata de la ley básica de divorcio que se aplica en su estado. Le proporciona los títulos de los volúmenes de libros que contienen la ley, y el título, capitulo, artículo o número de sección para la parte de la ley relacionada con el divorcio. Las abreviaturas de las leyes figuran entre paréntesis. Estas abreviaturas serán utilizadas en las subsiguientes secciones para indicarle dónde se encuentra la información en sus leyes estatales. En algunos casos puede incluirse información adicional para ayudarle a encontrar la ley de su estado.

Título del Encabezamiento/Partes: Le indica cómo presentar el comienzo de sus papeles legales. Le provee el nombre de la Corte Judicial y como usted y su esposo(a) deberían denominarse.

Título de la Demanda: Bajo este rótulo podrá encontrar el título del expediente que iniciará su caso de divorcio.

Residencia: Muchos estados tienen requisitos de residencia los cuales deben cumplirse antes de solicitar el divorcio. Aquí encontrará los re quisitos que se ordenan en su estado.

Corte Judicial: Una vez que los requisitos de residencia se han cumplido, probablemente haya otros requisitos con respecto al condado en que debería presentar su caso. Esta sección le dará esa información.

Causas: El lenguaje entre comillas le indicará cómo redactar en su demanda o petición la causa de divorcio sin culpabilidad. Aunque este libro está designado a tratar situaciones de no-culpabilidad, en algunos casos se provee una mínima información con respecto a otras causas de divorcio y separación legal.

Tipo de Propiedad: Se presenta aquí un resumen de leyes relacionadas con la distribución de su propiedad de acuerdo con las formalidades de su estado.

Pensión Alimenticia: Se provee un resumen de las leyes relacionadas con la pensión alimenticia de acuerdo con las formalidades de su estado.

Mantenimiento Económico de los Niños: Se dá un resumen de las leyes relacionadas con mantenimiento económico de los niños de acuerdo con las formalidades de su estado.

Custodia de los Niños: Aquí se presenta un resumen de las leyes relacionadas con la custodia de los niños de acuerdo con las formalidades de su estado.

Misceláneo: Se detalla una variedad de información concerniente a las leyes de divorcio en su estado. Esta sección no está incluida en todos los estados.

Veredicto Final: El título apropiado de su juicio de divorcio o decreto se presenta en mayúsculas. Aquí también encontrará cualquier otra información relacionada con anotaciones del juicio final o decreto de acuerdo con las formalidades de su estado.

Otras referencias probablemente sean provistas para el Acta de Declaración Jurada de Jurisdicción Uniforme de la Custodia de los Niños (UCCJA) y las leyes relacionadas con la orden de deducción de los ingresos (IDO); pensión alimenticia temporaria, custodia y mantenimiento económico de los niños y protección a la propiedad (Asistencia Temporal); protegiéndose usted y a sus niños de un esposo(a) abusivo (Violencia Doméstica); y por Anulación.

ALABAMA

La Ley: El Código de Alabama, El Título 30, El Capítulo 2 (C.A.§30-2-1). Busque el Volumen 17.

Formato del Encabezamiento/Partes: EN LA CORTE CIRCUITO DE_______________ CONDADO, ALABAMA
con referencia al matrimonio de______, Demandante, y __________, Demandado.

Título de la Demanda: DEMANDA DE DIVORCIO

Residencia: No hay período de tiempo si ambos son residentes de Alabama, seis meses sólo si uno es residente. C.A.§30-2-5.

Corte: Corte Circuito del condado dónde (1) el demandado reside, (2) ambos vivieron en el momento de separación, o (3) reside el demandante si el demandado no sea residente de Alabama. C.A.§30-2-4.

Causas: NO CULPABILIDAD: (1) "Habido un quebrantamiento irrecuperable del matrimonio y a pesar de los esfuerzos la reconciliación no es práctico, en el mejor interés de ambos o de la familia C.A.§30-2-l(a)(9). (2) "Existe una incompatibilidad completa de temperamento así que las partes ya no pueden vivir juntos." C.A.§30-2-l(a)(7).
TRADICIONAL: (1) La incapacidad física o mental en momento de matrimonio; (2) el adulterio; (3) el abandono voluntario durante 1 año; (4) la encarcelación en una penitenciaría durante 2 años, si la sentencia es por lo menos 7 años; (5) la comisión de un "crimen contra la naturaleza"; (6) la embriaguez crónica o uso de droga después del matrimonio; (7) el encierro a un hospital mental durante 5 años para la locura incurable; (8) la esposa está embarazada por otro en momento de matrimonio, sin el conocimiento del marido; (9) violencia, o aprehensión razonable de violencia, con el peligro a vida o salud; (10) esposa vive separado durante 2 años sin el apoyo económico; y (11) 2 años después del juicio final de divorcio de la cama y de la comida. C.A.§30-2-2.
SEPARACIÓN LEGAL: Mismo como el divorcio tradicional, más la crueldad. C.A.§30-2-30.

Tipo de Propiedad: Distribución equitativa. Culpabilidad puede ser considerado. No hay factores por estatuto. La Corte reconoce Propiedad/Bienes separado como Propiedad/Bienes adquirido: (1) antes del matrimonio; o (2) por regalo o herencia (a menos que se usara para el beneficio de ambos partes). Vea C.A.§30-4-1 bajo Propiedad/Bienes de marido y esposa.

Pensión Alimenticia: Se puede otorgar si la parte que lo busca tiene Propiedad/Bienes o ingreso insuficiente para mantenerse sola. Los factores: (1) el valor de la propiedad de cada parte; y (2) la condición financiera de la familia del destinatario. C.A.§30-2-50. Sin embargo, Propiedad/Bienes adquirido antes del matrimonio no es considerado a menos que se usara regularmente para el beneficio común durante el matrimonio. C.A.§30-2-5 1. Culpabilidad puede limitar o prohibir la Pensión Alimenticia en total. C.A.§30-2-52. La Pensión Alimenticia se debe terminar con el nuevo matrimonio del recipiente o la convivencia con persona del sexo opuesto. C.A.§30-2-55.

Mantenimiento Económico de los Niños: Cualquier parte puede ser ordenado a pagar, "como parece corecto y apropiado, tomando en consideración al carácter moral y la prudencia de los padres y la edad y el sexo de los niños." Donde la esposa abandona a la familia, el marido tendrá la custodia de los niños si sean menores de edad. 7. C.A.§30-3-1.

Custodia de los Niños: Los factores: (1) el carácter moral de los padres; y (2) la edad y sexo del niño. La Custodia juntos si es posible. Donde la esposa abandona a la familia, el marido tendrá la custodia si los niños tienen por lo menos 7 años y y el marido es padre apropriado. C.A.§30-3-1.

Misceláneo: La esposa puede usar su nombre anterior después del divorcio. El marido puede impedirle a la esposa que use el primer nombre o los iniciales de él después del divorcio. C.A.§30-2-11.

Veredicto Final: JUICIO DE DIVORCIO A LA OBLIGACIÓN DEL MATRIMONIO
Otro matrimonio no se permite durante 60 días después del Juico final, o mientras una apelación. C.A.§30-2-10.

UCCJA: C.A.§30-3-20.
IDO: C.A.§30-3-60.
Reparación Temporal: C.A.§30-3-1 (la custodia) y 30-2-50 (Pensión Alimenticia)
Violencia Doméstica: C.A.§30-5-1.
Anulación: C.A.§30-1-1.

ALASKA

La Ley: Estatutos de Alaska, El Título 25, Sección 25.24.010 (A.S.§25.24.0 10). Busque el Volumen 5. El suplemento delante del Volumen.

Formato del Encabezamiento/Partes El Tribunal Superior Del Estado De Alaska ______ Distrito Judicial ____________,Solicitante, vs.__________,Demandado. (Procedimiento típico)
Con referencia a la disolución del matrimonio de __________,Solicitante, y __________, Demandado. (El Procedimiento simplificado)

Título de la Demanda: PETICIÓN DE DIVORCIO (el procedimiento típico) PETICIÓN PARA LA DISOLUCIÓN DEL MATRIMONIO (procedimiento simplificado, A.S.§25.24.210)

Residencia: Solicitante debe ser residente; no hay límite de tiempo. A.S.§25.24.090

Causas: NO CULPABILIDAD": Las partes tienen una incompatibilidad de temperamento que ha causado el quebrantamiento irremediable del matrimonio." A.S.§25.24.050(5)(c). Esto debe usarse en la norma o el procedimiento simple.
TRADICIONAL: (1) El fracaso de consumar el matrimonio; (2) el adulterio; (3) la convicción de una felonía; (4) la deserción voluntaria por 1 año; (5) el tratamiento cruel e inhumano, dañar la salud o poner en peligro la vida; (6) indignidades personales; (7) la embriaguez crónica empezando después del matrimonio y continuando durante 1 año antes de peticionar; (8) la enfermedad mental incurable y cuando el esposo/a es confinado en una institución durante 18 meses antes de peticionar; y (9) addición a la droga. A.S.§25.24.050.
SEPARACIÓN LEGAL: Ninguna.

Tipo de Propiedad: Distribución equitativa. Culpabilidad no es un factor. Toda la Propiedad/Bienes adquiridos durante el matrimonio es Propiedad/Bienes matrimonial. Los factores para dividir la Propiedad/Bienes matrimonial: (1) la duración del matrimonio y el puesto en la vida de las partes y durante el matrimonio; (2) la edad y salud de las partes; (3) la habilidad de cada persona de ganar sueldo, incluyendo la educación, el entrenamiento, las habilidades de empleo, la experiencia del trabajo, el tiempo de ausencia fuera del mercado de trabajo, y las responsabilidades custodiales de los niños durante el matrimonio; (4) la situación financiera de cada persona, incluso la disponibilidad y costo del seguro de salud; (5) la conducta de las personas, incluyendo si ha sido vaciamiento irazonable de los recursos/bienes matrimoniales; (6) la conveniencia del custodio del niño que permanezca en el domicilio conyugal; (7) las posiciones de circunstancias y necesidades de las partes; (8) el tiempo y manera de adquisición de recursos/bienes; y (9) la capacidad productor de ingreso y el valor de la Propiedad/Bienes. A.S. 25.24.160§25.24. l60(a)(4) y 25.24.230.

Pensión Alimenticia: Llamado"mantenimiento." Culpabilidad no se considera. Los factores: (1) la duración del matrimonio y la estación en la vida de las partes y durante el matrimonio; (2) la edad y salud de las partes; (3) la habilidad de cada parte de ganar sueldo, incluyendo la educación, el entrenamiento, las habilidades de empleo, la experiencia del trabajo, el tiempo de ausencia fuera del mercado de trabajo, y las responsabilidades custodiales de los niños durante el matrimonio; (4) la situación financiera de cada parte, incluso la disponibilidad y costo del seguro de salud; (5) la conducta de las personas, incluyendo si habido vaciamiento irazonable de los recursos/bienes matrimoniales; (6) la división de Propiedad/Bienes; y (7) cualquier otro factor pertinente. A.S.§25.24.160(a)(2).

Mantenimiento Económico de los Niños Los factores: (1) las necesidades del niño; (2) la habilidad de ambos partes de satisfacer esas necesidades; (3) la magnitud de apoyo por el padre durante el matrimonio; y (4) la habilidad económica de cada parte del la de mantener al niño después del divorcio del el. A.S.§25.27.060.

Custodia de los Niños: En el mejor interés del niño se considera: (1) las necesidades físicas, emocionales, mentales, religiosas, y sociales del niño; (2) la habilidad y deseo de cada parte de satisfacer esas necesidades; (3) la preferencia del niño, si es de edad para razonar y tiene habilidad de comprender; (4) el amor y afecto que existe entre el niño y ambos padres; (5) lo largo el tiempo que el niño ha estado en un hogar estable y satisfactorio, y el deseo y la habilidad de continuarlo; (6) el deseo y habilidad de cada parte de permitir una relación buena y cariñoso entre el niño y su otro padre; (7) cualquier evidencia de Violencia Doméstica, abuso o maltratamiento del niño en la casa custodial propuesta, o historia de violencia entre las partes; (8) cualquier evidencia que una parte u otro miembro de la familia abusó de droga y el efecto al bienestar emocional o físico del niño directamente; (9) cualquier otro factor pertinente. A.S.§25.24.150 [También A.S.§25.20.060 - 25.20.130]

Misceláneo: Cualquier parte puede cambiar su nombre. A.S.§§25.24.165-25.24.210(d).

Disolución: Para este procedimiento simplificado utilice la causa de No Culpabilidad, y se puede usar si: (1) las partes presenten una Petición colectivo y están de acuerdo acerca la custodia, la visitación, Apoyo Económico del Niño, y la división de la Propiedad/Bienes y de la deuda; o (2) el demandado no se puede localizar después esfuerzos razónables, como aviso por periódico, y el demandado no puede ser dado servicio dentro o fuera de Alaska. A.S.§25.24.200. La petición debe ser verificado e incluir: (1) una declaración de las causas y que se han establecido todas las condiciones mencionados anteriormente para la disolución; (2) que el solicitante, o ambos solicitante y demandado, dan consentimiento a la jurisdicción de la corte; (3) una petición que el matrimonio se disuelva; (4) una petición para cambiar el nombre matrimonial, si lo desea; (5) el acuerdo de las partes si uno se inclió el proceso; (6) la ocupación de cada parte; (7) los ingresos, recursos/bienes, y obligaciones en el momento de iniciar; (8) la fecha y el lugar de matrimonio; (9) el nombre de cada niño, fecha de nacimiento y el estado custodial actual; (10) si la esposa está embarazada; (11) si cualquier parte requiere cuidado o tratamiento médico; (12) si una queja de la violencia doméstica fue archivado durante el matrimonio por un miembro de la familia; (13) si el solicitante recibió consejo legal con respecto a divorcio o disolución; (14) cualquier otro hecho o circunstancia que una persona quiere que se considere; (15) si la petición constituye el acuerdo completo entre la pareja, si peticionaron juntos; y (16) si busca otra forma de reparación. A.S..§25.24.210. Ambas personas deben asistir a la audiencia si una co-petición se presente. A.S. 25.24.220. Los formularios e instrucciones están disponibles del secretario judicial, o el departamento de salud y servicios sociales. A.S.§25.24.250.

Veredicto Final: DECRETO DE DIVORCIO (procedimiento típico)
DECRETO DE DISOLUCIÓN DEL MATRIMONIO (procedimiento simplificado)

UCCJA: A.S.§25.30.010.

IDO: A.S.§25.27.062.

Reparación Temporal: A.S.§25.24. 140.

Violencia Doméstica: A.S.§25.35.010.

Anulación: A.S.§25.24.020.

ARIZONA

La Ley:	Arizona Estatutos Revisadas, Sección 25-301 (A.R.S.§25-301). Busque el Volumen 9, Parte 1.
Formato del Encabezamiento/Partes:	EN EL TRIBUNAL SUPERIOR DEL ESTADO DE ARIZONA EN Y PARA EL CONDADO DE ______________________ Con Referencia al matrimonio de __________, Solicitante, y __________, Demandado.
Título de la Demanda:	PETICIÓN PARA LA DISOLUCIÓN DEL MATRIMONIO Petición debe incluir: (1) Causas para el divorcio; (2) la fecha de nacimiento de cada parte, ocupación, dirección y largo de tiempo que residen en Arizona; (3) la fecha y lugar de matrimonio; (4) el nombre de cada niño, la fecha de nacimiento, y dirección, y una declaración si la esposa está embarazada; (5) los detalles de cualquier acuerdos acerca el apoyo económico, custodia, visitación, y pensión alimenticia; y (6) las reparaciones que busca.
Residencia:	Una parte debe residir en Arizona durante por lo menos 90 días antes de solicitar. A.R.S.§25-312.
Corte:	Condado dónde Solicitante reside.
Causas:	NO CULPABILIDAD: "El matrimonio de las partes está roto irrecuperablemente." A.R.S.§25-312. TRADICIONAL: Ninguna. SEPARACIÓN LEGAL: (1) El matrimonio está roto irrecuperablemente; o (2) una o ambos partes desean vivir separado y separados. Una parte debe residir en el estado (no hay límite de tiempo en el estatuto). Si el demandado objeta, entonces debe proceder para la disolución. A.R.S.§25-313. También vea A.S.§25-316. PACTO DE MATRIMONIO: Si usted tiene un "pacto de matrimonio" bajo A.S.§25-901 hasta§25-906, las causas posibles para el divorcio son: (1) el adulterio; (2) la convicción de una felonía y una condena de muerte o encarcelación; (3) el abandono del esposo/a durante por lo menos 1 año; (4) La violencia doméstica, el abuso físico, sexual, o emocional por el esposo/a hacía usted, su niño, o un pariente que vive permanentemente en la casa matrimonial; (5) viviendo separado y separados continuamente sin la conciliación durante por lo menos 2 años; (6) viviendo separado y separados continuamente sin la conciliación durante por lo menos 1 año de la fecha de un decreto de Separación Legal; (7) el abuso habitual de drogas o alcohol; o (8) el marido y esposa ambos aceptan el divorcio.
Tipo de Propiedad:	Comunidad de propiedad. La culpabilidad no se considere. Cada parte retiene su "Propiedad/Bienes unicos y separados." Cuando la corte divide la Propiedad/Bienes puede considerar "los gastos excesivos o anormales, la destrucción, la ocultación o disposición fraudulenta de colectividad, la copropiedad u otros Propiedades/Bienes que tuvieron en común." Ningún otro factor por estatuto. A.R.S.§25-318.
Pensión Alimenticia:	Llamado "el mantenimiento." Pensión alimenticia puede otorgarse si una parte: (1) carece de Propiedad/Bienes suficiente para proporcionar sus necesidades razonables; o (2) es incapaz de ganarse la vida a través del empleo, o es custodio de un niño joven por lo cual no se exige buscar empleo, o carece la habilidad de ganar sueldo; o (3) contribuyó a la educación del esposo/a; o (4) es de una edad que impide empleo adecuado y si el matrimonio duró muchos años. La cantidad y factores de duración: (1) el nivel de la vida establecida durante el matrimonio; (2) la duración de matrimonio; (3) la edad, la historia de empleo, la habilidad de ganar sueldo y la condición física y emocional de la parte que busca la pensión alimenticia; (4) la habilidad de la otra parte de mantener sus propias necesidades mientras que paga la pensión alimenticia; (5) los recursos financieros comparativos y las habilidades de hacer ganancias; (6) qué porción de la habilidad de hacer ganancias de una parte fue contribuido por la otra parte que busca la pensión alimenticia; (7) la magnitud en que él que busca la pensión alimenticia ha reducido su ingreso u oportunidades de carrera para el beneficio del otro; (8) la habilidad de ambos para contribuir hacía el costo educativo futuro del sus niño; (9) los recursos financieros de la parte que busca pensión alimenticia, y la habilidad de satisfacer sus propias necesidades; (10) tiempo necesitado para adquirir la educación y entrenamiento para encontrar empleo apropiado; y (11) "los gastos excesivos o anormales, destrucción, ocultación o disposición fraudulenta de colectividad, la copropiedad u otros Propiedades/Bienes que tuvieron en común." A.R.S.§25-319. Las partes pueden estar de acuerdo que la pensión alimenticia no se puede modificar.
Mantenimiento Económico de los Niños:	Las pautas de la Corte Judicial Suprema de Arizona están disponible atravéz del Secretario del Tribunal Superior. A.R.S.§25-320.
Custodia de los Niños:	El mejor interés del niño considera: (1) los deseos de las partes; (2) los deseos del niño; (3) la interacción y relación mutua entre el niño y cada padre, hermanos y otras personas significantes; (4) el ajuste de niño a su casa, escuela, y comunidad; (5) la salud mental y física de todas las personas involucrados; y (6) qué padre más probablemente permitirá el contacto frequente y continual con el otro padre; (7) que padre proporcionó el cuidado primario; (8) si había alguna coerción o coacción por un padre para obtener acuerdos de la custodia; y (9) si había cualquier violencia doméstica. La custodia junta se puede conceder bajo ciertas circunstancias. A.R.S.§25-403.
Misceláneo:	El nombre anterior se puede restaurar. A.R.S.§25-325. Usted también puede peticionar para la conciliación con conseguir la ayuda judicial para intentar una conciliación. Vea A.R.S.§25-381.10 o recibe formularios e información del secretario de la corte. Una persona que sostiene una licencia profesional puede estar sujeto a la suspensión de la licencia si no paga el apoyo económico del niño. A.R.S.§25-320. Las licencia de conducir también se puede suspender. A.R.S.§25-320.01.
Veredicto Final:	DECRETO DE DISOLUCIÓN DEL MATRIMONIO Una audiencia no se puede citar hasta por lo menos 60 días después del servicio de la petición. A.R.S.§25-329. Debe proporcionar el seguro médico para los niños, y para la rentención del sueldo. A.R.S.§25-320.
UCCJA:	A.R.S.§25-431.
IDO:	A.R.S.§25-323 (los Formularios están disponibles del secretario de la corte. A.R.S.§25-323.03).
Reparación Temporal:	A.R.S.§§25-315 (general); 25-324 (cuotas de abogados); y 25-404 (la custodia).
Violencia Doméstica:	A.R.S.§13-3601.
Anulación:	A.R.S.§25-301.

ARKANSAS

La Ley:	El Código de Arkansas de 1987 Anotado, Título 9, Capítulo 12, Sección 9-12-301 (A.C.A.§9-12-301). Busque el Volumen 6B.
Formato del : Encabezamiento/Partes:	EN LA CORTE DE CANCILLERÍA DE ________ARKANSAS __________ Demandante, vs.__________, Demandado.
Título la Demanda:	DEMANDA DE DIVORCIO
Residencia:	Una parte debe ser por lo menos un residente 60 días antes de peticionar, y por lo menos 3 meses antes del juicio final. A.C.A.§9 -12-307.
Corte:	Condado dónde el demandante reside. Si el demandante no es residente de Arkansas, entonces el condado es dónde el demandado reside. A.C.A§9-12-303.
Causas:	NO CULPABILIDAD: "La pareja ha vivido voluntariamente separados sin convivencia durante 18 meses continuos." Esto sólo significa que era voluntario para una de las partes. A.C.A.§9-12-301. TRADICIONAL: (1) La impotencia en el momento de matrimonio y hasta presente; (2) la convicción de una felonía o crimen infame; (3) la embriaguez habitual durante 1 año; (4) el tratamiento cruel y bárbaro que pone en peligro otra vida; (5) una parte que ofrece "tales indignidades a la otra persona como hacer su condición intolerable;" (6) el adulterio; (7) viviendo separado y separados durante 3 años sin la convivencia por causa de la locura incurable de una de las partes; y (8) un esposo/a que es obligado mantener legalmente al otro, y tiene la habilidad de proporcionar las necesidades de la vida, pero intencionalmente no lo hace. A.C.A.§9-12-301. SEPARACIÓN LEGAL: Llamado "el divorcio de la cama y la comida." La mismas causas como lo tradicional. A.C.A.§9-12-301.
Tipo de Propiedad:	Distribución equitativa. Propiedad/Bienes no matrimonial son Propiedad/Bienes que: (1) adquirió antes del matrimonio; (2) adquirió por regalo o herencia; (3) adquirido a cambio de Propiedad/Bienes no matrimonial; (4) designó no matrimonial por un acuerdo válido; (5) aumentó en valor, o ingreso de, Propiedad/Bienes no matrimonial; y (6) son demandas para compensación para trabajadores heridos, o seguro social para incapacidad permanente o los gastos médicos futuros. Propiedad/Bienes matrimonial son igualmente dividido, a menos que un juez incluya sus razones porque una distribución se hará desigual considerando: (1) la duración de matrimonio; (2) la edad, la salud y la estación en la vida de cada parte; (3) su ocupación; (4) la cantidad y fuentes de ingreso; (5) las habilidades profesionales; (6) la habilidad de ser empleado; (7) la propiedad de cada parte, obligaciones, necesidades, y la oportunidad en el futuro para adquirir extenso ingreso e recursos/bienes importantes; (8) la contribución de cada parte en la adquisición, preservación o apreciación de Propiedad/Bienes matrimonial; y (9) las consecuencias de los impuestos de ingreso federales. A.C.A.§9-12-315. Culpabilidad también puede ser considerado. A.C.A.§9-12-301(6).
Pensión Alimenticia:	Ningún factor por estatuto, además de que eso será otorgado como "razonable de las circunstancias de las partes y el clase de caso." Culpabilidad puede ser considerado. A.C.A.§9-12-312.
Mantenimiento Económico de los Niños:	Un mapa de las pautas del Apoyo Familiar de Arkansas está disponible con el Secretario del Corte de Cancillería. A.C.A.§9-12-312.
Custodia de los Niños:	Sólo existe provisión por estatuto que la custodia será determinado "sin tener en cuenta el sexo del padre y solamente de acuerdo con el bienestar y el mejor interés del los niños." A.C.A.§9-12-101.
Misceláneo:	El nombre de esposa antes del matrimonio se puede restaurar. A.C.A.§9-12-318. En un caso sin disputa, la declaración jurada de un parte tercero se puede usar para demostrar residencia, la separación, y que no hay convivencia; pero ningún parte tercero se necesita para demostrar una causa para el divorcio. A.C.A.§9-12-306. Vea A.C.A.§9-12-307 para más detalles de lo que debe demostrar.
Veredicto Final:	EL DECRETO DE DIVORCIO Debe incluir la provisión para la rentención del sueldo. A.C.A.§9-14-218. Si un arreglo de Propiedad/Bienes se incorpora en el decreto, la copia del arreglo de Propiedad/Bienes también se debe archivar . A.C.A.§9-12 -316.
UCCJA:	A.C.A.§9-13-201.
IDO:	A.C.A.§9-14-102; 9-14-218; y 9-14-502.
Reparación Temporal:	A.C.A.§9-12-309.
Violencia Doméstica:	A.C.A.§9-15-101.
Anulación:	A.C.A.§9-12-201.

CALIFORNIA

La Ley:	Los Códigos de California Anotado por West, la Familia, Sección 2300. (A.C.C.F.,§2300). Ignore los números del "Título". California tiene varios códigos anotados, asi que esté seguro que usted tiene el volumen marcado "la Familia."
Formato del Encabezamiento/Partes	EL TRIBUNAL SUPERIOR DE CALIFORNIA, CONDADO DE _______ Con referencia al matrimonio de __________, Solicitante, y __________,Demandado.
Título de la Demanda:	PETICIÓN PARA LA DISOLUCIÓN DEL MATRIMONIO
Residencia:	Las partes que solicitan el divorcio deben ser residente de California durante por lo menos 6 meses, y del condado por 3 meses .A.C.C.F. §2320.
Corte:	Condado dónde la persona presentando la petición reside.
Causas:	NO CULPABILIDAD: "Las partes tienen diferencias irreconciliables que han causado el quebrantamiento irremediable del matrimonio." A.C.C.F.§2310(a). TRADICIONAL: La locura incurable. A.C.C.F.§2310(b). SEPARACIÓN LEGAL: Igual que los de No Culpabilidad y lo tradicional. A.C.C.F.§2310.
Tipo de Propiedad:	Comunidad de propiedad. La corte puede pedir el arbitraje si las partes no están de acuerdo con la división de Propiedad/Bienes. No hay factores por estatuto. A.C.C.F.§2550-2660.
Pensión Alimenticia:	La mala conducta matrimonial no se considera. Los factores incluyen: (1) la habilidad de cada parte de ganar sueldo para mantener su nivel de la vida, tomando en cuenta las habilidades comerciables, el mercado de trabajo, el tiempo y costo necesario para que la parte pidiendo la pensión alimenticia adquiriera una educación y entrenamiento para buscar trabajo, si un entrenamiento es necesario para adquirir otras habilidades más comerciables, y hasta que punto la habilidad de ganar un sueldo fue impedido por períodos de desempleo durante el matrimonio debido a las responsabilidades domésticas; (2) hasta que punto la parte que busca la pensión alimenticia contribuyó a la educación, entrenamiento y empleo del otro; (3) la habilidad que tiene el esposo a pagar; (4) las necesidades de cada parte, basado en su nivel de vida; (5) los recursos/bienes y deudas de cada parte; (6) la duración del matrimonio; (7) la habilidad del padre custodial de ganar un sueldo sin interferir con el mejor interés del niño; (8) la edad y salud de los partes; (9) las consecuencias de impuestos federales y estatales; y (10) cualquier otro factor pertinente. A.C.C.F.§4300-4360.
Mantenimiento Económico de los Niños:	Los pagos mínimos establecido por el formulario obligatorio y disponible por el secretario del condado. A.C.C.F.§4100 et seq.
Custodia de los Niños:	La mala conducta puede ser considerada. Los factores incluyen: (1) la salud del niño, su seguridad y bienestar; (2) algún historia de abuso; (3) la calidad y cantidad de contacto con cada padre; y (4) cualquier otro factor que el judicial encuentra pertinente. A.C.C.F.§3011. La custodia junta es favorecida, y el juez puede requerir una investigación. A.C.C.F.§3000 et seq.
Misceláneo:	Los formularios obligatorios y mandatorios son disponibles del secretario del condado, y se pueden encontrar en el folleto de formularios de concilio judicial de California por West's. Un procedimiento de la disolución sumario (A.C.C.F.§2400) se puede usar si las condiciones siguientes sean establecidas: (1) El requisito de residencia. (2) El divorcio es basado bajo la causa de diferencias irreconciliables de No Culpabilidad. (3) No hay niño involucrado. (4) Las partes no estuvieron casados por lo menos 5 años antes que se presentó la petición. (5) No hay bienes raíces involucrados, salvo un arriendo que expira dentro de 1 año cuando se archive la Petición. (6) No hay deuda más de $4,000, salvo los préstamos de automóvil (esta cantidad se adjusta cada 2 años). (7) La propiedad/bienes de colectividad de las partes es menos de $25,000; y cada parte tiene Propiedad/Bienes separado y no más de $25,000 (salvo los automóviles y no permitiendo el dinero que se debe para la Propiedad/Bienes). (8) Las partes tienen un acuerdo escrito acerca la división de Propiedad/Bienes. (9) Cada parte renuncia su derecho a la pensión alimenticia. (10) Cada parte renuncia su derecho apelar y presentar una petición para un nuevo juicio. (11) Cada parte lee y entiende un folleto con respecto al procedimiento sumario. (12) Cada parte desea una disolución del matrimonio.
Veredicto Final:	JUICO DE DISOLUCIÓN DEL MATRIMONIO. El Juico no es final hasta 6 meses después del servicio de la Petición adelante o la apariencia del demandado, cualquier ocurre primero. Juico debe declarar la fecha que se pone final. A.C.C.F.§2339.
UCCJA:	A.C.C.F.§3400.
IDO:	A.C.C.F.§5200.
Reparación Temporal:	A.C.C.F.§§3060 (la custodia) y 3600 (apoyo económico del niño & Pensión Alimenticia).
Violencia Doméstica:	A.C.C.F.§6200.
Anulación:	A.C.C.F§2200.

COLORADO

La Ley:	Los Estatutos Anotados y Revisados de Colorado por West's, El Título 14, Articulo 10. Sección 14-10-106 (C.R.S.A.§14-10-106).
Formato del Encabezamiento/Partes:	EN LA CORTE DISTRITO DENTRO Y POR EL CONDADO DE _____ Y ESTADO de COLORADO Con referencia al matrimonio de __________, Solicitante, vs. ____________,Demandado.
Título de la Demanda:	PETICIÓN PARA LA DISOLUCIÓN DEL MATRIMONIO La petición debe incluir: (1) la causa para el divorcio; (2) la residencia de cada persona y la duración de residencia en Colorado; (3) la fecha y lugar de matrimonio; (4) la fecha de separación; (5) el nombre de cada niño, la edad y dirección, y una declaración acerca si la esposa está embarazada; (6) cualquier arreglo de las partes acerca la custodia, el apoyo Económico del niño y pensión alimenticia; y (7) las reparaciones que se buscan. C.R.S.A.§14-10-107.
Residencia:	Una de las personas debe ser residente de Colorado durante por lo menos 90 días antes de presentar la petición. C.R.S.A.§14-10-106.
Corte:	El condado dónde el demandado reside. Si el demandado no es residente de Colorado, o se ha servido en el condado dónde el solicitante reside, el caso puede ser solicitado en el condado dónde el solicitante reside.
Causas:	NO CULPABILIDAD: "El matrimonio de la pareja está roto irrecuperablemente." C.R.S.A.§14-10-106. TRADICIONAL: Ninguna. SEPARACIÓN LEGAL: Lo mismo que el divorcio. C.R.SA.§14-10-106.
Tipo de Propiedad:	Distribución equitativa. Culpabilidad no es considerada. Propiedad/Bienes separado incluye: (1) adquirido antes del matrimonio; (2) adquirido por regalo o herencia; (3) adquirido a cambio de Propiedad/Bienes no matrimonial; (4) adquirido después de una separación legal; o (5) designado separado por un acuerdo escrito de las partes. Los factores que dividen la Propiedad/Bienes matrimonial son: (1) la contribución de cada parte en la adquisición de Propiedad/Bienes matrimonial; (2) el valor de Propiedad/Bienes separado; (3) las circunstancias económicas de las partes, incluyendo si la persona custodial debe permanecer en la casa conyugal; y (4) cualquier aumento o disminúo en el valor de la Propiedad/Bienes separados durante el matrimonio, y cualquier vaciamiento de la Propiedad/Bienes separados para propósitos matrimoniales. C.R.S.A.§14-10-113.
Pensión Alimenticia:	Llamado "mantenimiento." Culpabilidad no es considerados. Una persona se le puede otorgar pensión alimenticia si a él o ella: (1) le falta Propiedad/Bienes suficiente para satisfacer sus propias necesidades; y (2) es incapaz de apoyarse si mismo económicamente, o tiene tal responsabilidad de la custodia del niño que el empleo fuera de la casa es impropio. Los factores determinando la cantidad y duración de la pensión alimenticia son: (1) los recursos financieros y la habilidad del que busca la pensión alimenticia de encontrar sus propias necesidades; (2) el tiempo necesario para obtener la educación o entrenamiento para encontrar empleo apropiado, y la habilidad de ganar sueldo en el futuro; (3) el nivel de la vida establecida durante el matrimonio; (4) la duración del matrimonio; (5) la edad, la condición física y emocional de la parte que busca la pensión alimenticia; y (6) la habilidad de la otra persona satisfacer sus propias necesidades mientras que pague la pensión alimenticia. C.R.S.A.§14-10-114.
Mantenimiento Económico de los Niños:	Las pautas sobre el apoyo económico del niño según los estatutos y las tablas están en C.R.S.A.§14-10-115.
Custodia de los Niños:	El mejor interés del niño, se considera: (1) los deseos de la pareja; (2) los deseos de niño; (3) la interacción y relación mutua entre el niño y los padres, sus hermanos y otras personas significantes; (4) el ajuste que hace el niño a su casa, escuela y comunidad; (5) la salud mental y física de todas las personas involucrados; (6) la habilidad del padre con custodia de animar el reparto, el amor, afecto y contacto con el otro padre; (7) la evidencia de la habilidad de las partes en cooperar y hacer decisiones juntos; (8) la evidencia de la habilidad de cada parte de animar el reparto, el amor, afecto y contacto con la otra parte; (9) si hay ejemplo que el envolvimiento de las partes con el niño refleja una sistema de valores, el compromiso de tiempo, y apoyo mutuo que indicaría una habilidad como custodios juntos de proporcionar al niño una relación positiva y carinosa; (10) la proximidad física de las partes con respeto a las consideraciones prácticas de otorgar la custodia junta; (11) si la custodia junta promoverá el contacto más frecuente o continual; (12) cualquier historia de abuso o maltratamiento del niño; y (13) cualquier historia de abuso del esposo/a. C.R.S.A.§14-10-124. Custodia junta se permite si la pareja presenta un plan de custodia junta. C.R.S.A.§14-10-123.5.
Misceláneo:	Reglas tocante el cambio de nombre no se proporciona en el estatuto de divorcio; necesita usar el estatuto de cambio de nombre general, C.R.S.A.§3-15-101. La respuesta del demandado se llama una "Contestación." C.R.S.A.§14-10-105. Para los detalles con respecto al aviso por periódico, vea C.R.S.A.§14-l0-107(4)(a).
Veredicto Final:	DECRETO DE DISOLUCIÓN DEL MATRIMONIO 90 días de espera después del servicio. C.R.S.A.§14-10-106. Debe incluir la provisión para la rentención del sueldo en caso de culpabilidad. C.R.S.A.§14-10-120.
UCCJA:	C.R.S.A.§14-13-101.
IDO:	C.R.S.A.§14-14-105.
Reparación Temporal:	C.R.S.A.§14-l0-107(4)(b); 14-10-108; y 14-10-125.
Violencia Doméstica:	C.R.S.A.§14-4-101.
Anulación:	C.R.S.A.§14-10-111.

CONNECTICUT

La Ley:	Los Estatutos Anotados Generales de Connecticut, El Título 46b, Sección 46B-40 (C.G.S.A.§46b-40). Busque en el Volumen 22. No haga caso del número de "Capítulo".
Formato del Encabezamiento/Partes:	EN EL TRIBUNAL SUPERIOR DEL ESTADO DE CONNECTICUT _________ Demandante, vs._________,Demandado.
Título de la Demanda:	DEMANDA PARA LA DISOLUCIÓN DEL MATRIMONIO
Residencia:	Puede peticionar en cualquier momento si por lo menos una parte sea residente. C.G.S.A.§46b-44. Pero el juicio final no se puede someter hasta que una parte haya sido residente por lo menos 12 meses, o si una parte era residente en el momento de casarse y volvió para hacerse residente permanente, o si la causa para el divorcio comenzó en Connecticut. C.G.S.A.§46b-44.
Corte:	En el condado donde reside el Demandante, si se busca el apoyo económico. Si no, en cualquier otro condado que sea más conveniente para cada uno.
Causas:	NO CULPABILIDAD: (1) "El matrimonio de la partes está roto irrecuperablemente." C.G.S.A.§46b-40. (2) "Las partes han vivido separados por causa de la incompatibilidad por un período continuo de por lo menos 18 meses y no hay esperanza razonable de conciliación." C.G.S.A.§46b-40. TRADICIONAL: (1) El adulterio; (2) el contrato fraudulento; (3) la deserción voluntaria y maltratamiento total del deber matrimonial durante 1 año; (4) la ausencia durante 7 años; (5) la intemperancia habitual (la intoxicación); (6) la crueldad intolerable; (7) comisión o convicción de un crimen infame que involucra una violación de deber conyugal y la encarcelación durante por lo menos 1 año; y (8) el encierro en una institución psiquiátrica por incapacidad mental durante 5 años. SEPARACIÓN LEGAL: Las mismas que el divorcio. C.G.S.A.§46b-40.
Tipo de Propiedad:	Distribución equitativa. Los factores incluyen: (1) la duración del matrimonio; (2) las causas del divorcio; (3) la edad y salud de las partes, la ocupación, las habilidades profesionales, y la habilidad de ser empleado, la cantidad y fuentes de ingreso de cada parte, las necesidades de cada parte, la propiedad, las obligaciones, y la probabilidad de adquirir recursos/bienes e ingreso en el futuro; (4) la contribución de cada parte en la adquisición, preservación o apreciación de los recursos/bienes. C.G.S.A.§46b-81.
Pensión Alimenticia:	Los factores: (1) la duración del matrimonio; (2) las causas del divorcio; (3) la edad, salud, el nivel de la vida, la ocupación, la cantidad y fuentes de ingreso de cada parte, y las necesidades de cada parte; (4) la división de Propiedad/Bienes; y (5) el deseo del custodia del niño que se queda en la casa conyugal. C.G.S.A.§46b-82.
Mantenimiento Económico de los Niños:	Los factores incluyen: (1) la edad, la salud, el nivel de la vida, la ocupación, la habilidad ganar sueldo, la canti dad y fuentes de ingreso, la propiedad, las habilidades profesionales y habilidad de ser empleado de las partes; y (2) la edad, la salud, el nivel de la vida, la ocupación, el estado educativo y expectativa, la cantidad y fuentes de ingreso, las habilidades profesionales, la habilidad de ser empleado, la propiedad y necesidades del niño. C.G.S.A.§46b-84.
Custodia de los Niños:	En el mejor interés del niño se considera: (1) los deseos del niño, si es de edad suficiente, y (2) las causas del divorcio con respeto al mejor interés del niño. C.G.S.A.§46b-56. La ley favorece la custodia junta si ambos padres están de acuerdo. C.G.S.A.§46b-56a.
Misceláneo:	El nombre de nacimiento o anterior de cualquier parte se puede restaurar. C.G.S.A.§46b-63. Las causas se pueden demostrar si ambos partes firman una declaración que el matrimonio está roto irrecuperablemente, o por ambos partes declarando así en la corte y sometiendo un arreglo de acuerdo sobre todos los asuntos. C.G.S.A.§46b-51. Cualquier parte puede pedir una petición de la conciliación que requerirá 2 consultaciones obligatorias. C.G.S.A.§46b-53.
Veredicto Final:	DECRETO DE DISOLUCIÓN DEL MATRIMONIO 90 días de espera de la fecha que el demandado debe responder. C.G.S.A.§46b-67.
UCCJA:	C.G.S.A.§46b-90.
IDO:	C.G.S.A.§46b-69a.
Reparación Temporal:	C.G.S.A.§§46b-44; 46b-56; 46b-80; y 46b-83.
Violencia Doméstica:	C.G.S.A.§46b-38a.
Anulación:	C.G.S.A.§46b-40.

DELAWARE

La Ley:	El Código Anotado de Delaware, El Título 13, Sección 1502 (D.C.A. 13§1502). Busque en el Volumen 8.
Formato del Encabezamiento/Partes:	EN LA CORTE FAMILIAR DEL ESTADO DE DELAWARE, DENTRO Y PARA _______ CONDADO Con referencia al matrimonio de ___________,Solicitante, y ___________,Demandado.
Título de la Demanda:	PETICIÓN DE DIVORCIO La Petición debe contener: (1) la edad, ocupación y residencia (incluso el condado) de cada parte, y su duración de residencia en el estado; (2) la dirección dónde el demandado probablemente recibirán el correo o si "ninguna dirección se puede determinar con razonable diligencia;" (3) si la jurisdicción no se puede adquirir y es improbable de otra manera que por correo o publicación, si es apropiado; (4) si el demandado es una persona nacional extranjera o si ha residido en otro país extranjero durante 2 años, por lo menos la dirección de un representante en los EE.UU.; (5) la fecha de matrimonio y el lugar del registro; (6) la fecha de separación; (7) los nombres, edades y direcciones de todos los niños, y si la esposa está embarazada; (8) si hay algún procedimiento matrimonial anterior, y en ese caso, la fecha, nombre y lugar de la corte, y la disposición; (9) una alegación de la causa bajo no culpabilidad para el divorcio; (10) cualquier otro hecho pertinente; y (11) una demanda si se desea reparación. D.C.A. 13§1507. Si hay niños, también se debe presentar una declaración jurada que a los niños se han aconsejado de sus derechos. D.C.A. 13§1507 (g).
Residencia:	Una de las partes debe ser residente durante por lo menos 6 meses. D.C.A. 13§1504.
Corte:	En el condado dónde cualquier parte reside.
Causas:	NO CULPABILIDAD: "Ha sido un quebrantamiento irrecuperable del matrimonio y la conciliación es improbable." Esto requiere que existe uno de lo siguiente: (a) la separación voluntaria; (b) la separación debido a la mala conducta de una parte o por causa de la enfermedad mental; (c) la separación debido a la incompatibilidad. La separación puede consistir de vivir en la misma casa, pero no ocupando la misma habitación y sin tener las relaciones sexuales dentro de 30 días antes de que el corte oiga la petición. D.C.A. 13§1505. TRADICIONAL: La separación debido a la enfermedad mental. SEPARACIÓN LEGAL: No es disponible en Delaware.
Tipo de Propiedad:	Distribución equitativa. Propiedad/Bienes no matrimonial incluye aquellos: (1) adquirido antes del matrimonio; (2) adquirido después del matrimonio si se adquirió por la herencia, o a cambio de otro propiedad/Bienes no matrimonial; y (3) por un acuerdo escrito. La Culpabilidad no se considera. Los factores incluyen: (1) la duración del matrimonio; (2) cualquier matrimonios anterior; (3) la edad de cada parte, la salud, el nivel de la vida, la cantidad y fuentes de ingreso, las habilidades profesionales, la habilidad de ser empleado, la propiedad, las obligaciones y necesidades; y (4) si el premio de la Propiedad/Bienes es en lugar de, o además de, la Pensión Alimenticia; (5) si la oportunidad de cada parte para adquirir recursos/bienes e ingreso en el futuro; (6) la contribución o derrocho de los recursos/bienes, incluyendo como ama de casa o marido; (7) el valor de la Propiedad/Bienes separado; (8) las circunstancias económicas de cada parte, incluyendo si el padre custodial debe permanecer en la casa conyugal; (9) si la Propiedad/Bienes era adquirido como un regalo; (10) las deudas de cada parte; y (11) las consecuencias de impuestos. D.C.A. 13§1513.
Pensión Alimenticia:	El matrimonio de menos de 20 años: Pensión Alimenticia se limita a un período de tiempo de 50% por la duración del matrimonio. Un matrimonio de 20 años o más: no hay límite. La culpabilidad no es un factor. El esposo/a que busca la pensión alimenticia debe ser (1) dependiente al esposo/a; (2) falta la Propiedad/Bienes suficiente para sus necesidades; y (3) es incapaz de mantenerse por empleo, o no exige buscar empleo porque él o ella tiene el la Custodia del Niño que hace el empleo impropio. La cantidad es determinada por factores incluyendo: (1) los recursos financieros y la habilidad de satisfacer necesidades de la parte que busca la pensión alimenticia; (2) el tiempo y costo que se exigió para adquirir la educación y entrenamiento para el empleo; (3) el nivel de la vida establecida durante el matrimonio; (4) la duración del matrimonio; (5) la edad, condición física y emocional de cada parte; (6) la contribución de la parte que busca la Pensión Alimenticia a la carrera del otro; (7) la habilidad de la otra parte de pagar y encontrarse sus propias necesidades; (8) las consecuencias de impuestos; (9) si algún parte ha despreciado o ha aplazado la educación y las oportunidades de una carrera durante el matrimonio; y (10) cualquier otro factor pertinente. D.C.A. 13§1512.
Mantenimiento Económico de los Niños:	Los factores incluyen: (1) la salud, la condición económica relativa, las circunstancias financieras e el ingreso de las partes y el niño; (2) el nivel de la vida establecida durante el matrimonio; y (3) las equidades generales inherente en la situación. D.C.A. 13§514. Para la fórmula y los formularios, vea las Reglas Civiles de la Corte Familiar, Regla 52(c) y Formulario 509 y 509p.
Custodia de los Niños:	Determinado por el mejor interés del niño, mientras considerando: (1) los deseos de los padres y el niño; (2) la interacción y relación mutua del niño con sus padres, hermanos, y otras personas significantes; (3) el ajuste del niño a su casa, escuela y comunidad; (4) la salud mental y física de todas personas involuncradas. D.C.A. 13§721. Se debe someter una declaración jurada que le han aconsejado al solicitante de los derechos de los niños siguientes: "(1) el derecho a una relación continual con ambos padres; (2) el derecho de ser tratado como un ser humano importante, con sentimientos, ideas, y deseos únicos; (3) el derecho que continua el cuidado y la dirección por ambos padres; (4) el derecho de saber y apreciar lo que es bueno en cada padre sin que un padre insulte al otro; (5) el derecho de expresar el amor, afecto, y respeto por cada padre sin tener que ahogarse ese amor debido a la desaprobación por el otro padre; (6) el derecho de saber que la decisión al divorcio por los padres no era la responsabilidad del niño; (7) el derecho de no ser la razón de un argumento entre los padres; (8) el derecho de recibir respuestas sinceras a las preguntas sobre las relaciones cambiando entre la familia; (9) el derecho de poder experimentar el contacto regular y consistente con ambos padres y el derecho de conocer la razón por cualquier cancelación de horario o cambio de planes; y (10) el derecho de tener una relación relajada, segura con ambos padres sin el temor de que lo pongan en una posición para manipular a un padre contra el otro." Vea D.C.A. 13§701.
Misceláneo:	La esposa puede obtener su apellido de soltera o el nombre de su marido anterior restaurados. D.C.A. 13§1514. Se puede exigir que las partes asista, y paguen por un 'Curso Educativo del Padres". D.C.A. 13§1507 (h).
Veredicto Final:	EL DECRETO DE DIVORCIO
UCCJA:	D.C.A. 13§1901.
IDO:	D.C.A. 13§516.
Reparación Temporal:	D.C.A. 13§1509.
Violencia Doméstica:	D.C.A. 13§701A.
Anulación:	D.C.A. 13§1506.

EL DISTRITO DE COLUMBIA

La Ley:	El Código del distrito de columbia, El Título 16, Sección 901 (D.C.C.§16-901). Busque en el Volumen 5. No haga caso a el número del "Capítulo".
Formato del Encabezmiento/Partes:	EN EL TRIBUNAL SUPERIOR DEL DISTRITO DE COLUMBIA - DIVISIÓN FAMILIAR __________ Demandante vs.__________, Demandado.
Título de la Demanda:	DEMANDA DE DIVORCIO
Residencia:	Una parte debe ser residente por lo menos 6 meses antes de someter la queja. D.C.C.§16-902.
Causas:	NO CULPABILIDAD: (1) "Las partes han vivido separados mutuamente y voluntariamente y separados sin la convivencia por un período de por lo menos 6 meses;" (2) "Las partes han vivido separados y sin la convivencia durante por lo menos 1 año." TRADICIONAL: Ninguna. SEPARACIÓN LEGAL: Llamado "Separación Legal de cama y comida." (1) viviendo separados mutuamente y voluntariamente y separados y sin la convivencia; (2) viviendo separados y sin la convivencia durante 1 año; (3) el adulterio; y (4) la crueldad. Durante el período de la separación las partes pueden residir en la misma casa. D.C.C.§16-904.
Tipo de Propiedad:	Distribución equitativa. Culpabilidad no es un factor. "Propiedad/Bienes Exclusivo" es: (1) adquirido antes del matrimonio; (2) adquirido por regalo o herencia; (3) adquirido en cambio por otra tal propiedad; y (4) el aumentó en valor de la Propiedad/Bienes exclusivo. La propiedad/bienes matrimonial se divide según los factores siguientes: (1) la duración del matrimonio; (2) cualquier matrimonio anterior; (3) la edad de cada parte, la salud, la ocupación, la cantidad y fuentes de ingreso, las habilidades profesionales, y la habilidad de ser empleado; (4) los recursos/bienes, las deudas y necesidades de cada parte; (5) las provisiones de Custodia del Niño; (6) si la división de la Propiedad/Bienes es en lugar de o además de la Pensión Alimenticia; (7) la oportunidad de cada parte para adquirir recursos/bienes e ingreso en el futuro; (8) la contribución de cada parte en la adquisición, la preservación, la apreciación, derrocho, o depreciación de los recursos/bienes matrimoniales; (9) la contribución de cada parte como ser ama de casa o hacia la unidad familiar; y (10) cualquier otro factor pertinente. D.C.C.§16-910.
Pensión Alimenticia:	La culpabilidad puede ser considerado. El estatuto solo indica que la Pensión Alimenticia se puede otorgar "si parece justo y apropiado." D.C.C.§16-912 y 16-913. No hay otro factor por estatuto o por pautas.
Mantenimiento Económico de los Niños:	El apoyo económico del niño se puede encontrar en las pautas del D.C.C.§16-916.1.
Custodia de los Niños:	Se debe considerar el mejor interés del niño: (1) los deseos del niño; (2) los deseos de las partes; (3) la interacción y relación entre el niño y los padres, hermanos y otras personas significantes; (4) el ajuste del niño a su casa, escuela y comunidad; (5) la salud mental y física de todas las personas involucradas; (6) cualquier evidencia de una "ofensa entre familia" bajo D.C.C.§16-1001(5); (7) la capacidad de los padres de comunicar y alcanzar decisiones juntos que afectan el bienestar del niño; (8) la buena gana de los padres para compartir la custodia; (9) el envolvimiento anterior de cada padre en la vida del niño; (10) la potencial de una ruptura de la vida social y escolar del niño; (11) la proximidad geográfica de las casas de los padres; (12) las demandas del empleo para cada padre; (13) la edad y el número de niños; (14) la sinceridad de la petición de cada padre; (15) la habilidad de cada padre financieramente de apoyar un arreglo de custodia junta; (16) cualquier impacto de la Asistencia Territorial para Familias de Bajos Recursos, el Programa sobre el Trabajo, el Empleo, y las Responsabilidades, y la Asistencia Médica; y (17) los beneficios para los padres. D.C.C.§16-9l1 & 16-914.
Misceláneo:	Si una parte asumió un nuevo nombre cuando se casó, su nombre de nacimiento o el nombre anterior se puede restaurar . D.C.C.§16-915.
Veredicto Final:	DECRETO FINAL DE DIVORCIO
UCCJA:	D.C.C.§16-4501.
IDO:	D.C.C.§30-508.
Reparación Temporal:	D.C.C.§16-911.
Violencia Doméstica:	D.C.C.§16-1001.
Anulación:	D.C.C.§16-904(d).

FLORIDA

La Ley:	Los Estatutos de Florida, El Capítulo 61, Sección 61.001 (F.S.§61.001). Busque el Volumen 1. Un nuevo juego de libros de estatutos se publica cada año impar. Para la ley más actual, busque al Volumen Complementario publicado en años par, o busque el libro encuadrenado en rústica por West's "El Servicio Legal de las Sesiónes de Florida" qué se publica después de cada sesión legislativa. También se puede encontrar un juego de los "Estatutos Anotados de Florida," con bolsillos para los suplementos. Se pueden encontrar los formularios oficiales en las Reglas del Corte de Florida en la oficina del secretario del la corte.
Formato del Encabezamiento/Partes	EN EL CORTE CIRCUITO DEL _______ JUDICIAL [Cada circuito tiene número] CIRCUITO, DENTRO Y PARA ______ CONDADO, FLORIDA Con referencia al matrimonio de _________, Marido, y __________, Esposa. [La persona que lo peticione es llamado el Solicitante, y la otra parte es el Demandado. Sin embargo, el marido siempre se lista primero en este estilo de caso.]
Título de la Demanda:	PETICIÓN PARA LA DISOLUCIÓN DEL MATRIMONIO SIMPLIFICADO (procedimiento simplificado) PETICIÓN PARA LA DISOLUCIÓN DEL MATRIMONIO (procedimiento típico)
Residencia:	Una parte debe ser residente durante por lo menos 6 meses antes de archivar la petición. F.S.§61.021.
Corte:	El condado donde el demandado reside. Si el demandado no es residente, entonces en el condado dónde el solicitante reside.
Causas:	NO CULPABILIDAD: (1)"El matrimonio entre las partes es roto irrecuperablemente."; o (2) "El demandado es mentalmente incompetente." F.S.§61.052(1). TRADICIONAL: Ninguna. SEPARACIÓN LEGAL: Ninguna.
Tipo de Propiedad:	Distribución equitativa. La culpabilidad no es considerado. Una demanda "específico de equidad" debe ser incluido en la petición para la Propiedad/Bienes no matrimonial. La propiedad/bienes no matrimonial es: (1) adquirido antes del matrimonio; (2) adquirido por regalo o herencia; (3) designado no matrimonial por un acuerdo entre las partes; (4) adquirido a cambio de la Propiedad/Bienes mencionadas en (1), (2), o (3) anteriormente; y (5) el ingreso del Propiedad/Bienes no es matrimonial, a menos que las partes lo trataran o lo usaran como ingreso matrimonial. F.S.§61.075(5). La propiedad/bienes matrimonial incluye todos los planes de jubilación, participación en los beneficios, y la compensación diferida. F.S.61 .076. La propiedad/bienes matrimonial se divide considerado: (1) la contribución de cada parte al matrimonio; (2) las circunstancias económicas de cada parte; (3) la duración de matrimonio; (4) la interrupción de la carrera personal o las oportunidades educativas de cualquier parte; (5) la contribución de cualquier parte a la carrera personal o las oportunidades educativas del otro; (6) la conveniencia de retener el valor de cualquier recurso intacto y libre sin la demanda de o la interferencia del otro; (7) la contribución de cada parte a la adquisición, acrecentamiento, y producción de ingreso o el acrecentamiento de la propiedad matrimonial y no matrimonial de ambos; (8) la conveniencia para el padre custodial de permanecer en la casa conyugal; y (9) cualquier otro factor pertinente. F.S.§61.075.
Pensión Alimenticia:	Los factores: (1) el adulterio; (2) el nivel de la vida establecida durante el matrimonio; (3) la duración del matrimonio; (4) la edad de cada parte, la condición física y emocional; (5) los recursos financieros de cada partes, y la distribución de Propiedad/Bienes matrimonial y no matrimonial; (6) el tiempo necesario para adquirir la educación suficiente y el entrenamiento para encontrar empleo apropiado; (7) la contribución de cada parte al matrimonio; (8) todas las fuentes de ingreso disponible; y (9) cualquier otro factor pertinente. F.S.§61.08.
Mantenimiento Económico de los Niños:	Se encuentran los factores y pautas en F.S.§61.30.
Custodia de los Niños:	La custodia junta (llamado la"obligación de ambos padres") se prefiere, y se debe pedir a menos que el juez halle que sería perjudicial al niño. F.S.§61.13(2). Generalmente esto se refiere a la responsabilidad de ambos por tomar las decisiones para el bienestar del niño, con la casa de una parte siendo designada como la "residencia primaria". La responsabilidad y la residencia del primero es determinada por el mejor interés del niño y considera: (1) qué parte es más probable de permitir frecuente y contacto continual con la otra parte; (2) el amor, afecto y otros lazos emocionales que existen entre el niño y cada parte; (3) la capacidad de cada parte y la disposición para proporcionar comida, ropa, cuidado médico u otras necesidades materiales para el niño; (4) la duración de tiempo que el niño ha estado en un ambiente estable y satisfactorio, y la conveniencia de mantener la continuidad; (5) la durabilidad, de ser una unidad familiar, que existe en la casa custodial o que se propone; (6) la aptitud moral del partes; (7) la salud mental y física del partes; (8) la casa del niño, su escuela y comunidad; (9) la preferencia del niño, si es de inteligencia suficiente, comprensión y experiencia; y (10) cualquier otro factor pertinente. F.S.§61.13(3).
Misceláneo:	Los formularios aceptados son disponibles a través del Secretario del Corte Circuito. Se requieren varios formularios dependiendo en las circunstancias. El procedimiento simplificado está disponible cuando no hay niño, la esposa no está embarazada, las partes están de acuerdo con la división de Propiedad/Bienes, y ambos asistirán la última audiencia. El cambio del nombre es disponible si lo pide en la petición.
Veredicto Final:	JUICIO FINAL DE DISOLUCIÓN DEL MATRIMONIO BAJO PROCEDIMIENTO SIMPLIFICADO (procedimiento simplificado) JUICIO FINAL DE DISOLUCIÓN DEL MATRIMONIO (procedimiento típico) Requiere la rentención de sueldo y provisiones sobre seguros de salud. F.S.§61.13 (1)(b)
UCCJA:	F.S.§61.1304.
IDO:	F.S.§61.12 y 61.1301. Llamado "rentención del sueldo."
Reparación Temporal:	F.S.§61.07I y 61.11.
Violencia Doméstica:	F.S.§741.01.
Anulación:	Disponible en Florida, pero no hay provisiones en el estatuto. Sólo en el derecho común.

GEORGIA

La Ley:	El Código oficial de Georgia Anotado, El Título 19, El Capítulo 5, Sección 1. (C.G.A.§19-5-1). Busque en el Volumen 16. [Este no es el "El Código de Georgia" qué es un juego de libros separado con un sistema de enumeración completamente diferente. Si solo puede encontrar el El Código de Georgia, busque una tabla de cruzreferencia para el Código Oficial de Georgia)
Formato del Encabezamiento/Partes:	EN EL TRIBUNAL SUPERIOR DE _______, GEORGIA, __________ Solicitante, vs.__________,Demandado.
Título de la Demanda:	PETICIÓN DE DIVORCIO La petición debe contener lo siguiente: (1) la residencia del demandado o última dirección conocida; (2) una declaración que muestra que el requisito de residencia se estableció; (3) la fecha del matrimonio y fecha de separación; (4) el nombre y edad del niño menor, o una declaración que no hay niño menor; (5) la causa de No Culpabilidad para el divorcio; (6) la Propiedad/Bienes y ganancias, si es conocido, o si es la Pensión Alimenticia, el apoyo económico o la división de Propiedad/Bienes está involucrado. C.G.A.§19-5-5.
Residencia:	Una parte de be ser residente durante por lo menos 6 meses. C.G.A.§19-5-2.
Corte:	Si el solicitante es residente: el Condado en que el solicitante reside. Si el solicitante no es residente: el Condado donde el Demandado reside. C.G.A.§19-5-2.
Causas:	NO CULPABILIDAD: "El matrimonio de las partes esta roto irrecuperablemente." C.G.A.§19-5-3(13). TRADICIONAL: (1) El matrimonio de relaciones consanguineo es prohibido; (2) la incapacidad mental en el momento de matrimonio; (3) la impotencia en el momento de matrimonio; (4) la fuerza, amenaza, coacción, o fraude obteniendo el matrimonio; (5) la esposa embarazada por otro hombre mientras casada y sin el conocimiento del marido; (6) el adulterio; (7) la deserción voluntariosa y continual durante 1 año; (8) la convicción de una ofensa que involucra la infamia moral y la sentencia de por lo menos 2 años; (9) la intoxicación habitual; (10) el tratamiento físico o mental cruel para justificar aprehensión de peligro a la vida, el miembro o la salud; (11) la enfermedad mental incurable; y (12) la adicción a la droga. C.G.A.§19-5-3. SEPARACIÓN LEGAL: Ninguna.
Tipo de Propiedad:	Distribución equitativa. No hay factores por estatuto.
Pensión Alimenticia:	Para calificar para la pensión alimenticia, se debe presentar prueba de la causa de divorcio. La deserción o el adulterio prohibe la Pensión Alimenticia. Vea C.G.A.§19-6-1. La cantidad es basada en la necesidad de la parte que busca la Pensión Alimenticia y la habilidad de la otra parte de pagar, mientras que se considera: (1) el nivel de la vida establecida durante el matrimonio; (2) la duración del matrimonio; (3) la edad, condición física y emocional de las partes; (4) los recursos financieros de cada parte; (5) el tiempo necesario para adquirir la educación y el entrenamiento para obtener empleo; (6) la contribución de cada parte en el matrimonio; (7) las condiciónes de cada parte, incluso la propiedad separada, la habilidad de ganar un sueldo, y las obligaciones fijos; y (8) cualquier otro factor pertinente. C.G.A.§19-6-5.
Mantenimiento Económico de los Niños:	Se encuentran las pautas en G.C.A.§19-6-15. Se figura básicamente como un por ciento bruto del ingreso del pagador, como sigue: 17% a 23% para 1 niño; 23% a 28% para 2 niños; 25% a 32% para 3 niños; 29% a 35% para 4 niños; y 31% a 37% para 5 o más niños. Esto puede variar por las circunstancias especiales como se expli can en C.G.A.§19-6-15.
Custodia de los Niños:	No hay factor específico o provision para la custodia junta en el estatuto. El niño puede seleccionar al padre con que desea vivir si por lo menos tenga 14 años de edad. G.C.A.§19-9-1.
Misceláneo:	El nombre de soltera se puede restaurar si lo pedió en la petición. C.G.A.§19-5-16.
Veredicto Final:	JUICIO FINAL Y DECRETO DE DIVORCIO Un formulario para el Juico se encuentra en C.G.A.§19-5-12. El juico no se puede someter hasta por lo menos 30 días después de que el demandado haya sidio servido. C.G.A.§19-5-3(13).
UCCJA:	C.G.A.§19-9-20.
IDO:	C.G.A.§19-6-31.
Reparación Temporal:	C.G.A.§19-6-2 (cuotas legales); 19-6-3 (Pensión Alimenticia); y 19-6-14 (Apoyo Económico del Niño y la custodia).
Violencia Doméstica:	C.G.A.§19-13-1.
Anulación:	C.G.A.§19-4-1.

HAWAII

La Ley:	Estatutos Revisados de Hawaii, El Título 580, Sección 580-41 (H.R.S.§580-41). Busque en el Volumen l2A .
Formato del Encabezamiento/Partes:	EN LA CORTE DEL___ CIRCUITO JUDICIAL FAMILIAR __________ Demandante vs. __________, Demandado.
Título de la Demanda:	DEMANDA DE DIVORCIO
Residencia:	Demandante debe ser residente por lo menos 3 meses antes de presentar la petición. H.R.S.§580-1. Una parte debe ser residente durante por lo menos 6 meses antes de que se someta el juico.
Corte:	El distrito judicial donde el demandante reside, o el último lugar donde las partes vivieron juntos.
Causas:	NO CULPABILIDAD: (1) "El matrimonio de las partes está roto irrecuperablemente." (2) "Las partes han vivido separado y no juntos bajo un decreto de la separación de cama y comida, el término de separación ha expirado, y no hay conciliación." (3) "Las partes han vivido separado y no juntos por un período de 2 años o más bajo un decreto de mantenimiento separado, y no se ha efectuado una conciliación." (4) "Las partes han vivido separado y no juntos por un período continual de 2 años o sin la probabilidad razonable que la convivencia se reasumirá, y no será áspero u opresivo al demandado o contrariamente al interés público si se aprueba este divorcio." H.R.S.§580-41. TRADICIONAL: Ninguna. SEPARACIÓN LEGAL: "El matrimonio de las partes es temporalmente alterado." Un decreto de la separación de cama y comida se puede conceder por un período de 2 años. H.R.S.§580-71.
Tipo de Propiedad:	Distribución equitativa. Los factores incluyen: (1) los méritos respectivos de las partes; (2) las habilidades relativas de cada parte; (3) la condición de cada parte después del divorcio; (4) cargas impuesto a cada parte para el beneficio de los niños; y (5) cualquier otra circunstancia pertinente. H.R.S.§580-47.
Pensión Alimenticia:	Llamado "apoyo y mantenimiento conyugal." La mala conducta matrimonial no se considera. Los factores incluyen: (1) los recursos financieros de cada parte; (2) la habilidad de la parte que busca la Pensión Alimenticia para satisfacer sus propias necesidades; (3) la duración del matrimonio; (4) el nivel de la vida establecida durante el matrimonio; (5) las edades de las partes; (6) la condición física y emocional de cada parte; (7) la ocupación y usual de cada parte durante el matrimonio; (8) las habilidades profesionales y habilidad de ser empleado por el que busca la Pensión Alimenticia; (9) las necesidades de las partes; (10) las responsabilidades custodiales y de apoyo al niño; (11) la habilidad de pagar la Pensión Alimenticia y sus propias necesidades; (12) las condiciónes de cada parte después del divorcio; (13) la duración probable que se necesitará la Pensión Alimenticia; y (14) cualquier otro factor pertinente. H.R.S.§580-47.
Mantenimiento Económico de los Niños:	Se encuentran en las pautas del H.R.S.§576D-7.
Custodia de los Niños:	En el mejor interés del niño considerando: (1) los deseos del niño, si es de edad suficiente y tiene la capacidad para razonar; y (2) cualquier prueba de violencia familiar. H.R.S.§571-46.
Misceláneo:	Si el divorcio no está en disputa, el juez podrá desistir una audiencia y hacer un decreto basado en las declaraciones juradas de las partes.H.R.S.§580-42 [NUEVO].
Veredicto Final:	EL DECRETO DE DIVORCIO Vea H.R.S.§576E-11 para los requisitos que relacionan al Apoyo Económico del Niño
UCCJA:.	H.R.S.§583-1.
IDO:	H.R.S.§576 E-l6.
Reparación Temporal:	H.R.S.§580-9 (proteción y dinero para la acción); 580-10 (ordenes inhibitorios); y 580-11 (la custodia y el apoyo económico del niño).
Violencia Doméstica:	H.R.S.§586-1.
Anulación:	H.R.S.§580-21.

IDAHO

La Ley:	El Código de Idaho, El Título 32, El Capítulo 6, Sección 32-60 1 (I.C.§32-60 1). Busque en el Volumen 6.
Formato del Encabezamiento/Partes:	EN EL CORTE DISTRITO DEL ________DISTRITO JUDICIAL PARA EL ESTADO DE IDAHO, EN Y PARA EL CONDADO DE___________________ Demandante vs.____________,Demandado.
Título de la Demanda:	DEMANDA DE DIVORCIO
Residencia:	Demandante debe ser residente por lo menos 6 semanas antes de solicitar el divorcio. I.C.§32-701.
Corte:	El condado dónde el demandado reside. Si el demandado no es residente, en el condado dónde el Demandante reside.
Causas:	NO CULPABILIDAD:(1) "Las partes tienen diferencias irreconciliables." I.C.§32-603 & 616. (2) "Las partes han estado viviendo separados sin la convivencia para un período de 5 años." I.C.§32-610. TRADICIONAL: (1) El adulterio; (2) la crueldad extrema; (3) la deserción voluntariosa; (4) el maltratamiento voluntarioso; (5) la intemperancia habitual (la embriaguez); (6) la convicción de una felonía; y (7) la locura permanente. I.C.§32-603. Éstos se definen más allá en I.C.§32-604 hasta 32-608. Petición basada en el adulterio se debe presentar dentro de 2 años de darse cuenta del adulterio. Peticiones basadas en causas (3), (4) y (5) se se deben presentar dentro de un año. I.C.§32-609. Petición basada en la convicción de una felonía se debe presentar dentro de 1 año de un perdón o al fin de la sentencia. I.C.§32-615. SEPARACIÓN LEGAL: Ninguna.
Tipo de Propiedad:	Comunidad de propiedad. Propiedad/Bienes separados son adquirido: (1) antes del matrimonio; (2) por regalo o herencia; y (3) como los beneficios de Propiedad/Bienes separado y adquirido con los beneficios de ser separados. I.C.§32-903. Propiedad/Bienes matrimonial será dividido igualmente, a menos que el juez da razones basadas en: (1) la duración de matrimonio; (2) cualquier acuerdo prematrimonial; (3) la edad de cada parte, salud, ocupación, cantidad y fuentes de ingreso, habilidades profesionales, habilidad de ser empleado, y obligaciones; (4) las necesidades de cada parte; (5) si la división de Propiedad/Bienes es en lugar de o además de la Pensión Alimenticia; (6) la habilidad presente y potencial de cada parte de ganar un sueldo; y (7) los beneficios de jubilado de cada uno, incluso del seguro social, del servicio civil, y las pensiones del ejército y del ferrocarril. I.C.§32-712.
Pensión Alimenticia:	Llamado "mantenimiento." A cualquier parte se le puede otorgar la pensión alimenticia si: (1) hay falta de Propiedad/Bienes para ser auto-suficiente; y (2) es incapaz ser auto-suficiente atravéz el empleo. Los factores que determinan la cantidad y duración: (1) los recursos financieros de la parte que busca la pensión alimenticia, incluso la propiedad/bienes otorgado y la habilidad de satisfacer sus propias necesidades; (2) el tiempo necesitado para adquirir la educación y entrenamiento para ser empleado; (3) la duración de matrimonio; (4) la edad, condición física y emocional de la parte que busca la pensión alimenticia; (5) la habilidad de parte que paga la pensión alimenticia de satisfacer sus propias necesidades; (6) las consequencias de impuestos; (7) la culpabilidad de cualquier parte; y (8) cualquier otro factor pertinente. I.C.§32-705.
Mantenimiento Económico de los Niños:	Las pautas son proporcionadas por la Corte Superior de Idaho. I.C.§32-706. Verifique con el secretario judicial o un bibliotecario de leyes.
Custodia de los Niños:	En el mejor interés del niño considerando: (1) los deseos de las partes; (2) los deseos del niño; (3) la interacción y relación mutua entre el niño y las partes, hermanos u otras personas significantes; (4) el ajuste a su casa, escuela y comunidad; (5) la salud mental y física de todas las personas involucrados; (6) la necesidad de promover la continuidad y estabilidad en la vida del niño; y (7) cualquier historia de Violencia Doméstica. I.C.§32-717. El mejor arreglo es la Custodia junta, a menos que una de las partes puede mostrarlo al contrario. I.C.§32-717B.
Misceláneo:	No hay provisión para el cambio del nombre en el divorcio .
Veredicto Final:	EL DECRETO DE DIVORCIO El decreto puede ser ortorgado basada testimonio no corraborativo del demandante solo por falta de cumplimiento. I.C.§32-703.
UCCJA:	I.C.§32-1101.
IDO:	I.C.§32-1201.
Reparación Temporal:	I.C.§32-704.
Violencia Doméstica:	J.C.§39-6301
Anulación:	I.C.§32-501.

ILLINOIS

La Ley: Estatutos Compilados Anotados de Smith-Hurd Illinois por West's, Capítulo 750, Acto 5, Sección 5/101 (750 ILCS 5/101). Busque en el volumen marcado "Capítulo 750, 1/1 a 5/599, las Familias."

Formato del Encabezamiento/Partes: EN EL CORTE CIRCUITO DEL ________DISTRITO JUDICIAL, ________ CONDADO, ILLINOIS

Con referencia al matrimonio de ___________, Solicitante, y ___________,Demandado.

Título de la Demanda: PETICIÓN PARA LA DISOLUCIÓN DEL MATRIMONIO

La Petición se debe verificar, y debe incluir: (1) la edad, ocupación y residencia de cada quien, y la duración de su residencia en el estado; (2) la fecha de matrimonio y el lugar de registro; (3) las causas de no culpabilidad del divorcio; (4) el nombre, edad y dirección de todos los niños, y una declaración acerca si la esposa está embarazada; (5) cualquier arreglo acerca el mantenimiento, custodia, visitación y pensión alimenticia; y (6) las reparaciones que buscan. 750 ILCS 5/403.

Residencia: Uno deben ser residente durante por lo menos 90 días antes de presentar la petición. 750 ILCS 5/401.

Corte: El condado dónde cualquiera reside. 750 ILCS 5/104.

Causas: NO CULPABILIDAD: "Las diferencias irreconciliables han causado el quebrantamiento irrecuperable del matrimonio, y la conciliación ha fallado o los esfuerzos a la conciliación son imprácticos, y las partes están viviendo separados sin la convivencia por más de 2 años." Sin embargo, si ambos están de acuerdo, el período de tiempo se puede reducir a 6 meses.

TRADICIONAL: (1) La impotencia; (2) la bigamia; (3) el adulterio; (4) la deserción durante 1 año; (5) la embriaguez habitual durante 2 años; (6) droga addición durante 2 años; (7) intentó del envenenamiento o poner en peligro la vida del otro; (8) el tratamiento físico o mental que sea cruel e inhumano; (9) la convicción de una felonía; y (10) la infección de el esposo/a con una enfermedad comunicativa. 750 ILCS 5/401.

SEPARACIÓN LEGAL: Viviendo separado, sin culpabilidad. 750 ILCS 5/402.

Tipo de Propiedad: Distribución equitativa. Culpabilidad no es considerado. Propiedad no matrimonial es: (1) adquirido antes del matrimonio; (2) adquirido después del matrimonio por regalo, herencia, o a cambio de otra propiedad no matrimonial, o después de una separación legal; (3) declarado no matrimonial por el acuerdo escrito cada quien; (4) declarado no matrimonial por un juico del esposo/a; o (5) aumentó de valor o ingreso de la propiedad en (1) a (4). División de Propiedad matrimoniales basados en los siguientes factores: (1) contribución o devaluación de cada quien; (2) el valor de la propiedad separado; (3) la duración del matrimonio; (4) las circunstancias económicas de las partes, incluyendo si el padre custodial debe permanecer en la casa matrimonial; (5) las obligaciones de matrimonio anteriores; (6) cualquieres acuerdos pre-matrimonial; (7) la edad, salud, nivel, ocupación, ingreso, habilidades, hablildad de ser empleado, propiedad, obligaciones, y necesidades de cada quien; (8) las provisiones del custodia del niño; (9) si la propiedad es en lugar de, o además de la, pensión alimenticia; (10) la oportunidad de cada uno a la adquiración de recursos/bienes e ingresos en el futuro; y (11) las consecuencias de los impuestos. 750 ILCS 5/503.

Pensión Alimenticia: Llamada "mantenimiento." Culpabilidad no es considerado. Los factores: (1) el ingreso y propiedad de cada quien; (2) las necesidades de cada quien; (3) la habilidad actual y en el futuro de ganar sueldo; (4) el deterioro de habilidad de ganar sueldo debido suspender la educación y oportunidades anteriores para consagrar tiempo a los deberes domésticos; (5) tiempo necesitado para él que busca la pensión alimenticia para la educación, entrenamiento y empleo, y si esa parte puede mantenerse él mismo, o si con tener la custodia de un niño lo hace inapropiado que busque empleo; (6) el nivel de la vida establecida durante el matrimonio; (7) la duración del matrimonio; (8) la edad, condición física y emocional de cada quien; (9) las consecuencias de los impuestos con respeto a la división de Propiedad; (10) la contribuciónes y servicios de cualquiera a la educación, entrenamiento, carrera o licencia del otro; (11) cualquier acuerdo válido entre las partes; y (12) cualquier otro factor pertinente. 750 ILCS 5/504.

Mantenimiento Económico de los Niños: Las pautas se pueden encontrar bajo 750 ILCS 5/505. Básicamente es un porcentaje del ingreso neto del pagador, como sigue: 20% para 1 niño; 25% para 2 niños; 32% para 3 niños; 40% para 4 niños; 45% para 5 niños; y 50% para 6 o más niños. Se listan otros factores para las necesidades especiales qué puede justificar más o menos.

Custodia de los Niños: El mejor interés del niño, considerando: (1) los deseos de los padres y el niño; (2) la interacción y relación mutua entre el niño y los padres, hermanos y otras personas significantes; (3) el ajuste del niño a su casa, escuela y comunidad; (4) la salud mental y física de cada padre y niño; (5) cualquier amenaza física al niño; (6) la buena gana de cada quien de animar y facilitar las visitas continuadas entre el niño y el otro padre. 750 ILCS 5/602. Se pueden encontrar los factores sobre la custodia junta bajo 750 ILCS 5/602.1.

Misceláneo: PROCEDIMIENTO SIMPLIFICADO CONJUNTO: Las partes pueden solicitar un co-petición para la disolución simplificada si: (1) no hay que pagar la pensión alimenticia; (2) uno ha establecido los requisitos de residencia; (3) las causas de no culpabilidad se usan; (4) no hay niño y la esposa no está embarazada; (5) las partes no fueron casados por más de 8 años; (6) ninguno tiene interés en la propiedad actual; (7) la equidad total en la propiedad matrimonial es menos de $10,000; (8) el ingreso bruto anual combinado de cada quien es menos de $35,00; (9) ninguno tiene un ingreso bruto anual de más de $20,000; (10) las partes han declarado todos los recursos/bienes e ingresos en los impuestos para los años de matrimonio; y (11) las partes tienen un acuerdo escrito que divide toda la propiedad más de $100 en valor, y designando responsabilidad para todas las deudas y obligaciones. 750 ILCS 5/451. Los formularios, y un folleto que describe el procedimiento, se puede obtener del secretario de la corte. El juez puede pedir que las partes asista un programa educativo sobre el efecto del divorcio a los niños. 750 ILCS 5/404.1.

Veredicto Final: JUICIO DE DISOLUCIÓN DEL MATRIMONIO

UCCJA: 750 ILCS 35/1.

IDO: 750 ILCS 5/706.1.

Reparación Temporal: 750 ILCS 5/501 y 5/603.

Violencia Doméstica: 750 ILCS 60/1.

Anulación: 750 ILCS 5/301.

INDIANA

La Ley:	El Código Anotado de Indiana por West's, Título 31, Artículo 15, Capítulo 1, Sección 1. (A.I.C.§31-15-1-1).
Formato del Encabezamiento/Partes:	________ CORTE DE ________ CONDADO, INDIANA [El primer espacio en blanco o será "SUPERIOR," "CIRCUITO," o "RELACIONES DOMÉSTICAS," dependiendo en el condado particular donde usted peticionó.] Con referencia al matrimonio de ________________, Solicitante, y ________________, Demandado.
Título de la Demanda:	PETICIÓN PARA LA DISOLUCIÓN DEL MATRIMONIO Petición se debe verificar y debe incluir: (1) la dirección de la residencia de cada quien y la duración de residencia en el estado y condado; (2) la fecha de matrimonio; (3) la fecha de la separación; (4) el nombre, edad y dirección de niños viviendo y bajo la edad de 21, o niños incapacitados de cualquier edad, y una declaración acerca si la esposa está embarazada; (5) las causas de no culpabilidad; y (6) las reparaciones que buscan. A.I.C.§31-15-2-5.
Residencia:	Uno debe ser residente de Indiana durante 6 meses, y del condado durante 3 meses. A.I.C.§31-15-2-6.
Corte:	Condado donde cualquiera establece los requisitos de residencia. A.I.C.§31-15-2-6.
Causas:	NO CULPABILIDAD: "Ha sido un quebrantamiento irrecuperable del matrimonio." A.I.C.§31-15-2-3. TRADICIONAL: (1) La convicción de una felonía subsecuente al matrimonio; (2) la impotencia en el momento de matrimonio; y (3) la locura incurable durante 2 años. A.I.C.§31-15-2-3. SEPARACIÓN LEGAL: "Las condiciones en el matrimonio hacen que sea actualmente intolerable de vivir juntos y el matrimonio se debe mantener." Vea A.I.C.§31-15-2-3.
Tipo de Propiedad:	Distribución equitativa. Culpabilidad no es un factor. Propiedad adquirida antes del matrimonio es parte de la propiedad matrimonial, a pesar que el tiempo de la adquisición sea una consideración cuando se divide la propiedad. La división igual es presunta. Los factores en consideración en la demanda de distribución desigual son: (1) la contribución de cada quien a la adquisición; (2) la magnitud de la propiedad adquirido antes del matrimonio, o por regalo o herencia; (3) las circunstancias económicas en el momento de distribución, incluyendo si el padre custodial debe permanecer en la casa matrimonial; (4) la conducta de cada quien relacionado a la disposición o derrocho de recursos/bienes; (5) las ganancias o habilidad ganar sueldo de cada quien; y (6) las consecuencias de los impuestos. Si la propiedad matrimonial es insuficiente, la corte puede otorgar dinero a él que contribuyó a la educación del otro. Vea A.I.C.§31-15-7-4, et seq.
Pensión Alimenticia:	Culpabilidad no es un factor. Pensión Alimenticia (llamado "mantenimiento") se puede otorgar por un período necesario de tiempo si (1) él que busca la pensión alimenticia es físicamente o mentalmente incapacitado; o (2) falta la habilidad financiera y es custodio de un niño que es físicamente o mentalmente incapacitado y que exige que suspenda empleo. Pensión Alimenticia reparative por 3 años se puede otorgarse después de considerar: (1) el nivel educativo de cada quien al momento de matrimonio y en el momento que la petición se archivó; (2) si él que busca la pensión alimenticia tenía su educación, entrenamiento o empleo interrumpido por las responsabilidades de cuidado de niño; (3) la habilidad de ganar sueldo por cada quien; y (4) tiempo y gasto exigido para adquirir la educación y entrenamiento para obtener empleo. A.I.C.§31-15-7-2.
Mantenimiento Económico de los Niños:	Factores considerados son: (1) los recursos financieros del padre con custodia; (2) el nivel de la vida que el niño podría haber esperado si no hubiera ocurrido el divorcio; (3) la condición física y mental del niño y las necesidades educativas del niño; (4) los recursos financieros y necesidades del padre non-custodial; y (5) cualquier necesidad educativa o médica especial del niño. A.I.C.§31-16-6-1.
Custodia de los Niños:	El mejor interés del niño, considerando: (1) la edad y sexo del niño; (2) los deseos de los padres y niño; (3) la interacción y relación mutua entre el niño y los padres, hermanos y otras personas significantes; (4) el ajuste del niño a su casa, escuela y comunidad; y (5) la salud mental y física de todas las personas involucradas; y (6) cualquier violencia doméstica. A.I.C.§31-17-2-8. La custodia legal junto se le pueden otorgar. A.I.C.§31-12-2-13, et. seq.
Misceláneo:	Un juico sin audiencia se puede someter cuando: (1) ha sido 60 días desde que la petición fue presentado; (2) la petición fue firmado por ambos; (3) la petición incluye una renuncia de audiencia; (4) la petición incluye (a) declaración que no hay ningún problema disputado, o (b) las partes han hecho un arreglo escrito de acuerdo. A.I.C.§31-15-2-13. Si la conciliación parece posible, el juez puede suspender la audiencia y juicio final hasta que haga terápia. Después de 45 días cualquiera puede mover para la disolución; si no, el caso se cierre después de 90 días. A.I.C.§31-15-2-15. Las mujeres pueden tener sus nombres anteriores restaurados. Vea A.I.C.§31-15-2-18.
Veredicto Final:	DECRETO FINAL DE DISOLUCIÓN DEL MATRIMONIO Ningún audiencia se puede sostener hasta 60 días después de la presentación de la petición. A.I.C.§31-15-2-10. Las partes pueden renunciar la audiencia final si no hay temas en disputa. A.I.C.§31-15-2-13.
UCCJA:	A.I.C.§31-17-3-1.
IDO:	A.I.C.§31-16-15-1.
Reparación Temporal:	A.I.C.§31-15-41, et seq. Requiere declaración jurada de base verdadera.
Violencia Doméstica:	A.I.C.§34-4-5.1-1.
Anulación:	A.I.C.§31-7-7-1.

IOWA

La Ley:	El Código de Iowa Anotado, Sección 598.1 (I.C.A.§598.1). Busque en Volumen 39.
Formato del : Encabezamiento/Partes:	EN EL CORTE DISTRITO DEL ESTADO DE IOWA EN Y PARA EL CONDADO DE ______________ Con referencia al matrimonio de ____________ y ____________

Por la Petición de)
_______________)
(Solicitante)) Petición para Disolución del Matrimonio
e Con referencia a) No. de equidad ________
_______________)
(Demandado))

Titulo de la Demanda:	PETICIÓN PARA LA DISOLUCIÓN DEL MATRIMONIO. La petición debe ser verificado y se debe incluir: (1) el nombre, fecha del nacimiento, dirección y el condado de la residencia del solicitante; (2) el lugar y fecha de matrimonio; (3) el nombre, fecha del nacimiento, dirección y condado del el de residencia de demandado, si conocido; (4) el nombre y fecha de nacimiento de cada niño; (5) una declaración si una acción separada se comenzó por el demandado, y si una acción está pendiente en cualquier otro estado; (6) la alegación que el solicitante ha solicitado esta acción en buena fe y con los propósitos según la petición; (7) la alegación de las causas para la disolución; (8) cualquier demanda para el apoyo económico temporal del niño o la pensión alimenticia, sin declarar una cantidad; (9) cualquier demanda para la Pensión alimenticia permanente o el apoyo Económico del Niño, la custodia, la disposición de Propiedad/Bienes, las cuotas de abogados y alimentos provisionales, sin declarar una cantidad; (10) una declaración con respeto a si nombrando a un conciliador podría conservar el matrimonio según la Sección 598.16; y, si el demandado no es residente o no fue servido la petición personalmente; (11) la residencia del solicitante durante el último año, diciendo el condado y la duración de residencia, sustrayendo para cualquier ausencia, y el mantenimiento de la residencia si ha sido en buena fe y no solo para el propósito de obtener una disolucion del matrimonio. I.C.A.§598.5,§598.6, y§598.7. Cada parte también debe presentar un declaración jurada del valor neto (el formulario está disponible con el secretario del corte), a menos que las partes y el juez estén de acuerdo que no sea necesario. I.C.A.§598.13.
Residencia:	No hay período de tiempo si el demandado es un residente de Iowa y le sirvieron los papeles personalmente. Si no, require residencia del solicitante por 1 año. I.C.A.§598.2.
Corte:	En el condado dónde cualquier parte reside. I.C.A.§598.2.
Causas:	NO CULPABILIDAD: Ha sido un daño entre la relación matrimonial hasta el punto que se ha destruido los objetos legítimos del matrimonio y no existe probabilidad razonable que se puede conservar el matrimonio. I.C.A.§598.17. TRADICIONAL: Ninguna. SEPARACIÓN LEGAL: Llamado el "mantenimiento separado". Igual que No Culpabilidad. I.C.A.§598.28.
Tipo de Propiedad:	Distribución equitativa. La culpabilidad no es considerada. La propiedad/Bienes separados es considerado adquirido: (1) por herencia o regalo; o (2) antes del matrimonio. Propiedad/Bienes matrimonial es dividido considerando: (1) la duración del matrimonio; (2) la propiedad/Bienes que uno trajo al matrimonio; (3) la contribución de cada parte al matrimonio; (4) la edad de cada parte, la salud física y emocional; (5) cualquier parte contribuyó a la educación, entrenamiento, y el poder de aumentar el sueldo del otro; (6) la habilidad de cada parte de ganarse la vida, incluyendo su base educativo, entrenamiento, habilidades de empleo, experiencia en el trabajo, la duración de ausencia del mercado del trabajo, las responsabilidades custodiales del niño, y el tiempo y gasto necesario para adquirir la educación y entrenamiento para ser auto-suficiente y mantener el mismo nivel de la vida establecido durante el matrimonio; (7) la conveniencia que permanezca en la casa conyugal el padre con custodia; (8) la cantidad y duración de la pensión alimenticia, y si la división de la propiedad/Bienes debe ser en lugar de o además la pensión alimenticia; (9) las otras circunstancias económicas de cada parte, incluso los beneficios de cualquier pensión; (10) las consecuencias de los impuestos; (11) cualquier acuerdo escrito por las partes; y (12) cualquier otro factor pertinente. I.C.A.§598.21.
Pensión Alimenticia:	Los factores incluyen: (1) la duración del matrimonio; (2) la edad y la salud física y emocional de las partes; (3) la distribución de la Propiedad/Bienes; (4) el nivel educativo realizado por cada parte en el momento de casarse y en el momenton que la petición se archiva; (5) la habilidad por la parte que busca la pensión alimenticia, incluyendo la base educativa, el entrenamiento, las habilidades de empleo, la experiencia del trabajo, el tiempo ausente del mercado de trabajo, las responsabilidades custodiales de los niño, el tiempo y el costo necesitario para adquirir la educación y entrenamiento para encontrar empleo apropiado; (6) la viabilidad de la parte que busca la pensión alimenticia de ser auto-suficiente y mantener un nivel de la vida comparable a eso durante el matrimonio, y el tiempo que se necesita para realizarlo; (7) las consecuencias de impuestos; (8) cualquieres acuerdos entrados por las partes; y (9) cualquieres otros factores pertinentes. I.C.A.§598.2l.
Mantenimiento Económico de los Niños:	Las pautas son publicadas por el Departamento de Servicios Humanos y Sociales.
Custodia de los Niños:	En el mejor interés del niño "que asegurará que el niño tenga la máxima oportunidad para continuar el contacto físico y emocional con ambos padres." Cualquier parte puede pedir la custodia junto legal. Si el juez los rechaza, los hechos deben ser por decreto, mientras se consideran los varios factores en el estatuto. I.C.A.§598.41.
Misceláneo:	Cualquier persona puede pedir cambiarse al nombre en su certificado de nacimiento o el nombre usado antes del matrimonio. Ambas partes pueden pedir esfuerzos obligatorios de conciliacion. I.C.A. §598.37.
Veredicto Final:	DECRETO DE DISOLUCIÓN DEL MATRIMONIO 90 días de espera de la fecha que le sometieron servicio al demandado. I.C.A.§598.19. Vea I.C.A.§598.22B para los indices requeridos por decreto.
UCCJA:	I.C.A.§598A.l.
IDO:	I.C.A.§252D.8.
Reparación Temporal:	I.C.A.§598.11.
Violencia Doméstica:	I.C.A.§236.1.
Anulación:	I.C.A.§598.29.

KANSAS

La Ley:	Estatutos Anotado de Kansas, Sección 60-1601 (K.S.A.§60-1601). Estos volumenes se encuentran o bajo los "Estatutos Anotado de Kansas por Vernon, El Código de Procedimiento Civil" (busque en el volumen 5), o "Estatutos Anotado de Kansas Oficial" (busque en el volumen 4A). La ley más reciente probablemente se encontrará en los suplementos que son parte de un bolsillo "Vernon" y en un encuadernación rústica separado en el volumen "Oficial." (Ambos juegos tienen sistemas del indices muy pobres.)
Formato del Encabezamiento/Partes:	EN EL CORTE DISTRITO Y CONDADO DE ____________________________, KANSAS Con referencia al matrimonio de __________, y __________. [El nombre del Solicitante entra primero, pero las designaciones de "solicitante" y "demandado" no son usados. K.S.A.§60-1604.]
Título de la Demanda:	PETICIÓN DE DIVORCIO Petición debe incluir: (1) la causa por estatuto, sin detalles; y (2) el nombre de cada niño y fecha de nacimiento; y (3) se debe acompañar la Acta De Declaración Uniforme Jurridicional Del Custodia De Niño según K.S.A.§38-1309. K.S.A.§60-1604(c).
Residencia:	Una parte debe ser residente durante por lo menos 60 días. K.S.A.§60-1603.
Corte:	El condado dónde esposo/a reside.
Causas:	NO CULPABILIDAD: "Las partes son incompatibles." K.S.A.§60-1601. TRADICIONAL: (1) la falta de realizar un deber material u obligación matrimonial; (2) la incompatibilidad debido a la enfermedad mental o la incapacidad mental." K.S.A.§60-1601. SEPARACIÓN LEGAL: Llamado "el mantenimiento separado." Las mismas causas que No Culpabilidad y lo tradicional. K.S.A.§60-1601.
Tipo de Propiedad:	Distribución equitativa. Todas las Propiedad/Bienes son matrimonial. Los factores para la división: (1) la edad de las partes, (2) la duración del matrimonio; (3) la Propiedad/Bienes que cada persona posee; (4) la habilidad de cada parte de ganar sueldo hoy y en el futuro; (5) la fecha, el fuente y la manera de adquisición de la Propiedad/Bienes; (6) los lazos familiares y obligaciones; (7) cualquier compensación o falta de la pensión alimenticia; (8) cualquier derrocho de recursos/bienes; y (9) cualquier otro factor pertinente. K.S.A.§60-1610(b)(l).
Pensión Alimenticia:	Llamado "mantenimiento." Limitado a 121 meses, con una sola oportunidad de pedir extensión por otros 121 meses. Culpabilidad no se considera. No hay otros factores por estatuto además que "una cantidad el juez considera ser justo y equitativo considerando todas las circunstancias." Pago debe ser por el secretario de la corte o fideicomisario de la corte. K.S.A.§60-1610(b)(2).
Mantenimiento Económico del Niños:	Las pautas por el Corte Superior sobre el Apoyo Económico del Niño son requeridas bajo K.S.A.§20-165. Pídalos del secretario de la corte o a un bibliotecario de leyes.
Custodia de los Niños:	En el mejor interés del niño considerando: (1) cualquier acuerdo hecho por las partes; (2) la duración el niño ha estado bajo el cuidado y mantenimiento de otra persona además de los padres y explicación de las circunstancias; (3) los deseos de los padres; (4) los deseos del niño; (5) la interacción y relación mutua entre el niño y los padres, hermanos y otras personas significantes; (6) el ajuste del niño a su casa, escuela y comunidad; (7) la buena gana de cada padre y la habilidad de respetar y apreciar los lazos entre el niño y el otro padre; (8) cualquier evidencia de abuso conyugal; y (9) cualquier otro factor pertinente. K.S.A.§60-16-1610(a)(3). Se reconocen cuatro tipos de custodia, en el orden de preferencia al siguiente: (1) junto; (2) exclusivo; (3) dividido (si hay 2 o más niños); y (4) no paternal. K.S.A.§60-1610(a)(4).
Misceláneo:	El nombre de anterior o el apellido de soltera se puede restaurar. K.S.A.§60-1610(c)(l). Se puede pedir o la corte puede mandar que ambos partes asista una consultación de terapia. K.S.A.§60-1608(c). No se puede presidir a una audiencia hasta por lo menos 60 días después de que se somete la petición. K.S.A.§60-1608(a). Usted puede encontrar los formularios en un juego de libros llamados los Formularios Anotados de Kansas por Vernon, El Código de Procedimiento Civil,§16.1, et seq.
Veredicto Final:	EL DECRETO DE DIVORCIO Debe incluir provision sobre la rentención del sueldo. K.S.A.§23-4,107.
UCCJA:	K.S.A.§38-1301.
IDO:	K.S.A.§60-1613 y 23-4,107.
Reparación Temporal:	K.S.A.§60-1607.
Violencia Doméstica:	K.S.A.§60-3101.
Anulación:	K.S.A.§60-1602.

KENTUCKY

La Ley:	Estatutos Revisados de Kentucky, Capítulo 403, Sección 010 (K.R.S.§403.010). Busque en el volumen 14. Están localizados en una carpeta, y con informes más recién al principio de cada volumen titulado el "Current Service" (Servicio Actual).
Formato del Encabezamiento/Partes:	El _______ CORTE CIRCUITO, KENTUCKY [el nombre del Condado dentro del espacio en blanco] Con referencia al matrimonio de __________, Solicitante, y __________,Demandado.
Título de la Demanda:	PETICIÓN PARA LA DISOLUCIÓN DEL MATRIMONIO La petición debe incluir: (1) la edad, ocupación y dirección de la residencia de cada parte, y cuánto tiempo de ser residente del estado; (2) la fecha de matrimonio y el lugar de registro; (3) una declaración que las partes están separadas y la fecha de separación; (4) nombre, edad y dirección de los niños menores, y si la esposa está embarazada; (5) cualquiera arreglo para la custodia, visitación, apoyo económico del niño y la pensión alimenticia; y (6) reparaciones que se buscan. Si ambos partes firman la petición, el servicio no se requiere. K.R.S.§403.150.
Residencia:	Solicitante debe ser residente durante 180 días antes de presentar la petición. K.R.S.§403.140.
Corte:	El condado dónde cualquier parte reside. K.R.S.§452.470.
Causas:	NO CULPABILIDAD: "El matrimonio de las partes está roto irrecuperablemente." K.R.S.§403.140. TRADICIONAL: Ninguna. SEPARACIÓN LEGAL: Lo mismo que No Culpabilidad, también es llamado "el divorcio de cama y comida." Vea K.R.S.§403.050 & 403.140.
Tipo de Propiedad:	Distribución equitativa. La propiedad no matrimonial se adquirió (1) antes del matrimonio; (2) por regalo, o herencia; (3) a cambio de tal propiedad/bienes; (4) después de una separación legal; (5) declarando como propiedad no matrimonial por un acuerdo escrito; y (6) con un aumento en valor a menos que el aumento en valor sea debido a los esfuerzos otra parte. Si los beneficios jubilatorios de una parte no son matrimoniales, también no lo es para la otra parte. La mala conducta matrimonial no se considera. La división de la propiedad matrimonial es determinada por los siguientes factores: (1) la contribución de cada parte a la adquisición; (2) el valor de la propiedad separado; (3) la duración de matrimonio; y (4) las circunstancias económicas de las partes, incluyendo si el padre custodial debe permanecer en la casa matrimonial. K.R.S.§403.190.
Pensión Alimenticia:	Culpabilidad no es considerado. Pensión alimenticia sólo se permite si la persona que busca la pensión alimenticia (1) falta Propiedad/Bienes suficiente para proporcionar para sus necesidades; y (2) es incapaz ser auto-suficiente a través del empleo, o es custodio de un niño cuyo condición o circunstancias lo hace inapropriado buscar empleo. Una vez elegible, la cantidad es determinada considerando los factores siguientes: (1) los recursos financieros persona que busca la pensión alimenticia; (2) el tiempo necesario para adquirir la educación y entrenamiento para volverse empleable; (3) el nivel de la vida establecida durante el matrimonio; (4) la duración del matrimonio; (5) la edad, condición física y emocional de la persona que busca la pensión alimenticia; y (6) la habilidad del que paga la pensión alimenticia de mantener sus propias necesidades. K.R.S.§403.200.
Mantenimiento Económico de los Niños:	Vea K.R.S.§403.212 para las pautas y tables acerca el Apoyo Económico del Niño.
Custodia de los Niños:	En el mejor interés del niño, considerando: (1) los deseos de los padres y niño; (2) la interacción y relación mutua entre el niño y padres, hermanos y otras personas significantes; (3) el ajuste del niño a su casa, escuela y comunidad; y (4) la condición mental y física de todas las personas involucradas. El juez puede conceder la custodia legal juntos si sea en el mejor interés del niño. K.R.S.§403.270.
Misceláneo	El apellido de soltera de esposa se puede restaurar si no hay niño. K.R.S.§403.230. Juez puede fijar un comité asesor para aconsejar los partes. K.R.S.§403.033. Si la esposa está embarazada, el juez puede continuar el caso hasta después del nacimiento. K.R.S.§403.150(7).
Veredicto Final:	DECRETO DE DISOLUCIÓN DEL MATRIMONIO Si las partes tienen niños, no se puede presidir una audiencia hasta por lo menos 60 días después del servicio de la petición al demandado. K.R.S.§403.044. El juico final no se puede someter hasta que las partes hayan "vivido separados" (qué incluye viviendo juntos pero no teniendo relaciones sexuales) durante 60 días. K.R.S.§403-140. El decreto final debe incluir una orden de deducción de ingreso que sea en vigor inmediatamente, a menos que se puede mostrar buena causa. K.R.S.§403.215.
UCCJA:	K.R.S.§403.400.
IDO:	K.R.S.§403.215.
Reparación Temporal:	K.R.S.§403.l60 y 403.280.
Violencia Doméstica:	K.R.S.§403.710.
Anulación:	K.R.S.§403.120.

LOUISIANA

La Ley: El Código Civil LSA por *West's* (LSA representa "Louisiana Statutes Annotated" o Estatutos Anotados de Louisiana), Artículo 102. (C.C., Art. 102). Los libros que contienen las leyes de Louisiana son uno de los juegos más complicados de cualquier estado. Hay realmente varios juegos, a veces dividido por áreas de la ley. Todos los juegos llevan el nombre "Estatutos Anotados de Louisiana " (o "LSA por *West's*," porque son publicados por la compañía de publicación West's) y entonces sigue el área p.ej. "El Código Civil," "Estatutos Revisados" "Procedimiento Civil," etc. Las leyes de divorcio principalmente se encuentran en el juego llamado el Código Civil de los Estatutos Anotados de Louisiana (el LSA Código Civil por *West's*). Como las leyes de divorcio fueron completamente revisados en 1990, necesitará que buscar un volumen de encuadernación rústica separado titulado "Estatutos Anotados de Louisiana por *West's*, Código Civil." Debería ser titulado: "Ch. 1. La Acción de divorcio." Algunas referencias sobre las leyes de divorcio también se encuentran en el Código de Procedimiento Civil (C.C.P.) un juego distinto del LSA.

Formato del Encabezamiento/Partes __________DISTRITO LA CORTE JUDICIAL, PARROQUÍA DE ________________________, LOUISIANA
[apunto el número del Distrito en el primer espacio en blanco]

__________ Demandante, vs.___________,Demandado.

Título de Demanda: PETICIÓN DE DIVORCIO

Residencia: Una parte debe vivir el en Louisiana. C.C.P., Art. l0(A)(7).

Corte: La parroquía dónde cualquier parte se domicilia, o el último lugar donde se domiciliaron las partes mientras juntos. C.C.P., Art. 3941.

Causas: NO CULPABILIDAD: (1) "El Demandante desea ser divorciado del Demandado." Para usar esta causa usted y su esposo deben vivir separados continuamente de la fecha que la petición se archivo hasta 180 días después de que su esposo/a le hizo servicio o que firma una renuncia de servicio. Esto significa que realmente deben vivir separados. No pueden vivir en la misma casa o apartamento. Su Petición también necesita que alegar que una parte vive en Louisiana, y que esa persona vive en la Parroquía (o que la última residencia matrimonial estaba en la parroquía) C.C., Art. 102.(2) "Las partes han vivido separados y no juntos continuamente por un período de 6 meses o más." Esto se puede usar si usted y su esposo están separados durante 6 meses, y no requiere tiempo de espera antes que se someta un juico final. C.C., Art. 103.
TRADICIONAL: (1) El adulterio; (2) la convicción de una felonía y una sentencia de muerte o trabajo duro. C.C., Art. 103.
SEPARACIÓN LEGAL: Vea L.C.C.A.§138 & 142.
CONVENIO EL MATRIMONIO: Si las partes tienen un "matrimonio de convenio," bajo LSA Estatutos Revisados§9:272, sólo se permitirá el divorcio si hay "incumplimiento completo y total del compromiso del convenio matrimonial."

Tipo de Propiedad: Comunidad de propiedad. No hay factor por estatuto. Aunque se considera una parte de la propiedad matrimonial, sera posible obtener una compensación para las contribuciones financieras a la educación de un esposo/a y entrenamiento que aumento del otro, "hasta aquél punto que el demandante no benefició durante el matrimonio del aumento de la posibilidad de mayor ganancias." C.C., Art. 121.

Pensión Alimenticia: La pensión permanente sólo se puede otorgar a un esposo sin culpabilidad y sin los medios suficientes de apoyarse él o ella misma. Limitado a y un tercio del ingreso del pagador. La cantidad es determinada por los siguientes factores: (1) el ingreso, medios y recursos/bienes de cada parte; (2) el valor liquido de los recursos/bienes; (3) las obligaciones financieras y habilidad de ganar sueldo; (4) el efecto de la custodia del niño en la habilidad de ganar sueldo; (5) el tiempo necesario para adquirir educación, entrenamiento o empleo; (6) la salud y edad de las partes, y cualquieres obligaciones de apoyo económico del niño; y (7) cualquier otro factor que el juez decide es pertinente. C.C., Art. 160.

Mantenimiento Económico de los Niños: Basado en (1) las necesidades del niño, y (2) los recursos actuales de cada padre. C.C., Art. 131. Se encuentran pautas y tabla en los LSA Estatutos Revisados, 9:315.

Custodia de los Niños: La custodia junta legal se prefiere y se supone mejor para el niño. Las partes deben someter un plan de custo dia junta. Si una parte pide custodia exclusivo, él o ella debe mostrar que está en el mejor interés del del niño considerado los factores siguientes: (1) el amor del niño, afecto y lazos emocionales con cada padre; (2) la capacidad y disposición de las partes para dar amor, afecto, dirección, educación, y la dirección religiosa; (3) la capacidad y disposición de las partes para dar comida, ropa, cuidado médico, etc al niño., (4) el tiempo que ha estado el niño en un ambiente estable y satisfactorio, y el deseo para la continuidad, (5) la unidad familiar en la casa actual o propuesto; (6) la aptitud moral de las partes; (7) la salud mental y física de las partes; (8) el record del niño en la casa, escuela y comunidades; (9) la preferencia del niño, si de edad suficiente mayor; (10) la buena gana de cada parte para facilitar una relación entre el niño y el otro; (11) la distancia entre las resi dencias de las partes; y (12) cualquier otro factor que el juez decide es apropiado (excepto la raza). C.C., Art.131 & 134.

Misceláneo: No hay regla por estatuto con respeto al cambio del nombre, pero decisiones judiciales permiten que la esposa reasume usar su apellido de soltera. Si no, utilice el estatuto general sobre como cambiar el nom bre.(L.C.C.A.§13-4751).
Cada DISTRITO JUDICIAL puede tener reglas especiales que se encuentran en las Reglas del Corte de Louisiana.
Una conciliación termino una acción de divorcio. C.C., Art. 104.

Veredicto Final: JUICIO DE DIVORCIO

UCCJA: LSA Estatutos Revisados, 13:1700.

IDO: LSA Estatutos Revisados, 46:236.3.

Reparación Temporal: C.C., Art. 111 & 131.

Violencia Doméstica: LSA Estatutos Revisados, 46:2121.1.

Anulación: C.C., Art. 94.

MAINE

La Ley:	Estatutos Revisados Anotados de Maine, El Título19-A, Sección 901 (19-A M.R.S.A.§901). Busque en el Volumen 10A. Ignorar los numeros de "Capítulo".
Formato del Encabezamiento/Partes:	ESTADO DE MAINE, _______ CORTE, _________ CONDADO [El primer espacio en blanco es para "DIS TRITO" or "SUPERIOR, Lea más adelante a "La Corte"] __________ Demandante, vs. __________, Demandado.
Título de la Demanda:	DEMANDA DE DIVORCIO
Residencia:	Debe establecer uno de lo siguiente: (1) el demandante es residente durante 6 meses; (2) el demandante es residente por cualquier período de tiempo y las partes fueron casados en Maine; (3) el demandante es residente por cualquier período de tiempo, y ambos partes eran residentes en el momento que la causa para el divorcio ocurrió; o (4) el demandado es residente. 19-A M.R.S.A.§901.
Corte:	La Corte Distrito en el condado dónde cualquier esposo reside, pero los demandados pueden pedir que se mude al Tribunal Superior.
Causas:	NO CULPABILIDAD: "Las partes tienen diferencias matrimoniales irreconciliables." 19-A M.R.S.A.§902. TRADICIONAL: (1) El adulterio; (2) la impotencia; (3) la crueldad extrema; (4) la deserción durante 3 años; (5) alcoholismo o droga addición; (6) la falta de apoyo por el esposo capaz de apoyar; (7) el tratamiento cruel y abusivo; (8) el encierro para en una institiución mental durante 7 años consecutivos. 19-A M.R.S.A.§902. SEPARACIÓN LEGAL: Una o ambos partes viven separados, o desean vivir separados, por más de 60 días continuos. 19-A M.R.S.A.§581.
Tipo de Propiedad:	Distribución equitativa. Culpabilidad no es considerado. Propiedad separada es propiedad: (1) adquirido antes del matrimonio; (2) adquirido por regalo o herencia; (3) adquirido a cambio de propiedad separada; (4) adquirido después de un decreto de separación legal; (5) declarado separado por un acuerdo de las partes; o (6) el aumentó en valor de la propiedad separada. La division de propiedad matrimonial considera: (1) la contribución de cada parte a la adquisición; (2) el valor de la propiedad separada de cada parte; y (3) las circunstancias económicas de las partes en el momento de división, incluyendo si el custodio del niño debe permanecer en la casa matrimonial. 19-A M.R.S.A.§953.
Pensión Alimenticia:	La corte puede otorgar las bienes raíces a una parte por la vida en vez de la pensión alimenticia. Culpabilidad no es considerado. Los factores: (1) la duración del matrimonio; (2) la habilidad de cada uno de pagar; (3) la edad de cada parte; (4) la historia del empleo de cada parte y empleo potencial; (5) el ingreso de cada parte e ingreso potencial; (6) la educación de cada parte y entrenamiento; (7) los provisiones para la jubilación y los beneficios de seguros de salud; (8) las consecuencias de impuestos a la división de propiedad; (9) la salud de cada parte e incapacidades; (10) las consecuencias de los impuestos de la pensión alimenticia; (11) la contribución de cualquier parte como ama de casa; (12) la contribución de una parte a la educación o el mejor potencial de aumento de ingreso del otro; (13) la mala conducta económica de cualquier parte que produce la disminución de ingreso o propiedad matrimonial; (14) el nivel de la vida establecida durante el matrimonio; (15) cualquier otro factor pertinente; y (16) cualquier mal uso voluntarioso del proceso de la proteción de abuso. 19-A M.R.S.A.§951.
Mantenimiento Económico de los Niños:	Las pautas se encuentran en 19-A M.R.S.A.§l653, 2001-2008.
Custodia de los Niños:	En el mejor interés del niño considerando: (1) la edad de niño, (2) la relación del niño con cada parte y otras personas significantes; (3) la preferencia del niño, si es de edad conveniente y mayor; (4) la duración y arreglo adecuado de vivienda del niño, y el deseo de mantener continuidad; (5) la estabilidad del arreglo de vivienda propuesta; (6) la motivación de las partes y su capacidad de dar amor, afecto y dirección; (7) el ajuste del niño a su casa, escuela y comunidad; (8) la capacidad de cada parte de permitir y animar una relación entre el niño y la otra parte; (9) la capacidad de cada parte de cooperar en el cuidado del niño; (10) los métodos para adelantar cooperación entre padres y resolver las disputas, y la buena gana de cada parte en usar estos métodos; (11) el efecto hacia al niño si un padre tiene autoridad exclusivo con respecto a la educación; (12) cualquier historia de abuso doméstico; y (13) cualquier otro factor pertinente. 19-A M.R.S.A.§1653.
Misceláneo:	Cada parte puede cambiar su nombre a cualquier otro nombre. 19-A M.R.S.A.§1051. En los divorcios sin dis puta, no se require el testimonio corroborativo de testigo. 19-A M.R.S.A.§901.4.
Veredicto Final:	JUICO DE DIVORCIO
UCCJA:	19-A M.R.S.A.§1701.
IDO:	19 M.R.S.A.§954.
Reparación Temporal:	19-A M.R.S.A.§904.
Violencia Doméstica:	19-A M.R.S.A.§4001.
Anulación:	19-A M.R.S.A.§752.

MARYLAND

La Ley:	El Código Anotado de Maryland, Ley Familiar, Sección 7-101 (A.C.M.,§7-101 Ley Familiar). Estos volumenes son arreglados por tema. Esté seguro que tiene el volumen marcado la " Ley Familiar."
Formato del Encabezamiento/Partes:	EN EL CORTE CIRCUITO DE_______ CONDADO, MARYLAND, _______________ Demandante, vs. _______________, Demandado.
Título de la Demanda:	DECLARACIÓN DE DIVORCIO
Residencia:	Residencia de una parte, pero no hay limites de tiempo si la causa para el divorcio se ocurrió en Maryland. Si no, una parte debe ser residente durante por lo menos 1 año antes de archivar. A.C.M.,§7-101 Ley Familiar. Si la causa para el divorcio es la locura, el límite se aumenta a 2 años. Usted necesitará que un testigo verifique el requisito de residencia.
Corte:	En condado dónde cualquier parte reside.
Causas:	NO CULPABILIDAD: (1) "Las partes han vivido separado voluntariamente durante 12 meses sin interrupción o convivencia y no hay expectativa razonable de conciliación." (2) "Las partes han vivido separado sin convivencia o interrupción durante 2 años." Los dos de éstos requieren que realmente vivan separados. A.C.M., §7-103-(a)(3) + (5) Ley Familiar. TRADICIONAL: (1) El adulterio; (2) la deserción deliberado durante 12 meses sin la oportunidad para la conciliación; (3) el encierro por la locura incurable de por lo menos 3 años; (4) la convicción de una felonía o delito menor que lleva por lo menos una sentencia de 3 años o una sentencia indeterminada, pero sólo después de que 1 año se ha servido; (5) sin en una institución la locura mental durante 3 años, y es determinado por 2 médicos que la locura es incurable y no hay esperanza de recuperación. A.C.M.,§7-103 Ley Familiar. SEPARACIÓN LEGAL: Llamado "el divorcio limitado," qué puede ser temporal o permanente. Se debe hacer el esfuerzo de buena fe para reconciliar: (1) el tratamiento cruel del esposo/a o niño; (2) la conducta excesivamente malvada hacia esposo/a o niño; (3) la deserción; (4) la separación voluntaria si están viviendo separados sin la convivencia y con ninguna expectativa razonable de conciliación. A.C.M.,§7-102 Ley Familiar.
Tipo de Propiedad:	Distribución equitativa. Propiedad matrimonial no incluye propiedad: (1) adquirido antes del matrimonio; (2) adquirido por regalo o herencia; (3) excluido por acuerdo, y (4) directamente identificable a estos fuentes. Propiedad matrimonial se divide considerado los factores siguientes: (1) la contribución de cada parte al bienestar de la familia; (2) el valor de todo el interés de la propiedad; (3) las circunstancias económicas de cada uno; (4) circunstancias que contribuyen al divorcio; (5) la duración del matrimonio; (6) las edades de las partes; (7) la condición física y mental de las partes; (8) cómo y cuando la propiedad era adquirido, y los esfuerzos de cada parte por adquirir la propiedad; (9) la contribución por una parte de usar la propiedad no matrimonial para adquirir propiedad mancomún por las totalidades; (10) cualquier compensación de pensión alimenticia o uso de casa matrimonial; (11) cualquier otro factor el juez considera apropiado. A.C.M.,§8-201, 8-203 & 8-205 Ley Familiar.
Pensión Alimenticia:	Factores: (1) la habilidad de la persona que busca pensión alimenticia de ser auto-suficiente; (2) el tiempo necesario para ganar educación y entrenamiento suficiente; (3) el nivel de la vida establecida durante el matrimonio; (4) la duración del matrimonio; (5) las contribuciones de cada uno al bienestar de la familia; (6) circunstancias que contribuyen al divorcio; (7) la edad de las partes; (8) la condición física y mental de las partes; (9) la habilidad del pagador de la Pensión alimenticia para alcanzar sus propias necesidades; (10) cualquier acuerdo de las partes; (11) las necesidades financieras de las partes, incluso el ingreso y recursos/bienes, compensación de Propiedad, la clase y cantidad de obligaciones financieras, y derechos a beneficios de jubilación. La pensión alimenticia indefinido generalmente se limte un periódo reparativo pero se puede otorgarse si: (1) no es razonable esperar el progreso debido a la edad, enfermedad o invalidez; o (2) después de todos los años, los niveles de la vida de cada persona serán inconscientemente dispares. A.C.M.,§11-106 Ley Familiar.
Mantenimiento Económico de los Niños:	Las pautas y tables se encuentran en A.C.M.,§12-201 y 12-204 Ley Familiar.
Custodia de los Niños:	No hay factores por estatuto, excepto el abuso que se menciona en A.C.M.,§9-101 Ley Familiar.
Misceláneo:	Cualquier parte puede tener su nombre de antes restaurado. A.C.M.,§7-105 Ley Familiar.
Veredicto Final:	DECRETO ABSOLUTO DE DIVORCIO
UCCJA:	A.C.M.,§9-201 Ley Familiar.
IDO:	A.C.M.,§10-120 Ley Familiar.
Reparación Temporal:	A.C.M.,§11-102 (Pensión alimenticia) y 12-101 (Apoyo Económico del Niño) Ley Familiar.
Violencia Doméstica:	A.C.M.,§4-501 Ley Familiar.
Anulación:	A.C.M.,§8-201 Ley Familiar.

MASSACHUSETTS

La Ley:	Leyes Anotados de Massachusetts, Capítulo 208, Sección 1. (A.L.M., C.208§1).
Formato del Encabezamiento/Partes:	SOCIEDAD DE MASSACHUSETTS, LA CORTE TESTAMENTARIA, __________ Co-Solicitante, y __________,Co-Solicitante. [Si es No Culpabilidad con un arreglo de acuerdo] __________ Solicitante, y __________, Demandado. [Si es No Culpabilidad sin un arreglo de acuerdo] __________, Demandante, vs. __________,Demandado. [Si la causa tradicional de culpabilidad se alega]
Título de la Demanda:	PETICIÓN DE DIVORCIO [Si se usa causa de no culpabilidad] DEMANDA DE DIVORCIO [Si se usan causas basicas tradicionales] La petición o Denuncia se debe acompañar un formulario de informe estadístico que se puede obtener del registrador de la corte testamentaria.
Residencia:	Una parte deben ser una residente, sin el límite de tiempo, si Causas para el divorcio se levantó en el Estado. A.L.M., C.208§4. Por otra parte, la parte que solicita el divorcio debe ser un residente durante por lo menos 1 año antes de presentar la petición. A.L.M., C.208§5.
Corte:	Condado en que los partes vivieron en último lugar juntos. Si ninguna parte reside en ese condado, entonces cualquier condado dónde cualquier parte reside. A.L.M., C. 208§6.
Causas:	NO CULPABILIDAD: "Ha occurido un quebrantamiento irrecuperable del matrimonio." A.L.M., C. 208§1. TRADICIONAL: (1) El adulterio; (2) la impotencia; (3) la deserción sin el mantenimiento durante 1 año; (4) alcoholismo o abuso de droga; (5) el tratamiento cruel y abusivo; (6) la falta de mantenimiento voluntario; (7) encarcelamiento por más de 5 años. A.L.M., C. 208§,1A, 1B & 2. SEPARACIÓN LEGAL: (1) El fallo de proporcionar mantenimiento sin causa; (2) la deserción; (3) esposo/a le dió la parte que solicitó la petición razón para vivir separado. A.L.M., C. 209.
Tipo de Propiedad:	Distribución equitativa. Los factores: (1) la duración del matrimonio; (2) la conducta de las partes durante el matrimonio; (3) la edad, salud, puesto, ocupación, cantidad y fuentes de ingreso, habilidades profesionales, habilidad de ser empleado, propiedad, obligaciones y necesidades de cada uno; (4) la oportunidad para adquirir recursos/bienes e ingreso importante en el futuro; (5) las necesidades de niños dependientes hoy y en el futuro; (6) la contribución de cada uno a la adquisición, preservación o apreciación de la propiedad. A.L.M., C. 208§lA & 34.
Pensión Alimenticia:	Los mismos factores como los de la propiedad. A.L.M., C. 208§lA & 34.
Mantenimiento Económico de los Niños:	No hay factor por estatuto. A.L.M., C. 208§28. Pautas creadas por "la justicia principal de la administración."
Custodia de los Niños:	No hay factor por estatuto; sólo conceptos generales incluyendo el mejor interés del niño. A.L.M., C. 208§31.
Misceláneo:	El procedimiento simplificado en casos de No Culpabilidad: Archive (1) la petición firmado por ambos partes; (2) la declaración jurada que un quebrantemiento irrecuperable en el matrimonio existe; y (3) una separación escrito o un arreglo de acuerdo firmado por ambos partes. Juico se entrará 6 meses después de la audiencia judi cial y la aprobación del juez con el acuerdo de la separación. A.L.M., C. 208§1A. Si no hay acuerdo de sepa ración firmado, la audiencia se suspende por lo menos 6 meses después de solicitar, y el juico se sometará si el corte halle un quebrantamiento irrecuperable del matrimonios por un tiempo continuo desde que se solicitara hasta que se asiste la audiencia. A.L.M., C. 208§1B. Algunos formularios de muestra se pueden encontrar en el Apéndice de Formularios de las Reglas del Corte de Massachusetts para los casos donde se usa la causa tradicional basado por culpabilidad. La esposa puede tener su nombre de soltera o de antes restaurado. A.L.M., C. 208§23.
Veredicto Final :	JUICIO DE DIVORCIO El Juico no se finaliza (o "absoluto") hasta 90 días después de que se somete, a menos que el juez pida otra fecha. Esto significa que ninguno se puede casarse de nuevo hasta que el juico sea final.
UCCJA:	A.L.M., C.209B§1.
IDO:	A.L.M., C.119A§12 y C. 273A§l0.
Reparación Temporal:	A.L.M., C.208§17, 18, 19, 20, & 28A.
Violencia Doméstica:	A.L.M., C.209A§1.
Anulación:	A.L.M., C.207§14.

MICHIGAN

La Ley: Michigan tiene dos juegos oficiales de leyes, cada uno de un publicador diferente. Cada uno tiene un sistema de enumeración completamente diferente. Se dan las referencias de ambos juegos pero la mayoría de las bibliotecas sólo llevan un juego de volumenes. Las leyes de divorcio se encuentran en: Estatutos Anotated de Michigan, Sección 25.86 (M.S.A.§25.86); y Leyes Recompilado Anotados de Michigan, Sección 552.6 (M.C.L.A.§552.6). Ignore el volumen y el número de capítulo, y busque los números de sección.

Formato del Encabezamiento/Partes EL ESTADO DE MICHIGAN ________JUDICIAL CIRCUITO, ________CONDADO [el número de Circuito en el primer espacio en blanco] ______________,Complainant, vs. ______________, Demandado.

Título de la Demanda: DEMANDA DE DIVORCIO

Residencia: Una parte debe ser residente del estado durante 180 días, y del condado durante 10 días, antes de peticionar. Los 10 días en el condado pueden ser renunciados si: (1) el demandado nació en, o es ciudadano de un país extranjero; y (2) las partes tienen niños menores; y (3) hay información que permitirá al juez concluir razonablemente que hay peligro que el niño se saque de los Estados Unidos por el demandado. M.S.A.§25.89; M.C.L.A.§552.9. Si la quebra del matrimonio ocurrió fuera de Michigan, una parte debe ser residente por 1 año, o se debe demostrar que vivieron juntos como marido y esposa dentro del estado, antes de que se someta un juico. M.S.A.§25.89(5) & (6); M.C.L.A.§552.9e & f.

Corte: Condado dónde cualquier parte ha residido durante 10 días antes de solicitar. M.S.A.§25.89; M.C.L.A.§552.9.

Causas: No CULPABILIDAD: "Ha ocurrido un quebrantemiento de la relación de matrimonio hasta el punto que se han destruido los objetos de matrimonio y no hay probabilidad razonable que se puede conservar el matrimonio." No hay otra explicación ni se permiten detalles. M.S.A.§25.86; M.C.L.A.§552.6.
TRADICIONAL: Ninguna.
SEPARACIÓN LEGAL: Lo mismo que No Culpabilidad. Llamado "el mantenimiento separado." M.S.A.§25.87; M.C.L.A.§552.7.

Tipo de Propiedad: Distribución equitativa. Beneficios jubilatorios creadas y acumulados durante el matrimonio son recursos/bienes matrimoniales. M.S.A.§25.98; M.C.L.A.§552.18. No hay criterio específico que se lista por estatuto; sólo que la propiedad será dividido como el juez "juzgará justo y razonable." M.S.A.§25.99; M.C.L.A.§552.19.

Pensión Alimenticia: Pensión Alimenticia se puede otorgar si "la propiedad y los efectos otorgados, son insuficientes para el apoyo adecuado y el mantenimiento de cualquiera parte y cualquieres niños del matrimonio que estén en su custodia y están comprometidos a su cuidado." La cantidad se determinará "como la corte juzga ser justo y razonable, después de considerar la habilidad de cada parte de pagar, el carácter y la situación de las partes, y todas otras circunstancias del caso." M.S.A.§25.103; M.C.L.A.§552.23.

Mantenimiento Económico de los Niños: Basado en la fórmula desarrollada por la Oficina Estatal del Amigo del Corte. M.S.A.§25.96; M.C.L.A.§552.5 16.
Apoyo Económico del Niño puede continuar más allá de la edad de 18 si el niño está asistiendo a la escuela secundaria regularmente en una base jornada completa, con una expectativa razonable de graduar mientras que reside con el padre de custodia; pero no más allá de la edad de 19 años, y 6 meses. M.S.A.§25.96(1); M.C.L.A.§552.16a.

Custodia de los Niños: En el mejor interés del niño, considerando los factores siguientes: (1) el amor, afecto y otros lazos emocionales que existen entre el padre y el niño; (2) la capacidad y disposición de cada uno para dar el amor, afecto, dirección y continuar de proveer educación y criar al niño en su religión; (3) la capacidad y disposición de cada uno proporcionar comida, ropa y cuidado médico; (4) el tiempo el niño ha vivido en un ambiente estable y satisfactorio, y el deseo de mantener la continuidad; (5) la unidad familiar de la casa de custodia actual o propuesto; (6) la aptitud moral de los padres; (7) la salud mental y física de los padres y el niño; (8) el record del niño en la casa, escuela y comunidad; (9) preferencia del niño, si es de edad suficiente mayor; (10) la buena gana y habilidad de los padres de facilitar y animar una relación entre el niño y el otro padre; y (11) cualquier otro factor pertinente. M.S.A.§25.312(3); M.C.L.A.§722.23. La custodia junta puede ser considerada. M.S.A.§25.312(6a); M.C.L.A.§722.26a.

Misceláneo: Formas obligatorios y oficiales son disponibles del Secretario del Corte Circuito, y son parte de los libros de Formas Administrativas del Tribunal Superior de Michigan. Todos los casos involucrarán alguna interacción con el Amigo Corte, p.ej. como determinar el Apoyo Económico del Niño, custodia, pensión alimenticia, y preguntas sobre la división de propiedad; y después la ejecución del juico. Para los detalles de funcionamiento y deberes del Amigo de la Corte, vea M.S.A.§25.176(1); M.C.L.A.§552.501.

Veredicto Final: JUICIO DE DIVORCIO
Una audiencia no se puede presidir hasta por lo menos 60 días después de solicitar; o 6 meses si niños menores están involucrados, a menos que se pueda mostrar un periodo de misera. M.S.A.§25.89(6); M.C.L.A.§552.9f. El Juico debe incluir las provisiones siguientes: (1) que ambas partes deben avisar al Amigo de la Corte el nombre y dirección de su empleador actual u otro fuente de ingreso; (2) que ambos partes deben avisar al Amigo de la Corte de "cualquier seguro medico que le está disponible como un beneficio de empleo o que es mantenido por él o ella; el nombre de la compañía del seguro, la organización de salud, u organización de mantenimiento de salud; la políza, certificado, o número del contrato; y los nombres y fecha de nacimiento de las personas que benefician del mantenimiento del seguro en la políza, certificado, o contrato"; (3) una provisión que "uno o ambos padres obtendrán o mantendrán seguro medico que está disponible a ellos a un costo razonable, como un beneficio de empleo, para el beneficio de los niños menores de las partes"; y (4) que la rentención del sueldos tomará efecto inmediatamente.

UCCJA: M.S.A.§27A.651; M.C.L.A.§600.651.

IDO: M.S.A.§25.164(4); M.C.L.A.§552.604.

Reparación Temporal: M.S.A.§25.93, 25.94 & 25.95; M.C.L.A.§552.13, 552.14 & 552.15.

Violencia Doméstica: M.S.A.§27A.2950; M.C.L.A.§600.2950.

Anulación: M.S.A.§25.83 y 25.111 a 25.115; M.C.L.A.§552.3 y 552.35 a 552.39.

MINNESOTA

La Ley: Estatutos Anotados de Minnesota, Sección 518.002 (M.S.A.§518.002). La mirada para el el Volumen 31. Busque el libro Como solicitar el divorcio en Minnesota, de Sourcebooks, Inc.

Formato del Encabezamiento/ Partes: EL ESTADO DE MINNESOTA CORTE DEL DISTRITO,
CONDADO DE ______, ______ DISTRITO JUDICIAL,
Con referencia al matrimonio de __________,Co-Solicitante, y __________, Co-Solicitante. [Juntos, proced imiento simplificado]
Con referencia al matrimonio de __________, Solicitante, y __________, Demandado. [Procedimiento típico]

Título de la Demanda:PETICIÓN PARA LA DISOLUCIÓN DEL MATRIMONIO
Petición debe incluir: (1) el nombre, dirección, y el número de seguro social del solicitante, y cualquier otro nombre usado antes; (2) el nombre, dirección, y seguro del demandados y cualquier otro nombre usado antes, si es conocido; (3) el lugar y fecha de matrimonio; (4) una declaración que el requisito de 180 días de residencia se han establecido; (5) el nombre de cada niño y cualquier otro nombre usado antes, edad, fecha de nacimiento, y número de seguro social y la fecha aproximada del parto si la esposa está embarazada; (6) si hay otro procedimiento para la disolución del matrimonio, separación legal o la custodia de niños está pendiente en otro estado; (7) causas para la disolución; y (8) cualquier demanda para pensión alimenticia temporal o permanente, apoyo económico del niño, de custodia del niño, división de propiedad, cuotas de los abogados, o costos, sin declarar las cantidades. M.S.A.§518.10. Vea M.S.A.§518.091 para el lenguaje requerido para el orden del inhibitorio automático que debe estar en los citatorios. demandado tiene 30 días para archivar una respuesta. M.S.A.§518.12.

Residencia/Corte: Una parte debe ser residente durante por lo menos 180 días antes de archivar. M.S.A.§518.07. Archive en condado dónde cualquier parte reside. M.S.A.§518.09.

Causas: NO CULPABILIDAD: "Ha sido un quebrantamiento irrecuperable en la relación matrimonial." Uno de los siguientes tendrá que existir: (1) discordia matrimonial grave que afecta la actitud de uno o de los dos esposos adversamente hacia el matrimonio, o (2) las partes han estado viviendo separado durante 180 días antes de archivar. M.S.A.§518.06 y 518.10.
TRADICIONAL: Ninguna.LA
SEPARACIÓN LEGAL: Ambos necisitan una "Separación Legal." M.S.A.§518.06 & 518.10.

Tipo de Propiedad: Distribución equitativa. Culpabilidad no es considerado. Propiedad no matrimonial es: (1) adquirido antes del matrimonio; (2) adquirido por regalo o herencia; (3) adquirido a cambio de o aumenta en el valor de propiedad no matrimonial; (4) adquirido después de la fecha de valoración (la fecha de la conferencia de preaudiencia sobre el arreglo de acuerdo); o (5) de la ración en el acuerdo prenuptial M.S.A.§5 18.54 subd. 5. Los factores que dividen la propiedad matrimonial son: (1) la duración del matrimonio; (2) otros matrimonios; (3) la edad de cada parte, salud, nivel de vida, ocupación, cantidad y fuentes de ingreso, habilidades profesionales, habilidad de ser empleado, propiedades, obligaciones, y necesidades; (4) la oportunidad de cada parte para la adquisición futura de recursos/bienes importantes; (5) el ingreso de cada parte; y (6) la contribución de cada parte a la adquisición, preservación, depreciación o apreciación de recursos/bienes. Hay un preanudación conclusivo que ambos partes contribuyeron substancialmente a la adquisición de propiedad e ingreso durante el tiempo que ellos vivieron juntos como marido y esposa. M.S.A.§518.58.

Pensión Alimenticia: Llamado "mantenimiento." Culpabilidad no se considera. A cualquier persona se le puede otorgar si él o ella: (1) falta Propiedad suficiente para satisfacer sus propias necesidades; o (2) es incapaz ser auto-suficiente a través del empleo, o no se exige buscar el empleo debido a las responsabilidades como ser custodio del niño. La cantidad y duración de la pensión alimenticia es determinada por: (1) los recursos financieros de la persona que busca la pensión alimenticia; (2) tiempo necesitado para la educación y entrenamiento para encontrar empleo apropiado; (3) el nivel de la vida establecida durante el matrimonio; (4) la duración del matrimonio, y, para una ama de casa, el tiempo ausente del empleo y la educación, hasta que punto sus habilidades o experiencia sean antiguos y la habilidad de ganar un sueldo es permanentemente disminuida; (5) cualquier pérdida de ganancias, la antigüedad, beneficios de jubilación, u otras oportunidades de empleo perdidas; (6) la edad, condición física y emocional de la parte que busca la pensión alimenticia; (7) la habilidad de la otra parte de satisfacer sus propias necesidades mientras que pague la pensión alimenticia; y (8) la contribución de cualquier parte a la adquisición, preservación, depreciación, o apreciación de Propiedad matrimonial, y en el adelanto de otro empleo o negocio. M.S.A.§518.552.

Mantenimiento : Las pautas acerca de apoyo económico se pueden encontrar en M.S.A.§518.551. También vea M.S.A.§5 18.57.
Económico de los Niños Custodia del Niño: Los factores: (I) deseos de los padres; (2) preferencia del niño si es de edad suficiente; (3) la custodia principal del niño; (4) la relación intíma entre el niño y cada padre; (5) la interración y relación entre el niño y sus padres, hermanos, y otras personas significantes; (6) el ajuste del niño a su casa, escuela, y comunidad; (7) el tiempo el niño ha estado en un ambiente estable y satisfactorio y el deseo de mantener la continuadad; (8) la unidad de la familia del hogar actual o propuesta; (9) la salud mental y física de todos involucrados; (10) la capaciadad de cada padre para dar y disponir amor, cariño, dirección, y coninuar edu cando y criando el niño en su propia cultura y religion, si alguna; (11) origins culturales del niño; (12) el efecto de la violencia doméstica, si alguna, al niño; y (13) cualquier otro factor pertinente. También se incluye considera ciones adicionales cuando se pide custodia junta. M.S.A.§518.17. Vea M.S.A.§518.179 para la lista de actos crim inales que prohiben la custodia.

Misceláneo: Un procedimiento "disolución sumaria" está disponible si: (1) no hay niños menores; (2) la esposa no esta embarazada; (3) las partes han estado casados por menos de 8 años; (4) no hay bienes raices; (5) las duedas en total son menos de $8,000, y no incluye prestámos de auto; (6) los recursos/bienes matrimoniales en total no son más de $25,000; (7) ninguno tiene recursos/bienes no matrimoniales más de $25,000; y (8) no hay ningún abuso doméstico. Los formularios están disponibles del secretario de la corte. M.S.A.§518.195. No se requiere audiencia si: (1) no hay niños, (2) las partes han escrito un acuerdo o si el demandado falta de contestar; o (1) si hay niños, (2) las partes han escrito un acuerdo, y (3) ambos partes tienen abogado. M.S.A.§518.13, Subsección. 5. Cualquiera puede cambiar su nombre a cualquier nombre. M.S.A.§518.27. La licencia profesional se puede suspender por la falta de pago del apoyo económico del niño. (M.S.A.§518.551, el Subsección. 12). y licencia para manejar (M.S.A.§518.551, Subsección. 13).

Veredicto Final: DECRETO DE DISOLUCIÓN DEL MATRIMONIO
Decreto debe incluir provisiones para el seguro médico (M.S.A.§518.171); el número de seguro social, la fecha de nacimiento, y el nombre y dirección del empleador de la persona que va a pagar el apoyo económico del niño (M.S.A.§518.613, Subsección. 2); y algunas provisiones de custodia (M.S.A.§518.17, Subsección. 3b).

UCCJA: M.S.A.§518A.0l.
IDO: M.S.A.§518.6111.
Reparación Temporal: M.S.A.§5l8.13l; 518.185; y 518.62.
Violencia Doméstica: M.S.A.§518B.0l.
Anulación: M.S.A.§518.03.

MISSISSIPPI

La Ley:	El Código de Mississippi 1972 Anotado, Sección 93-5-1 (M.C.§93-5-1). Busque en el Volumen 20.
Formato del Encabezamiento/Partes	CORTE DE CANCILLERÍA ________________ CONDADO, el ESTADO DE MISSISSIPPI, ________________ Complainant, contra ________________, Demandado.
Título de la Demanda:	DECLARACIÓN DE LA DEMANDA DE DIVORCIO Sólo alegue las causas por estatuto; no agregue detalles de los hechos para mostrar la causa. M.C.§93-5-7. Si no está usando la causa de diferencias irreconciliables, debe solicitar una petición junto con una declaración jurada donde se declara que la Petición no se está presentado en la colusión con el demandado para obtener un divorcio, sino que las causas del divorcio son verdaderas como declarados. M.C.§93-5-7.
Residencia:	Uno debe de haber sido residente durante por lo menos 6 meses antes de solicitar, y no haberse mudado a Mississippi con el propósito de obtener un divorcio. M.C.§93-5-5.
Corte:	NO CULPABILIDAD: (1) Si ambos partes son residentes, del condado donde cualquier reside, o (2) Si el demandado no sea residente, en el condado dónde el solicitante reside. TRADICIONAL: (1) si el demandado es residente, en el condado dónde el demandado reside, o el último lugar donde los dos vivieron juntos o (2) si el demandado no es residente, en el condado dónde el solicitante reside. M.C.§93-5-11.
Causas:	NO CULPABILIDAD: "Los partes tienen diferencias irreconciliables." El divorcio no se concederá a menos que ambos tengan un acuerdo escrito acerca la propiedad, custodia, y mantenimiento del niño y la pensión alimenticia; o se firme un consentimiento para permitir la corte determinar estas temas. Ambos deben estar de acuerdo de que hay diferencias irreconciliables, por consiguiente puede ser una buena idea alegar una causa tradicional (si uno aplica) junto con las diferencias irreconciliables (por si acaso que su esposo no estará de acuerdo). M.C.§93-5-2. TRADICIONAL: (1) La impotencia; (2) el adulterio; (3) encarcelación; (4) la deserción voluntariosa durante por lo menos 1 año; (5) alcoholismo o droga addición; (6) tratamiento cruel e inhumano; (7) la locura del demandado en el momento de matrimonio, pero sólo si el solicitante no sabía de la locura; (8) la bigamia; (9) la esposa está embarazada por otro en el momento de matrimonio sin el consentimiento del marido; (10) el incesto; y (11) el encierro para la locura incurable durante 3 años. M.C.§93-5-1 & 93-5-7. SEPARACIÓN LEGAL: Ninguna. M.C.§93-5-23.
Tipo de Propiedad:	No hay aprovisiones por estatuto para la división de la propiedad y deja que el asunto sea interpretada por el juez basado las decisiones anteriores. Éstos son principalmente basados en el concepto del "título," donde cada parte mantiene lo que es titulado en su nombre. Propiedad juntamente titulado será dividido por el juez. Este sistema tiene una historia de favorecer al marido. Ultimamente, jueces han compensado este resultado injusto con otorgando liberalmente la pensión alimenticia con una cantidad alzada, o considerando las contribuciones de la esposa a adquirir la propiedad.
Pensión Alimenticia:	No hay factor por estatuto. Cualquiera le pueden otorgar pensión alimenticia. Culpabilidad no es considerado. Vea M.C.§93-5-23.
Mantenimiento Económico de los Niños:	No hay factor por estatuto. Generalmente, el apoyo económico es una cantidad determinada por las habilidades de las partes y por los ingresos relativos y proporcionados. M.C.§93-5-23, 93-11-64 & 93-11-65.
Custodia de los Niños:	No hay factor por estatuto. El niño puede escoger si tiene por lo menos 12años de edad. Hay un preanudación a favor de la custodia junta, con respeto a lo físico y fabricación de decisión. El juez puede requerir un plan de custodia de parte de los padres. M.C.§93-3-23 & 93-5-24.
Veredicto Final:	DECRETO DE DIVORCIO Una audiencia no se pueden presidir hasta por lo menos 60 días después de solicitar el divorcio.
UCCJA:	M.C.§93-23-1.
IDO:	M.C.§93-12-1.
Reparación Temporal:	No está en el estatuto.
Violencia Doméstica:	M.C.§93-21-1.
Anulación:	M.C.§93-7-1.

MISSOURI

La Ley:	Estatutos Anotado de Missouri por Vernon, El Capítulo 452, Sección 452.300 (A.M.S.§452.300). Busque en el el Volumen 24.
Formato del Encabezamiento/Partes:	EN EL CORTE CIRCUITO DE _______ CONDADO, MISSOURI Con referencia al matrimonio de __________,Co-Solicitante, y __________,Co-Solicitante. [Si la peticíon se hizo conjuntamente] Con referencia al matrimonio de __________, Solicitante, y __________, Demandado. [Si la petición no se hizo conjuntamente]
Título de la Demanda:	PETICIÓN PARA LA DISOLUCIÓN DEL MATRIMONIO Petición debe incluir: (1) la causa para el divorcio; (2) la residencia de cada parte y la duración de residencia; (3) la fecha de matrimonio y el lugar de registro; (4) la fecha de separación; (5) el nombre de cada niño, edad y dirección, y con quién el niño ha vivido principalmente los ultimos 60 días; (6) si la esposa está embarazada; (7) cualquier acuerdos acerca la custodia, apoyo económico del niño, o pensión alimenticia; (8) el número de seguro social de cada persona y el nombre del empleador y dirección, si es conocido; y (8) las reparaciones que busca. A.M.S.§452.310 & 452.312. Se debe la respuesta del demandado 30 días después del servicio. A.M.S.§452.310.
Residencia:	Uno debe ser residente durante por lo menos 90 días antes de presentar la petición. A.M.S.§452.305.
Corte:	Condado dónde cualquiera reside. A.M.S.§452.300.
Causas:	NO CULPABILIDAD: "El matrimonio de las partes está roto irrecuperablemente, y no hay probabilidad razonable que se puede conservar el matrimonio." (Pero vea a la sección "Misc." más adelante). A.M.S.§452.305 y.310. TRADICIONAL: Ninguna. SEPARACIÓN LEGAL: "El matrimonio está roto irrecuperablemente y no hay una probabilidad que se pueden conservar el matrimonio." A.M.S.§452.305.
Tipo de Propiedad:	Distribución equitativa. La propiedad no matrimonial es: (1) adquirido antes del matrimonio; (2) adquirido por regalo o herencia; (3) adquirido a cambio de (1) o (2); (4) adquirido después de un decreto de separación legal; (5) declarado por un acuerdo; o (6) el aumentó en valor, excepto lo que se debe al labor recursos/bienes o matrimonial. Los factores para dividir la propiedad matrimoniales son: (1) las circunstancias económicas de ambos, incluyendo si el custodio permanecerá en la casa matrimonial; (2) la contribución de cada uno a la adquisición de la propiedad; (3) el valor de propiedad no matrimonial; (4) la conducta de cada uno durante el matrimonio; (5) los arreglos de la custodia; y (6) cualquier otro factor pertinente. A.M.S.§452.330.
Pensión Alimenticia:	Llamado "mantenimiento." Cualquier parte se le pueden otorgar si a él o ella: (1) la falta propiedad suficiente para satisfacer sus propias necesidades; y (2) es incapaz ser auto suficiente a través del empleo apropiado. La cantidad y duración es determinada por: (1) los recursos financieros de la persona que busca la pensión alimenticia; (2) el tiempo necesario para la educación y entrenamiento para obtener empleo apropiado; (3) las capacidades de ganar sueldos comparativas; (4) el nivel de la vida establecido durante el matrimonio; (5) las obligaciones recursos/bienes de cada uno y; (6) la duración del matrimonio; (7) la edad, condición física y emocional del que busca pensión alimenticia; (8) la habilidad por la parte que paga la pensión alimenticia de alcanzar pagar sus propios gastos; (9) la conducta de cada parte durante el matrimonio; y (10) cualquier otro factor pertinente. El decreto debe declarar si pensión alimenticia se puede modificar. A.M.S.§452.335.
Mantenimiento Económico de los Niños:	Los factores: (1) las necesidades financieras y recursos de niño; (2) los recursos financieros y necesidades de los padres; (3) el nivel de vida el niño habriá tenido si no hubiera divorcio; (4) la condición física y emocional del niño, y las necesidades educativas; (5) el arreglo de la custodia físico y legal del niño, incluso el tiempo gastado con cada padre y los gastos razonables asociados con la custodia y arreglo de la visitación; y (6) los razonables gastos relacionados al trabajo p.ej. la guardería del niño. A.M.S.§452.340. Verifique con el secretario de la corte para las pautas publicadas. Se prohibe custodia al padre declarado culpable de abuso. A.M.S.§452.340.
Custodia de los Niños:	El mejor interés del niño es considerando: (1) los deseos de los padres; (2) los deseos del niño; (3) la interacción y relación mutua entre el niño y los padres, hermanos, y otras personas significantes; (4) el ajuste del niño a su casa, escuela y comunidad; (5) la salud mental y física, y cualquier historia de abuso, de todas las personas involucradas; (6) la necesidad del niño por continuar una relación con ambos padres, y la habilidad y buena gana de cada uno para realizar sus deberes activamente como madre y padre para asegurar las necesidades del niño; (7) la intención de cualquier padre para relocalizar fuera del estado; (8) qué padre más probablemente permitirá el contacto frecuente y significante entre el niño y el otra padre; y (9) cualquier otro factor pertinente. A.M.S.§452.375. Debe someter el plan de familia dentro de 30 días después de que el demandado es servido. A.M.S.§452.310.
Misceláneo:	El secretario de la corte en algunos condados tiene formularios disponible. El cambio del nombre requiere la publicación en el periódico. Vea A.M.S.§527.270 & 290. Si el demandado niega que el matrimonio está roto irrecuperablemente, el solicitante debe demostrar uno de lo siguente: (1) el adulterio; (2) el demandado se comportó de tal manera que no se puede esperar razonablemente que el solicitante viva con el o ella; (3) el abandono para un período continuo de 6 meses; (4) ambos han vivido separado por el consentimiento mutuo para un período continuo de 12 meses; o (5) ambos también han vivido separado para un período continuo de 24 meses. Juez puede ordenar que asistan terápia. A.M.S.§452.320.
Veredicto Final:	DECRETO DE DISOLUCIÓN DEL MATRIMONIO Juico no se puede someter por 30 días. A.M.S.§452.305. Debe incluir la provisión para seguro médico (A.M.S.§452.353), y incluye los números de seguro social (A.M.S.§452.312 y.305).
UCCJA:	A.M.S.§452.440.
IDO:	A.M.S.§452.350.
Reparación Temporal:	A.M.S.§452.315 y 452.380.
Violencia Doméstica:	A.M.S.§455.010.
Anulación:	A.M.S.§451.020.

MONTANA

La Ley: El Código Anotado de Montana, El Título 40, El Capítulo 4, Sección 40-4-101 (M.C.A.§40-4-101). Busque el el Volumen 7.

Formato del Encabezamiento/Partes: CORTE DEL DISTRITO PARA EL ESTADO DE MONTANA Y PARA EL CONDADO DE ______

Con referencia matrimonio de __________, Co-Solicitante, y __________, Co-Solicitante. [Si la petición es conjunto]
Con referencia al matrimonio de __________, Solicitante, y __________, Demandado. [Si petición típica]

Título de la Demanda: PETICIÓN PARA LA DISOLUCIÓN DEL MATRIMONIO Petición debe incluir: (1) causa para el divorcio; (2) la edad, ocupación, residencia, y la duración de residencia de ambos; (3) la fecha de matrimonio y lugar de registro; (4) que la causa para la disolución y los requisitos de residencia de M.C.A.§40-4-104 existen; (5) el nombre de cada niño, edad y dirección, y una declaración si la esposa está embarazada; (6) cualquier acuerdos acerca el apoyo económico del niño, la custodia, y visitación, y la pensión alimenticia; y (7) las reparaciones que buscan. M.C.A.§40-4-105(1). La respuesta del demandado se llama una "contestación," y se debe dentro de 20 días después de que fue servido. M.C.A.§40-4-103.

Residencia/Corte: Uno debe vivir en el estado y condado por 90 días. M.C.A.§40-4-104.

Causas: NO CULPABILIDAD: (1) "Ha habido un quebrantamiento irrecuperable del matrimonio debido a discordia matrimonial grave que adversamente afecta la actitud de ambos esposos hacia el matrimonio, y no hay perspectiva razonable de conciliación"; o (2) "Ha habido un quebrantamiento irrecuperable del matrimonios y ambos han estado viviendo separado durante 180 días." M.C.A.§40-l-l04 & 40-4-105.
TRADICIONAL: Ninguna.
SEPARACIÓN LEGAL: Lo mismo que No Culpabilidad. M.C.A.§40-104.

Tipo de Propiedad: Distribución equitativa. Todo la propiedad es matrimonial. Los factores: (1) la duración del matrimonio, y otros matrimonios; (2) la edad de cada uno, salud, estación, ocupación, cantidad y fuentes de ingreso, habilidades profesionales, habilid de ser empleable, propiedad, obligaciones, y necesidades; (3) las aprovisiones de la custodia del nıno; (4) sı la dıvısıón de propiedad es en lugar de o además de la pensión alimenticia; (5) la oportunidad de cada parte para la adquisición de recursos/bienes e ingreso importantes en el futuro; y (6) la participación de cada uno en la contribución o al derrocho de valor de propiedad. Si propiedad fue adquirido al matrimonio, por regalo o herencia, a cambio de tal propiedad, o el aumento de valor de tal propiedad, o adquirido después de un decreto de separación legal, los factores siguientes son considerados: (1) la contribución no monetario de ser un ama de casa; (2) hasta que punto tal contribución facilitó mantenimiento de la propiedad; y (3) si la división de propiedad es una alternativa a pensión alimenticia. M.C.A.§40-4-202.

Pensión Alimenticia: Llamado "mantenimiento." Culpabilidad no se considera. Cualquier parte les pueden otorgar la pensión alimenticia si: (1) hay falta de propiedad suficiente para satisfacer sus propias necesidades; y (2) es incapaz ser auto suficiente través del empleo apropiado. La cantidad y duración es determinada por: (1) los recursos financieros de la parte de la que busca la pensión alimenticia; (2) el tiempo necesitado para la educación y entrenamiento para obtener empleo apropiado; (3) el nivel de la vida establecida durante el matrimonio; (4) la duración del matrimonio; (5) la edad, condición física y emocional de la parte del la que busca la pensión alimenticia; y (6) la habilidad de la otra parte de alcanzar pagar sus propios gastos mientras que paga la pensión alimenticia. M.C.A.§40-4-203.

Mantenimiento Económico de los Niños: Los factores: (1) los recursos financieros del niño; (2) los recursos financieros del padre con custodia; (3) el nivel de la vida del niño que habría tenido si no hubiera divorcio; (4) la condición física y emocional del niño, y las necesidades educativas y médicas; (5) los recursos financieros y necesidades del padre sin custodia; (6) la edad del niño; (7) el costo de guardería; (8) los arreglos de la custodia; y (9) las necesidades de otras personas que a cualquiera parte le obligan apoyar legalmente. M.C.A.§40-4-204. Verifique con el secretario de la corte o un bibliotecario para las pautas uniformes requeridas bajo M.S.A.§40-5-209.

Custodia de los Niños: Los factores: (1) lo que los padres desean; (2) los deseos del niño; (3) la interacción y relación mutua entre el niño y los padres, hermanos, y otras personas significantes; (4) el ajuste del niño a su casa, escuela y comunidad; (5) la condición mental y física de todas las personas involucrados; (6) cualquier abuso físico, o amenaza de abuso físico, contra un partes o niño; (7) cualquier dependencia química o abuso por cualquier parte del la; y (8) cualquier otro factor pertinente. M.C.A.§40-4-212. La custodia junta se puede conceder, pero tienen que someter un plan de la custodia. M.C.A.§40-4-223.

Misceláneo: El nombre anterior o el apellido de soltera se puede restaurar. M.C.A.§40-4-108(4).

El Procedimiento Sumario: Un procedimiento sumario está disponible si las condiciones siguientes se establecen reúnen: (1) los requisitos de residencia bajo M.C.A.§40-4-104; (2) las diferencias irreconciliables causó el quebrantamiento del matrimonio y ambos aceptan la disolución; (3) la esposa no está embarazada y no hay niño o si hay, todas las temas de la custodia y apoyo económico están resueltos; (4) ninguna parte tiene interés en la propiedad actual (esto no incluye la residencia arrendada por una parte con tal de que no haya ninguna opción para comprar lo y el contracto termina dentro de 1 año de presentar la petición); (5) no haya deuda, no garantizado y no pagado de más de $8,000; (6) los recursos/bienes total, excluyendo las obligaciones asegurados, son menos de $25,000; (7) cada uno tiene un arreglo escrito del acuerdo, y se ha ejecutado todos los títulos u otros papeles para transferir la propiedad; (8) ambos renuncian la pensión alimenticia; (9) ambos renuncian sus derechos a la apelación y para pedir otor jucio; (10) ambos han leído y han entendido un folleto en el procedimiento de la disolución sumario que está disponible del secretario de la corte; y (11) ambos desean una disolución. M.C.A.§40-4-130. Petición debe incluir: (1) la firma de ambos bajo el juramento; (2) una declaración que los requisitos de M.C.A.§40-4-130; (3) la dirección de cada uno; y (4) si el nombre anterior de la esposa será restaurado. M.C.A.§40-4-131. Ambos deben aparecer a la último audiencia. M.C.A.§40-4-133. Para más detalles vea. M.C.A§40-4-130 hasta 40-4-136, o pregunta ésolo al secretario de la corte.

Veredicto Final: DECRETO DE DISOLUCIÓN DEL MATRIMONIO
El decreto no se puede entrar hasta 20 días después del servicio del demandado. M.C.A.§40-4-105(3).
Para las reglas acerca el apoyo económico del niño requerido por ley, vea M.C.A.§40-4-204(6) - (8).
Vea los requisitos de descubrimiento de M.C.A.§40-4-251, 40-4-252, y 40-4-253.

UCCJA: M.C.A.§40-7-101.

IDO: M.C.A.§40-5-30l y 40-5-401.

Reparación Temporal: M.C.A.§40-4 - 121; 40-4-204(4)(c); y 40-4-213.

Violencia Doméstica: M.C.A.§46-6-602.

Anulación: M.C.A.§40-1-401.

NEBRASKA

La Ley:	Estatutos Revisados de Nebraska, El Capítulo 42, Artículo 3, Sección 42-301 (R.S.N.§42-30 1). Busque en el Volumen 3. Los suplementos están en un volumen separado de encuadernación rústica.
Formato del Encabezamiento/Partes:	EN EL CORTE DEL DISTRITO PARA ________ CONDADO, NEBRASKA __________,Co-Solicitante, y __________,Co-Solicitante. [Si petición es conjuntamente] ____________,Solicitante, vs. ____________, Demandado. [Si es petición típica]
Título de la Demanda:	PETICIÓN PARA LA DISOLUCIÓN DEL MATRIMONIO Petición debe estar en el formulario requerido por la corte suprema estatal, y debe incluir: (1) el nombre y dirección del solicitante; (2) el nombre y dirección del demandado, si es conocido; (3) la fecha y lugar del matrimonio; (4) el nombre de cada niño y fecha de nacimiento; (5) si el solicitante es parte en otra acción del divorcio, separación o disolución y dónde esa acción está pendiente (la corte, condado y número del caso); (6) las causas para el divorcio; y (7) las reparaciones que buscan. R.S.N.§42-353. Demandado tiene 30 días después del servicio para someter una respuesta. R.S.N.§42-354.
Residencia:	O: (1) una parte debe ser residente durante 1 año; o (2) no hay límite de tiempo si ellos estuvieron casados en Nebraska, y uno ha vivido en Nebraska durante el tiempo entero que los partes estaban casados. R.S.N.§42-349.
Corte:	Condado dónde cualquier parte del la reside.
Causas:	NO CULPABILIDAD: "El matrimonio de las partes está roto irrecuperablemente." R.S.N.§42-347 & 42-353. TRADICIONAL: A una parte le faltó la capacidad de consentir al matrimonio, incluso debido al alcohol o drogas. R.S.N.§42-362. SEPARACIÓN LEGAL: Lo mismo que No Culpabilidad, exceptó que no hay requisito de residencia especifica. R.S.N.§42-350.
Tipo de Propiedad:	Distribución equitativa. Toda la propiedad es matrimonial, no importa que propiedad fue adquirido antes del matrimonio, o por regalo o herencia, es considerado como la parte de las circunstancias de las partes. El caso de Lord v. Lord, 213 Neb. 557, 330 N.W.2d 492 (1983). Los factores: (1) las circunstancias de las partes; (2) la duración del matrimonio; (3) las contribuciones de cada uno al matrimonio, incluso el cuidado y educación de los niños y cualquier interrupción de carreras personales o las oportunidades educativas; y (4) la habilidad de la parte que busca pensión alimenticia para continuar en empleo sin impedir los intereses del niño en la custodia de esa parte. R.S.N.§42-365.
Pensión Alimenticia:	Culpabilidad no es consideró. Los factores: (1) las circunstancias de las partes; (2) la duración del matrimonio; (3) las contribuciones de cada partes al matrimonio, incluso el cuidado y educación de los niños y cualquier interrupción de carreras personales o las oportunidades educativas; y (4) la habilidad de la parte que busca pensión alimenticia para continuar en el empleo que no interferiere con los intereses del niño en la custodia de esa parte. R.S.N.§42-365.
Mantenimiento Económico de los Niños:	Las pautas por la corte supremo están disponibles del secretario de la corte. R.S.N.§42-364.
Custodia de los Niños:	El mejor interés del niño es considerado: (1) la relación del niño y cada padre; (2) los deseos razonables del niño; y (3) la salud general, bienestar, y la conducta social del niño. R.S.N.§42-364. La custodia compartida o junta es posible si ambos padres están de acuerdo y una audiencia muestra que está en el mejor interés del niño. R.S.N.§42-364(3).
Misceláneo:	Cualquier esposo puede pedir restauración del nombre anterior. En el decreto se debe incluir ambos nombres. R.S.N.§42-380. Una audiencia no se puede presidir hasta por lo menos 60 días después del servicio al demandado.
Veredicto Final:	DECRETO DE DISOLUCIÓN DEL MATRIMONIO Vea R.S.N.§42-369 para los provisiones requeridos. Decreto es final después de 6 meses. R.S.N.§42-372.
UCCJA:	R.S.N.§43-1201.
IDO:	R.S.N.§42-358(2); 42-364.01; 42-367; y 43-1701.
Reparación Temporal:	R.S.N.§42-357.
Violencia Doméstica:	R.S.N.§42-901.
Anulación:	R.S.N.§42-373.

NEVADA

La Ley: Revisados Estatutos Anotados de Nevada, El Capítulo 125, Sección 125.010 (N.R.S.A.§125.010). Busque el el Volumen 4.

Formato del Encabezamiento/ Partes: EN EL CORTE DEL DISTRITO PARA el CONDADO __________NEVADA
__________ Demandante, vs __________,Demandado.

Título de la Demanda: DEMANDA DE DIVORCIO Causas para el divorcio solo se deben declarar en el lenguaje del estatuto, sin detalles de los hechos. N.R.S.A.§125.030.

Residencia: Uno debe ser residente durante 6 semanas. No hay límite de tiempo si ambos vivián en el estado cuando las causas para el divorcio ocurrieron. N.R.S.A.§125.020.

Corte: O: (1) Condado dónde cualquier esposo reside; (2) condado del último lugar dónde ambos vivieron juntos; o (3) condado dónde las causas para el divorcio ocurrieron. N.R.S.A.§125.020

Causa: NO CULPABILIDAD: (1) "Las partes son incompatibles." (2) "Las partes han estado viviendo separados sin la convivencia durante 1 año." N.R.S.A.§125.010.

TRADICIONAL: Locura que existe durante por lo menos 2 años antes de someter la petición. N.R.S.A.§125.010.

SEPARACIÓN LEGAL: Lo mismo que No Culpabilidad y lo Tradicional, más la deserción durante más de 90 días. Las partes también pueden aceptar la separación legal y hacer arreglos para el apoyo. Vea N.R.S.A.§125.190.

Tipo de Propiedad: Comunidad de propiedad. Propiedad/bienes separados son: (1) adquirido antes del matrimonio del el; (2) adquirió por regalo o herencia; (3) ingreso o ganancias de (1) y (2); (4) declarado separado por un acuerdo escrito; (5) adquirido después de un decreto de mantenimiento separado; y (6) adquirido como compensación de un daño personales. La colectividad propiedad es dividido igual, a menos que el juez "encuentra una razón significante" para la división desigual y adelante declara las razones por escrito. N.R.S.A.§125.150.

Pensión Alimenticia: Culpabilidad no se considera. Puede concederse a cualquier parte "...como aparece justo y equitativo." La pensión alimenticia para entrenar se puede otorgar considerando: (1) si la parte que paga la pensión alimenticia ha obtenido habilidades de trabajo mejores o educación durante el matrimonio; y (2) si las partes del la que buscan pensión alimenticia proporcionaron el apoyo financiero mientras la otra parte obtuvieron habilidades de trabajo o educación. Si se pidió, los decretos deben declarar el tiempo dentro que el entrenamiento o educación se debe empezar. N.R.S.A.§125.150.

Mantenimiento Económico de los Niños: Basado en el porcentaje bruto del ingreso: 18% para 1 niño; 25% para 2 niños; 29% para 3 niños; 31% para 4 niños; y un 2% para cada niño adicional. El apoyo mínimo de $100 por mes por niño, a menos que el juez encuentre que el pagador es incapaz de esa cantidad; el máximo de $500 por niño. Cualquier desviación de estos porcentajes, incluso donde los partes están de acuerdo, se debe explicar en el decreto, considerando: (1) no están satisfacién dose necesidades extraordinarias del niño; (2) el costo de seguro médico; (3) el costo de cuidado del niño; (4) las necesidades educativas especiales; (5) la edad del niño; (6) otras obligaciones de apoyo; (7) el valor de servicios contribuido por cualquier parte del la; (8) cualquier ayuda pública recibida para apoyar al niño; (9) gastos bastante relacionado al embarazo y encierro; (10) el costo de transporte para la visitación si las partes custodiales se movieran de la jurisdicción de la corte; (11) la cantidad de tiempo que el niño disfruta con cada padre; (12) otros gastos necesarios para el beneficio del niño; y (13) los ingresos relativos de cada padre. N.R.S.A.§l25B.070 y 125B.080.

Custodia de los Niños: El mejor interés del niño considerando: (1) qué parte más probable permite la asociación frecuente y una relación continuando con la otra parte; (2) los deseos del niño, si es de edad suficiente e maduro; (3) "cualquier nominación por un padre de un guardián para el niño"; y (4) si cualquier parte ha comprometido un acto de violencia doméstica contra el niño, la otra parte, u otra persona que residen con el niño. La preferencia es para custodia junta. Si las partes piden la custodia junta, y no se lo ortorgan el decreto debe declarar las razones. N.R.S.A.§125.480. Vea N.R.S.A.§125.510 para el idioma requerido en decreto que relaciona a la custodia.

Misceláneo: El nombre anterior de esposa puede restaurarse. N.R.S.A.§125.130. Ningún audiencia será necessario si los partes someten una estipulación que: (1) se firma por ambos partes del las antes del secretario judicial; (2) estados que se reúnen los requisitos de Residencia; (3) los estados el Causas para el divorcio del el; (4) las resoluciones de todos los problemas; y (5) se acompaña por el jurada de la declaración de un testigo que verifica la Residencia requerido de uno de las partes del las. N.R.S.A.§125.127. Para los casos de Culpabilidad, vea N.R.S.A.§125.123 para el jurada de la declaración requierido.

El Procedimiento sumario: Un procedimiento sumario bajo N.R.S.A.§l25.181 a través de 125.184, puede usarse si: (1) se reúnen los requisitos de Residencia; (2) causas para el divorcio del el existen; (3) no hay ningún niño menor y la esposa no está embarazada, o los partes del las tienen un acuerdo escrito acerca de la custodia y apoyo; (4) no hay ninguna Propiedad/Bienes comunalmente o juntamente poseid o los partes del las tienen un acuerdo escrito para dividir tal y han ejecutado todos los hechos, facturas de venta u otros documentos del traslado; (5) el desistir de partes de las Pensión Alimenticia, o tiene un acuerdo escrito acerca de Pensión Alimenticia; y (6) el desistir de partes de las sus derechos al aviso escrito de el decreto de divorcio, apelación, la demanda para los resultados de hecho y conclusiones de ley, y para mover para un nuevo ensayo. N.R.S.A.§125.181. La Petición debe ser firmada por ambos partes del las bajo el juramento, y debe incluir: (1) los hechos muestran el requisito de Residencia se ha establecido; (2) Causas para el divorcio del el; (3) la fecha y lugar de matrimonio del el; (4) mandando por correo dirección de ambos partes del las; (5) una declaración acerca de si hay niños menores y si la esposa está embarazada; y (6) si la esposa quiere su nombre anterior restaurado, y el nombre. Debe atarse cualquier arreglo del acuerdo a la Petición, y usted también necesitará someter una declaración jurada de un testigo que verifica Residencia. N.R.S.A.§125.182.

Veredicto Final: DECRETO DE DIVORCIO

UCCJA: N.R.S.A.§125A.010.

IDO: N.R.S.A.§31A.010.

Reparación Temporal: N.R.S.A.§125.040; 125.050; 125.200; 125.470; 125.510.

Violencia Doméstica: N.R.S.A.§33.018.

Anulación: N.R.S.A.§125.290.

NEW HAMPSHIRE

La Ley:	Estatutos Revisados Anotados de New Hampshire 1992, El Capítulo 458, Sección 458:4 (N.H.R.S.A.§459:4). No hacer caso de los números de "Título".
Formato del Encabezamiento/Partes:	EL ESTADO DE NUEVO HAMPSHIRE, TRIBUNAL SUPERIOR EN Y PARA el _______ CONDADO __________,Solicitante, contra __________, Demandado.
Título de la Demanda:	PETICIÓN DE DIVORCIO Sólo causas por estatuto para el divorcio, sin los hechos detallados, a menos que la custodia sea un problema y los hechos son pertinentes para mostrar un detrimento al niño. N.H.R.S.A.§458:7-a.
Residencia:	O: (1) se domicilian ambos en momento de solicitar; (2) solicitante vive en el estado y el demandado se sirve personalmente en el estado; (3) solicitante vive en el estado durante 1 año; o (4) la causa del divorcio ocurrió en New Hampshire cuando el solicitante fue domiciliado allí. N.H.R.S.A.§458:5 y 458:6.
Corte:	Condado dónde cualquier parte reside.
Causas:	NO CULPABILIDAD: Hay diferencias irreconciliables que han causado el quebrantamiento irremediable del matrimonio." N.H.R.S.A.§458:7-a. TRADICIONAL: (1) La impotencia; (2) el adulterio; (3) la crueldad extrema; (4) la convicción de una felonía y encarcelación por más de 1 año; (5) el tratamiento "que daña gravamente la salud o pone en peligro a la persona"; (6) la ausencia durante 2 años y no "sabe de él/ella" (7) la embriaguez habitual durante 2 años; (8) la otra parte se ha "unido a una secta religiosa o sociedad que profesa creer la relación de marido y esposa ilegal, y se ha negado a cohabitar" durante 6 meses; (9) el abandono para cohabitar durante 2 años sin causa suficiente o consentimiento del otro; (10) el marido ausente voluntariamente durante 2 años sin hacer las provisiones convenientes para el mantenimiento del esposo; (11) la esposa de un ciudadano que está voluntariamente ausente durante 2 años sin el consentimiento; (12) la esposa de un ciudadano que se ha ido a residir fuera del estado y ha permanecido ausente y separado durante 10 años sin el consentimiento; (13) la esposa es una residente durante 2 años y el marido ha dejado el EE.UU. con la intención de volverse un ciudadano extranjero y no ha venido a exigir sus derechos matrimoniales y no ha hecho las provisiones convenientes para el mantenimiento de esposa. N. R.S.A.§458:7. SEPARACIÓN LEGAL: Lo mismo que No Culpabilidad y Tradicional. N.H.R.S.A.§458:26.
Tipo de Propiedad:	Distribución equitativa. Culpabilidad es un factor. propiedad separado es adquirido (1) antes del matrimonio o a cambio de tal propiedad; y (2) por regalo o herencia. La división igual de propiedad matrimonial, a menos que la división de la inequidad es considerando justificado depende del: (1) duration of del matrimonio; (2) la edad, salud, estado social o económico, ocupación, habilidades profesionales, habilidad de ser empleable, propiedad separado, cantidad y fuentes del ingreso, necesidades y obligaciones de cada uno; (3) la oportunidad de cada parte para la adquisición de recursos/bienes ingreso importante en el futuro; (4) la habilidad del padre custodial de continuar en el empleo sin impedir substancialmente los intereses del niño; (5) la necesidad del padre custodial de permanecer en la casa matrimonial; (6) acto durante el matrimonio que contribuyó al crecimiento o disminuación del valor de algunas propiedades; (7) alguna desigualdad significante entre cada parte en relación al contribición al matrimonio; (8) cualquier contribución para ayudar educar o desarrollar la carrera o habilidad de ser empleable del otro, y cualquier interrupción en la educación u oportunidades de carrera de uno para el beneficio del otro, el matrimonio, o los niños; (9) cualquier expectativa de pensión o los derechos jubilatorios adquirido antes de o durante el matrimonio; (10) las consecuencias de los impuestos; (11) culpabilidad de cualquier parte en el fracaso matrimonial si culpabilidad fue la causa y cualquiera (a) causó el dolor físico o mental sustancial y sufriendo, o (b) resultó en la pérdida económica sustancial a la propiedad matrimonial o lo dejó herido; (12) el valor de la propiedad separado de cada parte; y (13) cualquier otro factor pertinente. Si la división no es igual, las razones se deben declarar en el decreto. N.H.R.S.A.§458:19. Vea N.H.R.S.A.§458:7 para culpabilidad.
Pensión Alimenticia:	Cualquier partes se le pueden otorgar si con esa parte hay: (1) falta de ingreso o propiedad para mantener niveles de la vida similar a eso durante el matrimonio; y (2) es incapaz de apoyarse mismo a él or ella a través del empleo, o tiene deberes de custodia que hacen difícil ser empleado; y (3) él que paga tiene la habilidad de pagar y alcanzar sus propias necesidades. La cantidad y duración de la pensión alimenticia serán determinadas considerando: (1) la duración del matrimonio; (2) la edad, salud, estado social o económico, ocupación, cantidad y fuentes de ingreso, propiedad otorgados, habilidades profesionales, habilidad de ser empleable, propiedad, obligaciones, y necesidades de cada parte; (3) la oportunidad de cada parte para la adquisición de recursos/bienes ingreso importante en el futuro; (4) culpabilidad; (5) las consecuencias de los impuestos federales; (6) la contribución de cada parte a la unidad familiar y a la adquisición, preservación o apreciación en el valor de recursos/bienes. Los decretos deben declarar las razones para conceder o negar la pensión alimenticia. N.H.R.S.A.§458:193.
Mantenimiento Económico de los Niños:	Las pautas se pueden encontrar en N.H.R.S.A.§458-C:l-7. Las necesidades se basan en un porcentaje del ingreso neto combinado de las partes: 25% para 1 niño; 33% para 2 niños; 40% para 3 niños; y 45% para 4 o más niños. Cada parte responsable comparta de estas necesidades según el ingreso. N.H.R.S.A.§458-C:3. Para el criterio que permite la salida de estas figuras vea N.H.R.S.A.§458-C:5.
Custodia de los Niños:	La custodia junto legal se supone es en el major interés del niño, a menos que se muestra abuso. El decreto debe declarar las razones si custodia junto legal no se pide. Factores considerados son: (1) la preferencia del niño; (2) alguna violencia doméstica. N.H.R.S.A.§458:17.
Misceláneo:	El nombre anterior o el apellido de soltera se puede restaurar, aun cuando no se pidió en la petición. N.H.R.S.A.§458:24. Terápia se ordenar por la corte (N.H.R.S.A.§458:7-b) o en la demanda de ambos partes (N.H.R.S.A.§458:15-a).
Veredicto Final:	DECRETO DE DIVORCIO Debe incluir la provisión de seguro médico. N.H.R.S.A.§458:17, IX. Si se pide la pensión alimenticia, se debe incluir la provisión que exige a cada parte proporcionar el número social de seguro a la División de Servicios Humanos. N.H.R.S.A.§458:36.
UCCJA:	N.H.R.S.A.§458-a:1.
IDO:	N.H.R.S.A.§458:b:l.
Reparación Temporal:	N.H.R.S.A.§458:16 y 458:16-b.
Violencia Doméstica:	N.H.R.S.A.§173-b:1.
Anulación:	N.H.R.S.A.§458:1-3.

NEW JERSEY

La Ley: NJSA (Estatutos Anotados de New Jersey), El Título 2A: Capítulo 34, Sección 2A:34-2 (N.J.S.A.§2A: 34-2). No ponga atención a los números de "article".

Formato del Encabezamiento/Partes: EL TRIBUNAL SUPERIOR DE NEW JERSEY LA DIVISIÓN DE CANCILLERÍA, La PARTE FAMILIAR, _______ CONDADO

___________,Demandante, vs. ___________, Demandado.

Título de la Demanda: DEMANDE DE DIVORCIO

Residencia: (1) Una parte debe ser residente durante 1 año. (2) Si la causa del divorcio es el adulterio que ocurrió en New Jersey, uno debe ser residente (sin límite de tiempo). N.J.S.A.§2A: 34-10.

Corte: Cualquier condado en New Jersey. N.J.S.A.§2A: 34-8.

Causas: NO CULPABILIDAD: "Han estado viviendo separados durante 18 meses, y hay ninguna perspectiva razonable de conciliación." N.J.S.A.§2A:34-2.
TRADICIONAL: (1) El adulterio; (2) la deserción voluntariosa durante 12 meses; (3) la crueldad extrema (se debe presentar 3 meses después del último acto alegado en la petición); (4) alcoholismo o droga addición; (5) institucionalización para la enfermedad mental durante 24 meses después del matrimonio y antes de presentar la petición; (6) el encarcelamiento durante 18 meses, solo con que no hay convivencia después de la libertad; (7) conducta sexual anticonvencional voluntariamente realizada por el demandado sin el consentimiento del demandante. N.J.S.A.§2A:34-2.
SEPARACIÓN LEGAL: Las mismas que no culpabilidad y lo tradicional. Es llamado el divorcio de la cama y la comida." N.J.S.A.§2A: 34-3

Tipo de Propiedad: Distribución equitativa. Cada parte guarda la propiedad adquirido antes del matrimonio, por regalo o herencia. Los factores: (1) la duración del matrimonio; (2) la edad, condición física y emocional de cada quien; (3) La propiedad o ingreso antes del matrimonio; (4) el nivel de la vida establecida durante el matrimonio; (5) cualquier acuerdo escrito acerca la división de la propiedad; (6) las circunstancias económicas de cada uno; (7) el ingreso y la habilidad de cada uno ganar sueldo; (8) la contribución a la educación, entrenamiento, o mayor ganancias del otro; (9) la contribución a la adquisición, derrocho, preservación, depreciación o apreciación de la propiedad matrimonial; (10) las consecuencias de los impuestos; (11) el valor actual de la propiedad; (12) la necesidad del padre con custodia de permanecer en la casa matrimonial; (13) las deudas y obligaciones de cada uno; (14) la necesidad para el fondo de fidiecomiso para afianzar los costos médicos o educativos previsibles de un niño o esposo/a; (15) el punto hasta que uno suspendió logrando sus metas de carrera; y (16) cualquier otro factor pertinente. N.J.S.A.§2A: 34-23-1.

Pensión Alimenticia: Culpabilidad no se considera. Los factores: (1) la necesidad actual y la habilidad que ambos paguen; (2) la duración del matrimonio; las edades, condiciónes físicas y emocionales de cada quien; (4) el nivel de la vida establecida durante el matrimonio, y la probabilidad que se puede mantener esa norma; (5) la habilidad de ganar sueldo, el nivel educativo, destrezas vocacionales, y la habilidad de ser empleado; (6) el tiempo ausente del mercado de trabajo y las responsabilidades custodiales de niño del que busca la pensión alimenticia; (7) tiempo y gasto necesario para la educación y entrenamiento; la disponibilidad de entrenamiento y empleo; y la oportunidad para adquirir recursos/bienes e ingreso importantes en el futuro; (8) la contribución de cada uno al matrimonio; (9) la división de la propiedad; (10) el ingreso disponible a la inversión de recursos/bienes; (11) las consecuencias de los impuestos de cualquiera pensión alimenticia otorgado; y (12) cualquier otro factor pertinente. N.J.S.A.§2A:34-23.

Mantenimiento Económico de los Niños: Las pautas del Judicial Supremo de New Jersey se pueden encontrar en las Reglas Práctica Civiles de New Jersey, Apéndice IX. Los factores: (1) las necesidades del niño; (2) el nivel de la vida y las circunstancias económicas; (3) el ingreso y recursos/bienes de ambos; (4) la habilidad de ganar sueldo; (5) las necesidades del niño y la capacidad para la educación, incluyendo la educación superior; (6) la edad y salud de los padres y el niño; (7) el ingreso, recursos/bienes y habilidad de ganar sueldo; (8) otras obligaciones de los padres hacia el niño; (9) las deudas y obligaciones de los padres y el niño; (10) cualquier otro factor pertinente N.J.S.A.§2A:34-23.

Custodia de los Niños: El mejor interés del niño, considerado los factores siguientes: (1) la habilidad de los padres de estar de acuerdo, comunicar y cooperar en materias que relacionan al niño; (2) la buena gana de los padres en aceptar la custodia y facilitar la visitación; (3) la interacción y relación entre el niño, los padres y hermanos; (4) cualquier historia de violencia doméstica; (5) la preferencia del niño, si es de edad suficiente mayor; (6) las necesidades del niño; (7) la estabilidad de ambiente del hogar; (8) la calidad y continuidad de educación; (9) la responsabilidad de los padres; (10) la proximidad geográfica entre las casas de cada padre; (11) la magnitud y calidad de tiempo con el niño antes y después de la separación; (12) las responsabilidades del empleo; y (13) la edad y número de niños. El juez debe seguir el acuerdo con ambos a menos que él determine que no es en el mejor interés del niño. Donde no están de acuerdo, el juez puede exigir que cada quien someta un plan de custodia propuesto. N.J.S.A.§9:2-4.

Misceláneo: Cualquieres pueden reasumir cualquier nombre usado antes del matrimonio, o se puede asumir cualquier apellido. N.J.S.A.§2A: 34-21.
Si un niño menor está envuelto, hay un obligatorio "Proyecto Educativo Para los Padres," con una cuota de $25. N.J.S.A.§2A: 34-3-12.3 y 12.5.

Veredicto Final: JUICIO DEL DIVORCIO
UCCJA: N.J.S.A.§2A: 34-28.
IDO: N.J.S.A.§2A:17-56-18.
Reparación Temporal: N.J.S.A.§2A:34-23.
Violencia Doméstica: N.J.S.A.§2C:25-17.
Anulación: N.J.S.A.§2A: 34-1.

NEW MEXICO

La Ley:	Estatutos Anotados en 1978 de Nuevo México, Capítulo 40, Sección 40-4-1 (N.M.S.A.§40-4-1). Busque en el Volumen 7. Suplemento al fin de cada capítulo.
Formato del Encabezamiento/Partes:	__________ DISTRITO JUDICIAL, CONDADO DE _______________ ESTADO DE NUEVO MÉXICO ________,Solicitante, vs ________, Demandado.
Título de la Demanda:	PETICIÓN PARA LA DISOLUCIÓN DEL MATRIMONIO Petición se debe verificar por una declaración jurada. N.M.S.A.§40-4-6.
Residencia:	Uno debe ser residente durante 6 meses, y vivir en Nuevo México. N.M.S.A.§40-4-5.
Corte:	Condado dónde cualquiera reside. N.M.S.A.§40-4-4.
Causas:	NO CULPABILIDAD: "Las partes son incompatibles." N.M.S.A.§40-4-1. TRADICIONAL: (1) El tratamiento cruel e inhumano; (2) el adulterio; (3) el abandono. N.M.S.A.§40-4-1. SEPARACIÓN LEGAL: Las partes están permanentemente separados y no viven juntos o cohabitan. Vea N.M.S.A.§40-4-3.
Tipo de Propiedad:	Comunidad de propiedad. La propiedad separada es: (1) adquirido antes del matrimonio; (2) adquirido después de un decreto de separación legal; (3) declarado separado por la corte en el juicio final o acuerdo escrito por ambos; o (4) adquirido por regalo o herencia. N.M.S.A.§40-3-8. Culpabilidad no es considerado. No hay factor por estatuto. N.M.S.A.§40-4-7.
Pensión Alimenticia:	Llamado el "apoyo conyugal." Los factores: (1) la edad, salud, y medios de apoyo de cada quien; (2) las ganancias actuales y futuras y la habilidad de ganar sueldo; (3) los esfuerzos de buena fe por mantener el empleo o ponerse ser auto-suficiente; (4) las necesidades de cada quien, incluso el nivel de la vida, el mantenimiento de seguro médico, y la necesidad de una póliza de seguro de vida para el pagador; (5) la duración del matrimonio; (6) la división de la propiedad; (7) el tipo y clase de recursos/bienes de cada quien; (8) el tipo y clase de obligaciones de cada quien; (9) el ingreso de la propiedad; y (10) cualquier acuerdo entre ambos. N.M.S.A.§40-4-7.
Mantenimiento Económico de los Niños:	Las pautas se encuentran bajo N.M.S.A.§40-4-11.1.
Custodia de los Niños:	El mejor interés del niño es considerado: (1) los deseos de cada quien; (2) los deseos del niño; (3) la interacción y relación mutua entre el niño y los padres, hermanos y otras personas significantes; (4) el ajuste del niño a su casa, escuela y comunidad; y (5) la condición mental y física de todas las personas involucrados. N.M.S.A.§40-4-9. La custodia junta es presunta en el mejor interés del niño, mientras considerando: (1) si el niño ha establecido una relación íntima con cada padre; (2) si cada padre es capaz de proporcionar el cuidado; (3) si cada padre desea aceptar responsabilidades de cuidado del niño; (4) si el niño puede mantener y fortalecer una mejor relación con sus padres mientras disfrutando de tal envolvimiento; (5) si cada padre permite que el otro proporcione la crianza sin intrusión; (6) la conveniencia del plan de crianza; (7) la distancia geográfica entre las residencias de los padres; (8) la buena gana y habilidad de comunicar y cooperar entre padres con respecto a las necesidades del niño; y (9) cualquier determinación de la corte de abuso doméstico contra un niño por el padre que busca la custodia. N.M.S.A.§40-4-9.1.
Veredicto Final:	DECRETO DE DISOLUCIÓN DEL MATRIMONIO
UCCJA:	N.M.S.A.§40-10-1.
IDO:	N.M.S.A.§40-4A-1.
Reparación Temporal:	N.M.S.A.§40-4-7.
Violencia Doméstica:	N.M.S.A.§40-13-1. (Protección contra la Violencia Familiar).
Anulación:	N.M.S.A.§40-1-9.

NEW YORK

La Ley:	Las Leyes Consolidadas de McKinney de New York Anotados, Relaciones Doméstica, Sección 170 (C.L.N.Y., D.R.L.§170). Busque en el volumen 14 que realmente está en el volumen 2 llamado "Libro 14". Usted encontrará un juego de libros titulado probablemente "las Leyes Consolidadas Anotados de New York por McKinney." Éstos primero son divididos en temas; esté seguro que usted encuentre el Volumens marcado "Relaciones Domésticas."
Formato del Encabezamiento/Partes:	LA CORTE SUPREMA DEL ESTADO DE NEW YORK, el ________ CONDADO ___________,Demandante, vs. ___________, Demandado.
Título de la Demanda:	DEMANDA DE DIVORCIO Se deben verificar las peticiones.
Residencia:	No hay límite de residencia si ambos son residentes en el momento de presentar y las causas para el divorcio ocurrieron en New York. Si uno no es residente, entonces el otro debe ser residente durante 2 años. Sin embargo, 1 año de residencia de uno si (1) las partes fueron casados en New York; o (2) ambos residieron una vez en New York; o (3) las causas para el divorcio ocurrieron en New York.
Corte:	Condado dónde cualquiera reside.
Causa:	NO CULPABILIDAD: (1) "Ambos han estado viviendo separados durante 1 año según las condiciones del acuerdo de separación escrito que firmaron y fue notarizado." [Esto también requiere: (a) la prueba de complacencia con el acuerdo; y (b) cualquiera copia del acuerdo o un memorándum del acuerdo que se archive con el secretario de condado. Si un memorándum se archiva que debe contener la siguiente información: (a) el nombre y dirección de cada quien; (b) la fecha del matrimonio; (c) la fecha del acuerdo de separación; y (d) la fecha del firma del memorándum, y un reconocimiento o prueba del acuerdo de separación.] (2) "Las partes han estado viviendo separados durante 1 año según las condiciones del acuerdo de separación judiciales." TRADICIONAL: (1) El tratamiento cruel e inhumano; (2) el abandono durante 1 año; (3) el encarcelamiento durante 3 años; (4) el adulterio (pero no si con el consentimiento del otro, si el adulterio se perdona o la convivencia voluntaria a pesar del conocimiento, si el divorcio no se archiva dentro de 5 años después del descubrimiento del adulterio, o si el demandante también es culpable de adulterio) C.L.N.Y, D.R.L.§170 & 171. SEPARACIÓN LEGAL: Las mismas que en el divorcio tradicional, más el fallo de apoyar a la esposa. C.L.N.Y, D.R.L.§200, 230 &231.
Tipo de Propiedad:	Distribución equitativa. La propiedad separado es: (1) adquirido antes del matrimonio; (2) adquirido por regalo o herencia; (3) la compensación para los daños civiles; (4) adquirido a cambio de, o aumenta en el valor de, (1) o (2), a menos que fue debido a los esfuerzos del otro; y (5) declarado como separado por un acuerdo escrito por ambos. La propiedad matrimonial es dividido según los siguientes factores: (1) el ingreso y propiedad en el momento de matrimonio y al comienzo del divorcio; (2) la duración del matrimonio,la edad y salud de cada quien; (3) la necesidad del padre con custodia del niño que permanezca en la casa matrimonial; (4) la pérdida de los derechos a la herencia o pensión; (5) cualquiera compensación de pensión alimenticia si fuese ortorgado; (6) contribution de cada uno a la adquisición de propiedad; (7) el valor liquido de la propiedad matrimonial; (8) las circunstancias financieras probables de cada quien en el futuro; (9) la dificultad de evaluar un recurso o entidad de negocio; (10) las consecuencias de los impuestos; (11) el malgasto de cualquiera de los recursos/bienes; (12) cualquier traslado o estorbo en contemplación de divorcio sin considerarlo justo; y (13) cualquier otro factor pertinente. C.L.N.Y., D.R.L.§236-parte B.
Pensión Alimenticia:	Culpabilidad no es considerado. Los factores: (1) el ingreso y distribución de propiedad; (2) la duración del matrimonio, la edad y salud de cada uno; (3) la habilidad del ganar sueldo en el futuro y ahora de cada uno; (4) la habilidad dél que busca la pensión alimenticia para hacerse auto-suficiente y el tiempo y entrenamiento necesario para lograrlo; (5) las ganancias reducidas debido a el contribuyo a la carrera del otro; (6) el arreglo de la custodia de niño; (7) las consecuencias de los impuestos; (8) la contribución a la carrera del otro; (9) el malgasto por cualquiera de propiedad matrimonial; (10) cualquier traslado o estorbo en contemplación de divorcio sin considerarlo justo; y (11) cualquier otro factor pertinente. C.L.N.Y., D.R.L.§236-parte B.
Mantenimiento Económico de los Niños:	Basado bajo una porción de las necesidades del niño, según el ingreso relativo de los padres. Las necesidades se determinan como un porcentaje del ingreso combinado: 17% para 1 niño; 25% para 2 niños; 29% para 3 niños; 31% para 4 niños; y 35% o más para 5 o más niños. Esta cantidad se puede aumentar si ciertas circunstancias especiales existen como declarado en el estatuto. Una tabla acerca el apoyo económico del niño está disponible por la Comisión de Servicios Sociales. C.L.N.Y., D.R.L.§240.1-b.
Custodia de los Niños:	El mejor interés del niño. No hay factor por estatuto. Vea C.L.N.Y., D.R.L§240.
Misceláneo:	El apellido anterior o de soltera se puede restaurar.
Veredicto Final:	JUICIO DE DIVORCIO
UCCJA:	C.L.N.Y., D.R.L.§75-A.
IDO:	C.L.N.Y., la Ley del Procedimiento Civil & Reglas§5241.
Reparación Temporal:	C.L.N.Y., D.R.L.§236-Pt. B (Pensión Alimenticia); y 240 (Apoyo Económico del niño y la custodia).
Violencia Doméstica:	C.L.N.Y., los Servicios Sociales§459-A.
Anulación:	C.L.N.Y., D.R.L.§140.

NORTH CAROLINA

La Ley: Estatutos General de North Carolina, Capítulo 50 - Sección 2 (G.S.N.C.§50-2). Busque en el volumen 8.

Formato del Encabezamiento/Partes: EN LA CORTE GENERAL DE JUSTICIA, ________DIVISION, [SUPERIOR o DISTRITO] North CAROLINA, _______ el CONDADO __________ Demandante, vs. __________,Demandado.

Título de la Demanda: DEMANDA DE DIVORCIO
La petición se debe verificar, y incluir: (1) residencia de uno durante 6 meses; (2) los hechos para mostrar las causas para el divorcio; (3) el nombre y edad de cualquieres menores, o una declaración que no hay niño menor. G.S. N.C.§50-8.

Residencia: Uno debe ser residente durante 6 meses. G.S. N.C.§50-6.

Corte: Condado dónde cualquiera reside. G.S.N.C.§50-3.

Causas: NO CULPABILIDAD: "Las partes han estado viviendo separados sin la convivencia durante 1 año." Realmente deben vivir separados, pero las relaciones sexuales en alguna vez durante el período del año no prohibe un divorcio". G.S.N.C.§50-6.
TRADICIONAL: (1) El encierro para la locura incurable durante 3 años; (2) la enfermedad mental incurable basado en los exámenes durante 3 años. Vea G.S.N.C.§50-5.1.
SEPARACIÓN LEGAL: (1) El abandono; (2) botando malévolamente al /a de la casa; (3) tratamiento cruel y bárbaro que pone en peligro la vida del; (4) el "impone tales indignidades al otro que resulta en una condición intolerable o la vida pesada"; (5) alcoholismo o droga addición; y (6) el adulterio. Llamado "divorcio de cama y comida." G.S.N.C.§50-7.

Tipo de Propiedad: Distribución equitativa. Culpabilidad no se considera. La propiedad separado es: (1) adquirido antes del matrimonio, o por regalo o herencia; (2) adquirido a cambio de tal propiedad; (3) cualquier aumento en el valor de, o ingreso de, la propiedad separado; (4) las licencias comerciales o profesionales que no son transferibles; y (5) los beneficios jubilatorios no fundadas. La división de propiedad matrimoniales igual, a menos que el juez decide que no sería equitativo, mientras considerando: (1) el ingreso, la propiedad y obligaciones de cada quien; (2) las obligaciones de apoyo de un matrimonio anterior; (3) la duración del matrimonio, la edad, y la salud física y mental cada quien; (4) la necesidad del padre con custodia del niño de ocupar la casa matrimonial; (5) cualquier expectativa de beneficios jubilatorios no fundadas; (6) la contribución de cada quien a la adquisición de propiedad; (7) las contribuciones de cualquiera a la educación o desarrollo de carrera del otro; (8) las contribuciones directas al aumento en valor de la propiedad separada del otro; (9) el valor liquido de recursos/bienes matrimoniales; (10) la dificultad de evaluar los recursos/bienes o intereses de negocio, y la conveniencia económica de retener un recurso o interés de negocio fuera de la intervención del otro; (11) las consecuencias de los impuestos; y (12) los actos de cualquier parte para mantener, conservar, desarrollar, extender, gastar, maltratar, devaluar, o convertir propiedad matrimonial después de la separación; y cualquier otro factor pertinente. G.S.N.C.§50-20.

Pensión Alimenticia: Pensión alimenticia temporal llamado el "apoyo de las postseparaciones". La pensión alimenticia se le puede otorgar al padre que lo busca que es "dependiente". No se permite la pensión alimenticia si él que lo busca es culpable de adulterio y el otro no es, o si la pensión alimenticia es prohibido por un acuerdo de separación. Si él que es culpable de adulterio es el que paga y él que lo busca no es, la pensión alimenticia se debe otorgar. Si ambos no son culpable de adulterio, la decisión de conceder o negar la pensión alimenticia (y la cantidad, duración, y manera de pago) es basado en los factores siguientes: (1) la mala conducta matrimonial de cualquier; (2) las gananciases relativas y las capacidades de ganar sueldo de cada quien; (3) las edades y condiciones físicas, mentales, y emocionales de cada quien; (4) la cantidad de ganancias y fuentes de ingreso de ambos; (5) la duración del matrimonio; (6) la contribución por uno a la educación, entrenamiento, o aumento de sueldo del otro; (7) hasta que punto la ganancias, gastos, o las obligaciones financieras de uno serán afectados si fuesen custodio de un niño menor; (8) el nivel de la vida establecida durante el matrimonio; (9) la educación y el tiempo necesario para adquirir educación o entrenamiento para encontrar empleo adecuado para él que busca la pensión alimenticia; (10) los recursos/bienes, obligaciones, y requisitos del servicio de deuda, incluyendo las obligaciones legales de apoyo; (11) la propiedad traido al matrimonio por cualquiera; (12) la contribución de uno como ama de casa; (13) las necesidades relativas de ambos; (14) las ramificaciones de los impuestos locales, estatales, y federales de la pensión alimenticia; y (15) cualquier otro factor que relaciona a las circunstancias económicas de ambos que la corte halle ser justo y apropiado. G.S.N.C.§50-16.3A.

Mantenimiento Económico de los Niños: Las pautas están disponibles en las Reglas Anotadas de North Carolina; y del Departamento de Recursos Humanos, cualquier oficina gubermental del enforzamiento del apoyo económico, y el secretario de la corte. G.S.N.C.§50-13.4. Pueda continuar más allá de la edad de mayoría si el niño es mentalmente o físicamente incapaz de auto-suficiencia. G.S.N.C.§50-13.8.

Custodia de los Niños: Custodia es determinado "como promoverá el mejor interés y bienestar del niño." Se debe considerar cualquier acto de violencia doméstica entre los padres, la seguridad del niño, y la seguridad de cualquiera. G.S.N.C.§50-13.2. Si la custodia es en disputa, se puede requerir la mediación. G.S.N.C.§50-13.1.

Misceláneo: El aviso de la fecha de la audiencia no es requerido donde el demandado no ha hecho una apariencia. G.S.N.C.§50-10(b). La esposa puede reasumir su apellido de soltera, el apellido del marido anterior que está difunto, o el apellido de un marido anterior que vive si hay niños con ese apellido. G.S.N.C.§50-12. El marido puede reasumir el nombre de antes del matrimonio. G.S.N.C.§50-12 (a).

Veredicto Final: DECRETO DE DIVORCIO

UCCJA: G.S.N.C.§50A-l.

IDO: G.S.N.C.§50-13.9 (rentención del sueldo).

Reparación Temporal: G.S.N.C.§50-l6.2A (acerca la Pensión Alimenticia).

Violencia Doméstica: G.S.N.C.§50B-1.

Anulación: G.S.N.C.§50-4.

NORTH DAKOTA

La Ley:	El Código del Siglo Anotado de North Dakota, Título14, Capítulo 14-05, Sección 14-05-01 (N.D.C.C.§14-05-01). Busque en el volumen 3A.
Formato del Encabezamiento/Partes:	EL ESTADO DE NORTH DAKOTA, CONDADO DE ______ EN EL CORTE DEL DISTRITO, _______ DISTRITO JUDICIAL __________ Demandante, vs. __________, Demandado.
Título de la Demanda:	DEMANDA DE DIVORCIO
Residencia:	Demandante debe ser residente durante 6 meses antes de la entrada del decreto. N.D.C.C.§14-05-17.
Corte:	Condado dónde el demandado reside. Si el demandado no es residente, entonces en cualquier condado que el demandante declara.
Causas:	NO CULPABILIDAD: "Las partes tienen diferencias irreconciliables." N.D.C.C.§14-05-03. TRADICIONAL: (1) El adulterio; (2) la crueldad extrema; (3) la deserción voluntariosa; (4) el maltratamiento voluntarioso; (5) la intemperancia habitual (la intoxicación); (6) la convicción de una felonía; (7) el encierro para la locura durante 5 años. N.D.C.C.§14-05-03. Para las definiciones de cada causa vean N.D.C.C.§14-05-04 a 14-05-09.1. SEPARACIÓN LEGAL: Los mismos que en No Culpabilidad y lo tradicional. N.D.C.C.§14-06-06.
Tipo de Propiedad:	Distribución equitativa. Toda la propiedad, sin tomar en cuenta cómo o cuando fue adquirido (aunque éste es un factor que se considera) será dividido como las percibe el juez ser justo. No hay factor por estatuto. N.D.C.C.§14-05-24.
Pensión Alimenticia:	Culpabilidad es un factor. No hay otro factor por estatuto. N.D.C.C.§14-05-24.
Mantenimiento Económico de los Niños:	Las pautas del Apoyo Económico del Niño han sido preparadas por el Departamento de Servicios Humanos de North Dakota. N.D.C.C.§14-05-24 & 14-09-09.7. Verifique con el secretario de la corte dónde obtener una copia.
Custodia de los Niños:	Los factores: (1) el amor, afecto y lazos emocionales entre el niño y cada padre; (2) la capacidad de cada padre y la disposición para dar amor, afecto y dirreción, y para continuar la educación del niño; (3) la disposición de cada uno para proporcionar la comida, ropa, cuidado médico y otras necesidades de la vida; (4) la duracíon de tiempo que el niño ha estado en un ambiente estable y satisfactorio, y la conveniencia de mantener la continuidad; (5) la unidad familiar de la casa custodial existiendo o propuesto; (6) la aptitud moral de cada padre; (7) la salud mental y física de los padres; (8) el record del niño en su casa, escuela y comunidad; (9) la preferencia razonable del niño, si es de inteligencia, comprensión y experiencia suficiente; (10) cualquier existencia de violencia doméstica; (11) la interacción y relación mutua entre el niño y sus padres, hermanos y otras personas significantes; (12) cualquier alegación de abuso falso que no se hizo en buena fe; y (13) cualquier otro factor pertinente. N.D.C.C.§14-09-06.2. También vea N.D.C.C.§14-05-22; 14-09-06; y 14-09-06.1.
Misceláneo:	El nombre anterior o de soltera se puede restaurar.
Veredicto Final:	DECRETO DE DIVORCIO Vea los requisitos bajo N.D.C.C.§14-09-08.10 acerca los requisitos del seguro médico.
UCCJA:	N.D.C.C.§14-14-01.
IDO:	N.D.C.C.§14-09-09.10.
Reparación Temporal:	N.D.C.C.§14-05-23.
Violencia Doméstica:	N.D.C.C.§14-07.1-01.
Anulación:	N.D.C.C.§14-04-01.

OHIO

La Ley:	El Código Revisado Anotado de Ohio por Page, Sección 3105.01 (O.R.C.§3105.01). Busque "Título 31 los Relaciónes Domésticos – los niños".
Formato del Encabezamiento/Partes:	EN LA CORTE DE DEMANDAS COMUNES DE ______ CONDADO, OHIO __________ Demandante, vs. __________, Demandado. [procedimiento de divorcio] __________ Solicitante, y __________,Co-Solicitante. [procedimiento de disolución del matrimonio]
Título de la Demanda:	DEMANDA DE DIVORCIO [procedimiento de divorcio] PETICIÓN PARA LA DISOLUCIÓN DEL MATRIMONIO [procedimiento de disolución del matrimonio] Petición para el procedimiento de disolución se debe firmar por ambos, y se debe atar un acuerdo de separación qué establece las temas de división de la propiedad, pensión alimenticia, custodia y visitación, y apoyo económico del niño. Ambos también pueden archivar un plan del crianza.
Residencia:	El procedimiento de divorcio: demandante debe ser residente de Ohio durante 6 meses, y del condado durante 90 días. El procedimiento de Disolución: uno debe ser residente durante 6 meses antes de archivar. O.R.C.§3 105.62.
Corte:	Condado dónde el solicitante o demandante ha residido durante por lo menos 90 días.
Causas:	NO CULPABILIDAD: El procedimiento de divorcio: (1) "Las partes son incompatibles." Se puede negar un divorcio sólo usando esta causa si su esposo niega la incompatibilidad. (2) "Ambos han estado viviendo separados sin la convivencia durante 1 año." El procedimiento de disolución del matrimonio: "Las partes desean un disolución de matrimonio, y han atado un acuerdo de separación." Procedimiento de Petición conjunta también se puede archivar. TRADICIONAL: (1) La bigamia; (2) la ausencia voluntariosa del otro durante 1 año; (3) el adulterio; (4) la crueldad extrema; (5) el contrato fraudulento; (6) el maltrato grave de deber; (7) la embriaguez habitual; (8) encarcelamiento en el momento de archivar; y (9) cuando el decreto de divorcio en otro estado no suelta uno de sus obligaciones matrimoniales en Ohio. O.R.C.§3105.01. SEPARACIÓN LEGAL: Sólo una demanda de pensión alimenticia se puede someter, con tal que ambos han estado viviendo separados, y bajo las mismas causas que en el divorcio tradicional. O.R.C.§3105.17.
Tipo de Propiedad:	Distribución equitativa. La propiedad separado es: (1) adquirido antes del matrimonio; (2) adquirido por la herencia; (3) el ingreso y apreciación pasivo de la propiedad separada; (4) adquirido después de un decreto de separación legal; (5) excluyido por un acuerdo antenupcial; (6) obtenido como compensación de un daño civil; o (7) claramente adquirido como un regalo a sólo uno. La propiedad matrimonial es dividido considerando: (1) la duración de matrimonio; (2) recursos/bienes y obligaciones de cada quien; (3) el deseo que permanezca en la casa matrimonial el custodio del niño; (4) la conveniencia económica de retener recursos/bienes o intereses de negocio intactos; (5) las consecuencias de los impuestos; (6) los costos de venta, si la venta es necesaria; (7) cualquier división consiguiente a un acuerdo de separación; y (8) cualquier otro factor pertinente. O.R.C.§3105.171.
Pensión Alimenticia:	Llamado "apoyo conyugal." La corte determinará la división de la propiedad primero. Culpabilidad no es considerado. Los factores: (1) el ingreso; (2) la habilidad de ganar sueldo; (3) la edad, condición física, mental y emocional; (4) los beneficios jubilatorios; (5) la duración de matrimonio; (6) el punto que sería impropio para él con custodia del niño buscar empleo fuera de la casa; (7) el nivel de vida establecida durante el matrimonio; (8) la educación; (9) los recursos/bienes y obligaciones; (10) la contribución de uno a la educación, entrenamiento o habilidad de ganar sueldo del otro; (11) el tiempo y gasto para obtener la educación y entrenamiento; (12) las consecuencias de los impuestos; (13) la pérdida de ingreso debido a las responsabilidades matrimoniales; y (14) cualquier otro factor pertinente. O.R.C.§3105.18
Mantenimiento Económico de los Niños:	Los factores: (1) los recursos de niño y la habilidad de ganar sueldo; (2) los recursos/bienes de cada padre; (3) el nivel de la vida de cada padre, y el nivel del niño ausente un divorcio; (4) la condición física, emocional, y las necesidades del niño; (5) la necesidad del niño y su capacidad para la educación; (6) la edad del niño; (7) otras obligaciones de apoyo; (8) el valor de servicios contribuido por el padre con custodia. El juico debe incluyir el seguro médico, el pago del apoyo económico del niño a través de la agencia de enforzamiento, y uno de la rentención de sueldo o peticiones o ataduras del dinero en efectivo bajo O.R.C.§3113,21(D) o (H). O.R.C.§3105.05.
Custodia de los Niños:	El mejor interés del niño, considerando: (1) los deseos de los padres; (2) los deseos del niño, si lo entrevista el juez; (3) la interacción y relación mutua entre el niño y padres, hermanos y otras personas significantes; (4) el ajuste del niño a su casa, escuela y comunidad; (5) la condición mental y física de todas las personas involucrados; (6) el padre más probable de honrar y facilitar la visitación; (7) la complacencia con cualquieres ordenes del Apoyo Económico del Niño; (8) cualquier historia de abuso o maltratamiento; (9) cualquier historia de rechazo de la visitación; y (10) si un padre piensa hacer su residencia fuera de Ohio. O.R.C.§3109.04.
Misceláneo:	Ninguno puede cancelar el seguro de salud. O.R.C.§3105.71.
Disolución:	Habrá una audiencia entre 30 y 90 días después del archivo, y donde ambos deben aparecer y cada uno declarar que él o ella firmaron el acuerdo voluntariamente, está satisfecho con el acuerdo, y desean una disolución de matrimonio. Una muestra de la petición se puede encontrar en las Reglas de Ohio de Procedimiento Civil, el Apéndice de Formularios, Forme #20. También verifique para las reglas de la corte locales.
Veredicto Final:	DECRETO DE DIVORCIO [El procedimiento de divorcio] DECRETO DE DISOLUCIÓN DEL MATRIMONIO [El procedimiento de disolución de matrimonio]
UCCJA:	O.R.C.§3109.21.
IDO:	O.R.C.§3113.21.
Reparación Temporal:	O.R.C.§3105.18(B) (Pensión Alimenticia).
Violencia Doméstica:	O.R.C.§3113.31.
Anulación:	O.R.C.§3105.31.

OKLAHOMA

La Ley:	Estatutos Annotated de Oklahoma, Título 43, Sección 101 (43 O.S.A.§101).
Formato del Encabezamiento/Partes:	El ESTADO DE OKLAHOMA, EN EL CORTE DEL DISTRITO, _______ el CONDADO __________ Demandante, vs. __________, Demandado.
Título de la Demanda:	PETICIÓN DE DIVORCIO Sólo lista las causas por estatuto, sin detallar los hechos. 43 O.S.A.§107. La petición se debe verificar. 43 O.S.A.§105.
Residencia:	Uno debe ser residente durante 6 meses. 43 O.S.A.§102.
Corte:	Condado dónde el demandante ha residido durante 30 días, o el condado dónde el demandado reside. 43 O.S.A.§103.
Causas:	NO CULPABILIDAD: "Las partes son incompatibles." 43 O.S.A.§101. TRADICIONAL: (1) el abandono durante 1 año; (2) el adulterio; (3) la impotencia; (4) la esposa está embarazada por otro en el momento de matrimonio; (5) la crueldad extrema; (6) el contrato fraudulento; (7) la embriaguez habitual; (8) el maltrato grave de deber; (9) el encarcelamiento para una felonía en el momento de archivar; (10) el divorcio en otro estado que no suelta a uno en Oklahoma de las obligaciones del matrimonio; y (11) el encierro para la locura incurable durante 5 años. 43 O.S.A.§101. SEPARACIÓN LEGAL: La demanda sólo para la pensión alimenticia (llamado el mantenimiento separado), basado en las mismas causas como las de No Culpabilidad y tradicional (es decir, no hay división de propiedad). 43 O.S.A.§129.
Tipo de Propiedad:	Distribución equitativa. La propiedad separada es propiedad adquirido (1) antes del matrimonio o (2) después del matrimonio "en su propio derecho." Culpabilidad no se considera. La propiedad matrimonial se divide en una manera justo y razonable. 43 O.S.A.§121.
Pensión Alimenticia:	La culpabilidad no es considerado. No hay factor por estatuto. Vea 43 O.S.A.§121.
Mantenimiento Económico de los Niños:	Los factores: (1) el ingreso y medios económicos de cada uno, y (2) la propiedad y recursos/bienes de cada uno. Las pautas y tablas del Apoyo Económico del Niño se encuentran bajo 43 O.S.A.§119 y 56 O.S.A.§235.
Custodia de los Niños:	Estatutos listan que padre más probable permitirá frecuente y contacto continuado entre el niño y el otro padre (43 O.S.A.§112); cualquier evidencia de abuso doméstico continuado (43 O.S.A.§112.2); y la preferencia del niño (43 O.S.A.§113).
Misceláneo:	La esposa puede tener su nombre anterior o el apellido de soltera restaurado. 43 O.S.A.§121.
Veredicto Final:	DECRETO DE DIVORCIO Debe incluir los provisiones de deducción de ingreso. 43 O.S.A.§115. Decreto no es final durante 6 meses o hasta que el tiempo de apelar se concluya (es decir se prohibe casarse de nuevo excepto con ellos mismos por 6 meses más cualquier tiempo para ser concluido una apelación). 43 O.S.A.§123.
UCCJA:	43 O.S.A.§501.
IDO:	12 O.S.A.§1170; 43 O.S.A.§115; y 56 O.S.A.§240.
Reparación Temporal:	43 O.S.A.§107.1, 109.1 & 110; y 10 O.S.A.§21.
Violencia Doméstica:	22 O.S.A.§60.
Anulación:	43 O.S.A.§128.

OREGÓN

La Ley:	Estatutos Revisados Anotados de Oregón, Capítulo 107, Sección 107.015 (O.R.S.§107.015). Busque en el volumen 7.
Formato del Encabezamiento/Partes:	EN EL CORTE CIRCUITO EL ESTADO DE OREGÓN EL CONDADO DE ______ Con referencia al matrimonio de ________, Co-Solicitante, y ________, Co-Solicitante. [Co-Petición] Con referencia al matrimonio de ________, Solicitante, y ________, Demandado. [Petición regular]
Título de la Demanda:	PETICIÓN PARA LA DISOLUCIÓN DEL MATRIMONIO Petición debe incluir: (1) los nombres, dirección y números de seguro sociales de los niños y los padres, si es conocido, las fechas de nacimiento de los niños, y la fecha esperada de nacimiento si la esposa está embarazada; (2) los nombres, direcciones y números de seguro sociales, si conocido, y fecha de nacimiento de cualquier niño nacido antes del matrimonio; y (3) si hay cualquier otro caso de las relaciones domésticos pendiente en cualquier otro estado. Antes de una audiencia una declaración escrito se debe archivar qué incluye: (1) los nombres completes y los nombres anteriores de cada quien; (2) la residencia o la dirección legal de cada uno; (3) la edad de cada uno; (4) el número de seguro social de cada uno; (5) la fecha y lugar de matrimonio; y (6) los nombres y edades de los niños. O.R.S.§107.085. La petición debe alegar sólo la causa por estatuto para el divorcio, a menos que haya hechos específicos de mala conducta pertinente al problema de custodia. O.R.S.§107.036. Vea O.R.S.§107.089 para los documentos que se deben dar al otro.
Residencia:	Residencia de uno si ellos estuvieran casados en Oregón. Si no se casaron en Oregón, uno debe ser residente durante 6 meses. O.R.S.§107.075.
Corte:	Condado dónde cualquiera reside. O.R.S.§14.07. Después de que haya servicio al demandado, archive su aparicencia, o une en una petición conjunta, hay un período de 90-días de espera antes de que la audiencia se pueda citar. O.R.S.§107.065.
Causa:	NO CULPABILIDAD: "Hay diferencias irreconciliables entre las partes que ha causado el quebrantamiento irremediable del matrimonio." O.R.S.§107.025. TRADICIONAL: (1) El consentimiento de matrimonio obtenido por el fraude, coacción o fuerza; (2) el matrimonio de menores sin el consentimiento legal; y (3) a uno le faltó la capacidad mental de consentir (incluso debido al alcohol o drogas). O.R.S.§107.015. SEPARACIÓN LEGAL: Las mismas que los de no culpabilidad. O.R.S.§107.025.
Tipo de Propiedad:	Distribución equitativa. Culpabilidad no es considerado. O.R.S.§107.036. Toda la propiedad es dividido según los siguientes factores: (1) el costo de cualquier venta de recursos/bienes; (2) los impuestos y cargas en la propiedad; (3) la contribución de cada uno a la adquisición de propiedad, incluyendo como ama de casa; (4) los beneficios de jubilación o seguro social; (5) seguro de vida; (6) la relación de la compensiación de propiedad a la pensión alimenticia. Preanudación que ambos contribuyeron igualmente a adquirir la propiedad. O.R.S.§107.105(1)(f).
Pensión Alimenticia:	Llamado "apoyo." Culpabilidad no es considerado. O.R.S.§107.036. Él que recibe la pensión alimenticia debe hacer esfuerzos razonables para auto suficiente dentro de 10 años, o se puede terminar la pensión. O.R.S.§107.412. Los factores: (1) la duración del matrimonio; (2) la edad, salud física y mental de cada uno; (3) cualquier contribución a la educación, entrenamiento, o mayores ganancias del otro; (4) la habilidad de cada uno de ganar sueldo; (5) la necesidad para la educación, entrenamiento o readiestro para empleo conveniente; (6) el punto que la habilidad de ganar sueldo adecuado se daña debido a la ausencia del mercado de trabajo por ser una ama de casa, la indisponibilidad de oportunidades de trabajo debido a la edad, y el tiempo necesitado para obtener entrenamiento o actualizar sus destrezas de trabajo; (7) cualquiera responsabilidad de custodia; (8) las consecuencias de los impuestos; (9) la cantidad de obligaciones financieras a largo plazo; (10) los costos de cuidado de la salud; (11) el nivel de la vida establecida durante el matrimonio; (12) cualquier seguro de vida mandado por el corte para afianzar el apoyo; y (13) cualquier otro factor pertinente. O.R.S.§107.105(1)(d).
Mantenimiento Económico de los Niños:	Las escalas oficiales y fórmulas serán disponibles por el secretario de la corte. O.R.S.§107.105 & 108.
Custodia de los Niños:	La custodia junta sólo se otorga cuando ambos están de acuerdo. O.R.S.§107.169. Los factores: (1) los lazos emocionales entre el niño y otros miembros familiares; (2) el interés de cada quien en y su actitud hacia el niño; (3) la conveniencia de continuar las relaciones que existen; y (4) cualquier abuso de uno por el otro; (5) preferencia dada al cuidador principal, si es juzgado ser apropriado por la corte; y (6) la buena gana de cada padre y la disponibilidad para facilitar y animar una relación continuo entre el niño y el otro padre. Sólo se considera la conducta y estilo de vida si causa o puede causar daño emocional o físico al niño (esto requerirá prueba fuerte). O.R.S.§107.137. Se debe archivar el plan del crianza. O.R.S.§107.102.
Misceláneo:	El procedimiento sumario está disponible si: (1) no hay niños menores y la esposa no está embarazada; (2) el matrimonio no duró más de 10 años; (3) no se poseen bienes raíces; (4) no hay más de $15,000 en deudas; (5) el valor total de la propiedad personal es menos de $30,000; (6) solicitante renuncia la pensión alimenticia y los órdenes temporales (excepto los órdenes temporales contra el abuso del esposo); (7) no hay otra demanda de relaciones domésticos en Oregón o cualquier otro estado. O.R.S.§107.485. Los formularios obligatorios e instrucciones para el procedimiento sumario están disponibles con el secretario de la corte. O.R.S.§107.500 (también se encuentran los formularios por estatuto). Si estas situaciones no aplican, ambos todavía pueden archivar una petición conjunta. Cualquiera puede tener su nombre anterior restaurado. O.R.S.§107.105(1)(h).
Veredicto Final:	DECRETO DE DISOLUCIÓN DEL MATRIMONIO Decreto se pone final después de 30 días (o al conclusión de cualquier apelación). O.R.S.§107.115(2).
UCCJA:	O.R.S.§109.700.
IDO:	O.R.S.§25.310.
Reparación Temporal:	O.R.S.§107.095, 107.097 y 107.108.
Violencia Doméstica:	O.R.S.§107.700 (Prevención del Abuso Familiar).
Anulación:	O.R.S.§107.005.

PENNSYLVANIA

La Ley: Estatutos Consolidados Anotados de Pennsylvania por Purdon, Título 23, Sección 3101 (23 Pa.C.S.A.§3101). Esté seguro que usted tiene el volumen 1991. En lugar de poner información actual en una "parte de bolsillo", el publicador emitió una volumen separada que contiene los cambios significantes.

Formato del Encabezamiento/Partes: CORTE DE DEMANDAS COMUNES, ________ el CONDADO PENNSYLVANIA __________ Demandante, vs.___________,Demandado.

Título de la Demanda: DEMANDA DE DIVORCIO

Residencia: Uno debe ser residente durante 6 meses. Pa. C.S.A.§3101.

Corte: O: (1) condado dónde el demandado reside; (2) si el demandado reside fuera del estado, el condado dónde el demandante reside; (3) condado dónde ambos fueron domiciliados mientras casados, si el demandante todavía reside allí; (4) si ambos no han estado separados durante 6 meses y el demandado está de acuerdo, el condado dónde el demandante reside, o donde cualquiera reside si los dos han dejado el condado en que ellos vivieron juntos; o (5) si los ambos han estado separados durante 6 meses o más, el condado dónde cualquiera reside. 23 Pa.C.S.A.§3104.

Causas: NO CULPABILIDAD: (1) "el matrimonio de las partes está roto irrecuperablemente y ambos consienten a un divorcio." Esto requiere que ambos presenten declaraciones juradas que consienten al divorcio, y en un juico no se puede someter hasta 90 días después del archivo. 23 Pa.C.S.A.§33-1(c). (2) "el matrimonio de las partes está roto irrecuperablemente, y las partes han vivido separados por un período menos de dos años." El Demandante debe someter una declaración jurada que declara que ese matrimonio está roto irrecuperablemente y que han vivido separados durante dos años, y o el demandado no debe negar las alegaciones o el juez encuentrará que estos hechos existen. Si el demandado niega, el juez puede suspender la audiencia durante 90 a 120 días y puede requerir terapia para ambos. 23 Pa.. C.S.A.§3301(d). Para la causa de No Culpabilidad, una audiencia no se necesita si las causas se establecen. 23 Pa.C.S.A.§3301(c).

TRADICIONAL: (1) La deserción voluntariosa y malévola durante 1 año; (2) el adulterio; (3) tratamiento cruel y bárbaro que pone en peligro la vida o salud de otro; (4) la bigamia inteligente; (5) esposo que es sentenciado al encarcelamiento por 2 años o más; (6) esposo que ofrece tales indignidades al otro que se hace la vida intolerable y pesado (o sea la crueldad mental) [23 Pa.C.S.A.§3301(a)]; y (7) locura o el desorden mental serio que producen el encierro a una institución mental durante por lo menos los últimos 18 meses, sin la perspectiva razonable de descarga dentro de los próximos 18 meses. Pa.C.S.A.§3301(b).

SEPARACIÓN LEGAL: No hay, aunque un acuerdo de separación se puede crear en preparación para el divorcio.

Tipo de Propiedad: Distribución equitativa. La propiedad no matrimonial incluye: (1) lo adquirido antes del matrimonio, por regalo o herencia; (2) lo adquirido después de la separación, a menos que en cambio de propiedad matrimonial; (3) lo declarado no matrimonial en un acuerdo válido; (4) lo vendido o hipotecado en buena fe y para el valor antes de la separación; (5) lo adquirido en el pago de compensación o arreglo por un reclamo empezado antes del matrimonio o después de la separación; o (6) ciertos beneficios de veterano. 23 Pa.C.S.A.§3501. La propiedad matrimonial se divide considerando: (1) la duración del matrimonio; (2) cualquieres matrimonios anteriores de cada uno; (3) la edad, salud, estación, cantidad y fuentes de ingreso, habilidades profesionales, habilidades de ser empleado, propiedad, obligaciones y necesidades de cada uno; (4) la contribución a la educación, entrenamiento o mayores ganancias del otro; (5) la oportunidad de cada uno para la adquisición de recursos/bienes o ingreso importantes en el futuro; (6) las fuentes de ingreso de cada uno, incluyendo médico, la jubilación y los beneficios de seguros; (7) la contribución o derrocho de cada uno a la adquisición, preservación, depreciación o apreciación de la propiedad matrimonial; (8) el valor de la propiedad separado; (9) el nivel de la vida establecida durante el matrimonio; (10) las circunstancias económicas de cada uno, incluso las consecuencias de los impuestos, y (11) si alguno será custodio de cualquier niño. 23 Pa.C.S.A.§3502(a).

Pensión Alimenticia: Factors: (1) las ganancias relativas y la capacidad de ganar sueldo de cada uno; (2) las edades, la condición física, mental y emocional de cada uno; (3) las fuentes de ingreso, incluyendo los beneficios médico, la jubilación y seguros; (4) las "expectativas y herencias"; (5) la duración de matrimonio; (6) la contribución a la educación, entrenamiento o mayores ganancias del otro; (7) el punto que las mayores ganacias, gastos u obligaciones financieras son afectado si uno hace como custodio del niño; (8) el nivel de la vida establecida durante el matrimonio; (9) la educación relativa de cada uno y el tiempo necesario para adquirir educación y entrenamiento para que sean adecuadamente empleado; (10) los recursos/bienes y obligaciones relativos; (11) La propiedad traido al matrimonio; (12) la contribución de uno siendo ama de casa; (13) las necesidades relatives de cada quien; (14) cualquier mala conducta durante el matrimonio y hasta la separación; (15) las ramificaciones de los impuestos; (16) si él que busca la pensión alimenticia le falta propiedad suficiente para proporcionar para sus necesidades; y (17) si él que busca la pensión alimenticia es incapaz de ser auto-suficiente a través del empleo. 23 Pa.C.S.A.§3701. La convivencia con un miembro del sexo opuesto no pariente termina la pensión alimenticia. 23 Pa.C.S.A.§3706.

Mantenimiento Económico de los Niños: Verifique con el secretario de la corte para las pautas oficiales. 23 Pa.C.S.A.§4322.

Custodia de los Niños: El mejor interés del niño se base en que padre más probable animará y permitará la relación frecuente y continuando con el otro padre. 23 Pa.C.S.A.§5301. Terapia para ambos se puede pedir, con consideración dada a la recomendación del consejero. 23 Pa.C.S.A.§5303(c) & 5305. Si la custodia junta se desea, la corte puede requerir el plan de custodia escrito. 23 Pa.C.S.A.§5306.

Veredicto Final: DECRETO DE DIVORCIO

Si el juez divide la propiedad o decide sobre la pensión alimenticia, se debe declarar las razones en el decreto. 23 Pa.C.S.A.§3506 & 3701(d); y se debe mantener atadura obligatoria de ingreso, a menos que el juez encuentra que no es necesario. 23 Pa.C.S.A.§4348.

UCCJA: 23 Pa.C.S.A.§5341.

IDO: 23 Pa.C.S.A.§4348.

Reparación Temporal: 23 Pa.C.S.A.§3503 (La propiedad) y 3702 (Pensión Alimenticia).

Violencia Doméstica: 23 Pa.C.S.A.§6101.

Anulación: 23 Pa.C.S.A.§3303.

PUERTO RICO

La Ley:	Las leyes de Puerto Rico Anotados, Titúlo 31, Sección 301 (31 L.P.R.A. 301). No hacer caso del los numeros "el capítulo".
Formato del Encabezamiento/Partes:	EL EN EL TRIBUNAL SUPERIOR DE PUERTO RICO sala de ______________, Demandante vs. ______________, Demandado
Título de la Demanda:	DEMANDA DE DIVORCIO
Residencia:	El demandante debe residir en Puerto Rico durante un año; o el acto que sirve como la causa para el divorcio se comprometió en Puerto, o se comprometió mientras una parte residió en Puerto Rico. 31 L.P.R.A. 331. La ley del caso indica que la residencia significa la residencia primaria, permanente (es decir, domicilio).
Corte:	La parte dónde el Demandado reside, "salvo acción que involucra las demandas para los sueldos y apoyo del niño que se procesarán en la parte que corresponde a los demandantes (el sic) el lugar de residencia." Si el demandado no reside en Puerto Rico, entonces en cualquier parte. Las reglas de Procedimiento Civil, Gobierne 3.4. Un caso solicitado en la parte mala se transferirá a la parte apropiada. Gobierne 3.5
Causas:	NO CULPABILIDAD: La separación para más de dos años. TRADICIONAL: (1) El adulterio; (2) el encarcelamiento para una felonía, a menos que el castigo se suspende; (3) embriaguez habitual o el uso continuado y excesivo de opio, morfina, o cualquier otro narcótico; (4) tratamiento cruel o el grave daño; (5) el abandono más largo que un año; (6) "impotencia absoluta, perpetua, e incurable que ocurre después del matrimonio;" (7) " del marido o esposa intención de adulterar a sus hijos o prostituira sus hijas y consentimiento en su corrupción o prostitución;" (8) "la propuesta del marido para prostituir a su esposa;" (9) la locura incurable "el supervening después del matrimonio, para un período de más de siete años, cuando previene a los esposos que viven juntos espiritualmente en serio." 31 L.P.R.A. 321. SEPARACIÓN LEGAL: Llamado "la separación de propiedad," y justificado en las causas siguientes: "siempre que el esposo del demandante se debe de haber condenado a una multa que incluye la interdicción civil, o se debe de haber declarado ausente, o debe de haber dado la causa para el divorcio." 31 L.P.R.A. 3711.
Tipo de Propiedad:	El matrimonio crea "la sociedad conyugal," qué también es llamado "bienes comunes al." 31 L.P.R.A. 3621, el seq del et. La propiedad separada es propiedad traída en el matrimonio como la propiedad separada, adquirida por regalo o herencia, adquirido a cambio de la propiedad separada, o comprado con el dinero separado. 31 L.P.R.A. 3631. La propiedad de la sociedad conyugal es igualmente dividido. La autoridad para dividir la propiedad en el divorcio viene de 31 L.P.R.A. 381.
Pension Alimenticia:	Los factores: (1) cualquier acuerdo de las partes; (2) la edad de cada parte y salud; (3) las calificaciones profesionales de cada parte y probabilidad de acceso al empleo; (4) el pasado y el compromiso futuro con la familia; (5) la participación con respecto al trabajo en el anuncio, actividades industriales, o profesionales del otro esposo; (6) la duración de la convivencia matrimonial; (7) la riqueza financiera medios y necesidades de cada parte; y (8) cualquier otro factor juzgado apropiado dentro de las circunstancias del caso. 31 L.P.R.A. 385.
Mantenimiento Económico de los Niños:	Basado en la habilidad de pagar de parte, y cada las necesidades del niño; pero ninguna pauta específica. 31 L.P.R.A. 561 a través de 570, y 31 L.P.R.A. 601.
Custodia de los Niños:	El interés mejor y bienestar del niño. 31 L.P.R.A. 383. La ley del caso indica los factores siguientes será considerado: (1) la preferencia del niño, el sexo, edad, y reserva mental y salud física; (2) la habilidad de las partes de mantener el amor el niño; (3) la habilidad de las partes de cumplir necesidades todo afectivas, morales, y económicas del niño; (4) el nivel de ajuste necesario por el niño a llevado, adiestre, y comunidad en que ellos viven; (5) la interrelación del niño con las partes, hermanos, hermanas, y otros parientes; y (6) la salud psicológica de todas las partes involucrados. Nudelman v. Ferrer Bolivar, 107 D.P.R. 495 (1978).
Misceláneo.:	Todos los papeles de la corte deben estar en español. Las reglas de Procedimiento Civil, Gobierne 8.5. Si las partes se reconcilian después de una causa de divorcio existente,, ningún divorcio se concederá. En cosas así, una nueva y subsecuente causa de divorcio debe establecerse. 31 L.P.R.A.361.
Veredicto Final:	JUICIO DE DIVORCIO
UCCJA:	No adoptado.
IDO:	Ninguno.
Reparación temporal:	31 L.P.R.A. 341 (la custodia); 31 L.P.R.A. 343 (la pensión).
Violencia doméstica:	8 L.P.R.A. 601.
Anulación:	31 en último lugar L.P.R.A. 412.

RHODE ISLAND

La Ley: Las Leyes Generales de Rhode Island, Sección 15-5-1 (G.L.R.I.§15-5-1). Busque en el volumen 3A. No ponga atención a los números de "Título" y "Capítulo".

Formato del : Encabezamiento/Partes El ESTADO DE RHODE ISLAND, la CORTE FAMILIAR, la DIVISIÓN de ________ [consulta con el sec retario de la corte para el nombre de la división]

__________,Demandante, vs. __________, Demandado.

Título de la Demanda: DEMANDA DE DIVORCIO
Sólo alegue las causas por estatuto, a menos que los hechos específicos son pertinentes al problema de custodia. G.L.R.I.§15-5-3.1.

Residencia: Uno debe tener domicilio durante 1 año. G.L.R.I.§15-5-12. Si sólo el demandado establece este requisito, le tiene que iniciar servicio.

Corte: Condado dónde el demandante reside. Si el demandado es el único que establece el requisito de residencia, entonces será el condado dónde el demandado reside o en el Condado de Providence. G.L.R.I.§15-5-13.

Causas: NO CULPABILIDAD: (1) "Ambos tienen diferencias irreconciliables que han causado el quebrantamiento irremediable del matrimonio." G.L.R.I.§15-5-3.1. (2) "Las partes han estado viviendo separados durante 3 años." G.L.R.I.§15-5-3.
TRADICIONAL: (1) La impotencia; (2) el adulterio; (3) la crueldad extrema; (4) la deserción voluntariosa durante 5 años (o menos por discreción de juez); (5) alcoholismo o droga addición; (6) el maltratamiento de marido y la falta de mantener a la esposa durante 1 año a pesar que era capaz de hacerlo; y (7) "el desmán y la maldad "...repugnante a y en la violación del convenio del matrimonio." G.L.R.I. §15-5-2.
SEPARACIÓN LEGAL: Llamado "divorcio de cama y comida." Los mismos que No Culpabilidad y lo tradicional. La corte determina el período de residencia apropiado. G.L.R.J.§15-5-9.

Tipo de Propiedad: Distribución equitativa. Propiedad separadas son adquiridas antes del matrimonio por regalo o herencia. Los factores en dividir la Propiedad matrimonial: (1) la duración del matrimonio; (2) la conducta de ambos durante el matrimonio; y (3) la contribución de cada quien a la adquisición, preservación o apreciación en el valor del recurso, incluyendo como ama de casa; (4) la salud y edad; (5) la cantidad y fuentes de ingreso; (6) la ocupación y habilidad de ser empleado; (7) la oportunidad para la adquisición de recursos/bienes e ingreso importante en el futuro; (8) la contribución de uno a la educación, entrenamiento; licenciatura, el negocio, o mayores ganancias del otro; (9) la necesidad del padre con custodia de ocupar o poseer la residencia matrimonial; (10) el malgasto por cualquiera de los recursos/bienes, traslado financieros impropio o estorbo de los recursos/bienes; y (11) cualquier otro factor "justo y apropiado". G.L.R.I.§15-5-16.1.

Pensión Alimenticia: Los factores: (1) la duración del matrimonio; (2) la conducta durante el matrimonio; (3) la salud de cada quien, edad,puesto, ocupación, cantidad y fuentes de ingreso, habilidades profesionales, y de ser empleado; y (4) "nivel de vida" [tal vez la intención fue decir "la propiedad"], obligaciones y necesidades de cada quien; (5) efecto que tiene ser el custodio principal de un niño a la habilidad de ese padre ser empleado; (6) la ausencia del empleo debido a las responsabilidades de crianza, y hasta que punto la educación, habilidades, o experiencia sean antecuados y la habilidad de hacer mayores ganancias ha disminuido; (7) el tiempo y gasto necesitario para adquirir la educación y para encontrar empleo y la probabilidad que completa la educación y sea auto-suficiente; (8) el nivel de la vida durante matrimonio; (9) la oportunidad de adquirir recursos/bienes e ingreso importantes; (10) la habilidad del pagador a pagar; y (11) cualquier otro factor pertinente. G.L.R.I.§15-5-16.

Mantenimiento Económico de los Niños: Las pautas de la corte familiar se usan. Hay variaciones en las pautas si algunos factores por estatuto existen. G.L.R.I.§15-5-16.2.

Custodia de los Niños: El mejor interés del niño. No hay factor por estatuto, excepto la violencia doméstica. C.L.R.I.§15-5-16.

Misceláneo: La esposa puede cambiarse el nombre. C.L.R.I.§15-5-17.

Veredicto Final: JUICIO FINAL DE DIVORCIO
Tiempo de la espera es 60 días entre el archivo y la audiencia final, a menos que haya órdenes judiciales. G.L.R.I.§15-5-14.
El juico no es final hasta después de 3 meses. G.L.R.I.§15-5-23.
Para la provisiones requeridas para la deducción de ingreso, vea G.L.R.I.§15-5-24.

UCCJA: G.L.R.I.§15-14-1.
IDO: G.L.R.I.§l5-l6-l y 15-5-24.
Reparación Temporal: G.L.R.I.§15-5-18 y 15-5-19.
Violencia Doméstica: G.L.R.I.§15-15-1.
Anulación: G.L.R.I.§15-5-1 (Use las causas del divorcio y las causas en§15-1-1 hasta 15-1-5).

SOUTH CAROLINA

La Ley:	Código de Leyes de South Carolina, Título 20, Sección 20-3-10 (C.L.S.C.§20-3-10). Busque en el volumen 8A.
Formato del Encabezamiento/Partes:	EL ESTADO DE SOUTH CAROLINA, LA _______ _______ CORTE DEL _______JUDICIAL CIRCUITO, [o el "CIRCUITO" o la "FAMILIA" se escribe en el primer espacio en blanco; el número del circuito en el segundo espacio en blanco] __________,Demandante, vs. __________,Demandado.
Título de la Demanda:	DEMANDA DE DIVORCIO
Residencia:	Si ambos son residentes, el demandante debe ser residente durante 3 meses. Si no, el demandante o demandado debe ser residente durante 1 año. C.L.S.C.§20-3-30.
Corte:	Si ambos son residentes, entonces o el condado dónde el demandado reside, o el condado del último lugar dónde ambos vivieron juntos. Si el demandado no es residente, entonces el condado dónde demandante reside. C.L.S.C.§20-3-60.
Causas:	NO CULPABILIDAD: "Ambos partes han estado viviendo separado sin la convivencia durante 1 año." C.L.S.C.§20-3-10(5). TRADICIONAL: (1) El adulterio; (2) alcoholismo o droga addición; (3) la crueldad física; (4) la deserción durante 1 año. C.L.S.C.§20-3-10. SEPARACIÓN LEGAL: Llamado "mantenimiento separado." Vea C.L.S.C.§20-3-140.
Tipo de Propiedad:	Distribución equitativa. La propiedad no matrimonial es (1) adquirido antes del matrimonio; (2) adquirido por regalo o herencia; (3) adquirido después de un juicio final en un divorcio o acción de mantenimiento separada; (4) adquirido después de firmar un arreglo de acuerdo; (5) adquirido después de un orden judicial permanente con respecto a la propiedad; (6) adquirido a cambio de cualquiera propiedad anterior; (7) declarado como tal en un acuerdo escrito; y (8) cualquier aumento en el valor de cualquier tal propiedad, a menos que fue debido a los esfuerzos de otros. La corte no tiene jurisdicción para otorgar la propiedad no matrimonial de uno al otro. C.L. S.C.§20-7-473. La propiedad matrimonial se divide considerado: (1) la duración del matrimonio, y las edades de cada quien desde el momento del matrimonio hasta ahora; (2) cualquier mala conducta o culpabilidad matrimonial; (3) el valor de la propiedad matrimonial, y la contribución de cada parte a la adquisición, preservación, depreciación o apreciación de recursos/bienes; (4) el ingreso de cada parte, potencial de ganancias y oportunidad para la adquisición de recursos/bienes importantes en el futuro; (5) la salud física y emocional de cada quien; (6) la necesidad de entrenamiento o educación de cada uno; (7) la propiedad no matrimonial de cada uno; (8) la existencia de cualquieres beneficios jubilatorios fundados; (9) si la pensión alimenticia fue otorgado; (10) si el padre con custodia debe permanecer en la casa matrimonial; (11) las consecuencias de los impuestos; (12) cualquiera otra obligación de apoyo; (13) cualquier estorbo y otra deuda en la propiedad; (14) cualquieres arreglos de custodia del niño y sus obligaciones; y (15) cualquier otro factor pertinente. C.L.S.C.§20-7-472.
Pensión Alimenticia:	A cualquiera partes se le puede otorgar la pensión alimenticia. Los factores: (1) la duración del matrimonio, y las edades de cada quien desde el momento del matrimonio hasta ahora; (2) la condición física y emocional de cada uno; (3) el base educativo, y la necesidad para entrenamiento o educación adicional; (4) historia de empleo y el potencial de ganancias; (5) el nivel de la vida establecida durante el matrimonio; (6) las gananciases se anticipan que sean actuales y razonables; (7)los gastos y necesidades se anticipan que sean actuales y razonables; (8) toda la propiedad; (9) cualquieres condiciones y circunstancias del custodia de niño; (10) cualquiera mala conducta o culpabilidad matrimonial; (11) las consecuencias de los impuestos; (12) cualquiera otra obligación de apoyo; y (13) cualquier otro factor pertinente. C.L.S.C.§20-3-130.
Mantenimiento Económico de los Niños:	Los mismos factores en cuanto a la custodia, y ".... una suma justa y razonable según sus medios económicos, que se pueden determinar por la corte." C.L.S.C.§20-3-160 y 20-7-40.
Custodia de los Niños:	Determinado "... como las circunstancias de los padres y la clase del caso y el mejor interés espiritual del niño así como otros que sean apropriado, equitativo y justo." C.L.S.C.§20-3-160.
Misceláneo:	Los formularios pueden estar disponibles del secretario de la corte. Puede tener el apellido anterior o de soltera restaurado. C.L.S.C.§20-3-180.
Veredicto Final:	DECRETO DE DIVORCIO Un periodo de espera de 3 meses entre la fecha del presento y el último decreto, excepto dónde las causas son deserción o separación durante 1 año. C.L.S.C.§20-3-80.
UCCJA:	C.L.S.C.§20-7-782.
IDO:	C.L.S.C.§20-7-1315.
Reparación Temporal:	C.L.S.C.§20-3-110; 20-3-120; y 20-3-130.
Violencia Doméstica:	C.L.S.C.§20-4-10.
Anulación:	C.L.S.C.§20-1-530 (llamado "declaración de incapacidad").

SOUTH DAKOTA

La Ley:	Leyes Codigados de South Dakota, Título 25, Capítulo 25-4, Sección 25-4-1 (S.D.C.L.§25-4-2). Busque en el Volumen 9A, incluyendo "Titulo 25 a 28", y esté seguro que usted tiene la ultima versión del volumen.
Formato del Encabezamiento/Partes:	EL ESTADO DE SOUTH DAKOTA, CONDADO DE ______________, EN EL CORTE CIRCUITO, ______________ DISTRITO JUDICIAL __________ Demandante, vs. __________,Demandado.
Título de la Demanda:	DEMANDA DE DIVORCIO
Residencia:	Demandante debe ser residente en el momento de presentar, y continúa ser residente hasta que el divorcio sea final. S.D.C.L.§25-4-30.
Corte:	Condado dónde cualquiera reside, pero demandado puede tener el caso movido a su condado en la demanda. S.D.C.L.§25-30.1.
Causas:	NO CULPABILIDAD: "Las partes tienen diferencias irreconciliables." S.D.C.L.§25-4-2 y §25-4-17.1. TRADICIONAL: (1) el adulterio; (2) la crueldad extrema; (3) la deserción voluntariosa; (4) el maltratamiento voluntarioso; (5) la intemperancia habitual (la intoxicación); (6) el encierro para la locura incurable durante 5 años; o (7) la convicción de felonía. S.D.C.L.§25-4-2 & 25-4-18. Vea S.D.C.L.§25-4-3 hasta 25-4-17.1. para las definiciones de cada causa. SEPARACIÓN LEGAL: Las mismas que No Culpabilidad y lo tradicional. S.D.C.L.§25-4-17.2 & 25-4-40.
Tipo de Propiedad:	Distribución equitativa. No hay propiedad separada mencionado en el Código. Culpabilidad no es considerado. S.D.C.L.§25-4-45. 1. El único factor en el estatuto es "la equidad y circunstancias de las partes ", y los cortes han interpretado esto usando los factores regulares, incluso el valor del la propiedad de cada quien. Vea S.D.C.L.§25-4-44.
Pensión Alimenticia:	El único factor en el estatuto es el de "las circunstancias de las partes." Culpabilidad es considerado. S.D.C.L.§25-4-41.
Mantenimiento Económico de los Niños:	Un horario obligatorio de apoyo económico del niño se encuentra bajo S.D.C.L.§25-7-6.2 hasta 25-7-6.10.
Custodia de los Niños:	"El mejor interés del niño con respeto al bienestar temporal y moral del niño." La corte puede considerar la preferencia del niño si el niño es "de edad suficiente para formar una preferencia inteligente." S.D.C.L.§25-4-45. La custodia junta también es posible, determinado por factores partidos bajo S.D.C.L.§25-5-7.1.
Misceláneo:	El procedimiento simplificado: Donde ambos partes consienten a no usar No Culpabilidad, la corte puede conceder el divorcio solo a base de las declaraciones juradas de cada quien sobre la residencia y causas, y sin que ellos aparezcan a una audiencia. S.D.C.L.§25-4-17.3. El nombre anterior o el apellido de soltera se puede restaurar. S.D.C.L.§25-4-47.
Veredicto Final:	DECRETO DE DIVORCIO Tiempo de espera de 60 días hasta que se pueda someter el último decreto, o una audiencia se puede citar. S.D.C.L.§25-4-34.
UCCJA.	S.D.C.L.§26-5A-1
IDO:	S.D.C.L.§25-7A-23.
Reparación Temporal:	S.D.C.L.§25-4-33.1 (al presentar hay un orden automático contra cualquiera que atormenta el otro, esconde o dispone de recursos/bienes, o interfiere al aceso entre el padre y los niños); y§25-4-38 (Pensión Alimenticia, Apoyo Económico del Niño, y cuotas legales).
Violencia Doméstica:	S.D.C.L.§25-10-1.
Anulación:	S.D.C.L.§25-3-1.

TENNESSEE

La Ley: El Código Anotado de Tennessee, Título 36, Sección 36-4-101 (T.C.A.§36-4-101). Busque en volumen 6A.

Formato del Encabezamiento/ Partes: EN LA CORTE de ________ CONDADO DE __________, TENNESSEE [El tipo de corte que se ocupa de divorcio en su condado se escribe en el primer espacio. Normalmente esto será "CANCILLERÍA" o "CIRCUITO."], __________, Solicitante, vs. __________, Demandado.

Título de la Demanda: PETICIÓN DE DIVORCIO

La petición incluye: (1) las causas en el lenguaje por estatuto; (2) el nombre completo del marido; (3) el apellido de soltera completa de la esposa; (4) la dirección de ambos, fecha y lugar de nacimiento, raza, y número de matrimonios anteriores; (5) la fecha y lugar de matrimonio; (6) número de niños menores y si hay otra litigación de custodia en otro estado T.C.A.§36-4-106; y (7) una declaración jurada verificando que "los hechos declarados en la petición son verdad al mejor conocimiento y creencia del solicitante, que la petición no está hecho con levedad o por la colusión con el demandado, y que la petición es hecho en la sinceridad y verdad por las causas mencionadas en la petición." T.C.A.§36-4-107.

Residencia: Si las causas ocurrieron en Tennessee, el solicitante debe ser residente cuando ocurrieron las causas. Si no, uno debe ser residente durante 6 meses. T.C.A.§36-4-104.

Corte: Condado en que ambos vivieron al momento de separación, o el condado en que el demandado reside. Si el demandado no es residente o está en la prisión, entonces el condado en que el solicitante reside. T.C.A.§36-4-105.

Causas: NO CULPABILIDAD: (1) "Hay diferencias irreconciliables entre ambos." Para usar esta causa, usted y su esposo deben tener un acuerdo escrito acerca la custodia, apoyo económico del niño, y la división de la propiedad. Si usted tiene niños, ningúna audiencia será citado durante por lo menos 90 días después de la presentación de la petición; si usted no tiene niño, la espera es sólo 60 días. Un divorcio no se puede conceder en esta causa si su esposo niega que hay diferencias irreconciliables, a menos que los dos han firmado un acuerdo de separación válidos. T.C.A.§36-4-101(11) y§36-4-103 y (2). "Las partes han vivido en residencias separadas por un período continuo de 2 años o más, y no han cohabitado como hombre y esposa durante tal período, y no hay niño menor entre ellos." T.C.A.§36-4-101(12).

TRADICIONAL: (1) Cualquiera era involuntariamente impotente e incapaz de procreación en el momento de matrimonio y continúa hasta el momento del la solicitación; (2) la bigamia por cualquiera; (3) el adulterio, pero vea las defensas bajo T.C.A.§36-4-112; (4) deserción voluntariosa y malévola o ausencia durante por lo menos 1 año sin causa razonable; (5) la convicción de un crimen que hace uno de mala reputación; (6) la convicción de una felonía que produce el encierro a una penitenciaría; (7) el atentando contra el esposo/a; (8) Negando mudarse a Tennessee sin causa razonable, e intencionalmente siendo ausente del esposo/a en Tennessee durante 2 años; (9) la esposa estaba embarazada por otro en el momento de matrimonio, sin el conocimiento del marido; (10) embriaguez habitual o abuso de drogas narcóticas, empezando después del matrimonio; (11) tratamiento cruel e inhumano o "conducta matrimonial impropia"; (12) un esposo/a sufriendo tales indignidades que hace su condición intolerable y obligándole que se retire; (13) el abandono del esposo/a, botándolo de la casa, y negando de mantenerlo; y (14) dos años han pasado desde la entrada de un decreto de divorcio de cama y comida, o para el mantenimiento separado, y no ha habido ninguna conciliación. T.C.A.§36-4-101.

SEPARACIÓN LEGAL: Llamado "el divorcio de cama y comida." Las mismas que las causas para el divorcio (11), (12) & (13). T.C.A.§36-4-102.

Tipo de Propiedad: Distribución equitativa. La propiedad separada es adquirido (1) antes del matrimonio; (2) a cambio de tal propiedad; (3) como ingreso o apreciación de tal propiedad; y (4) por regalo o herencia. La propiedad matrimonial se divide según los siguentes factores: (1) la duración de matrimonio; (2) la edad de cada uno, la salud física y mental, las habilidades profesionales, la habilidad de ganar empleo, la habilidad de ganar sueldo, propiedad, obligaciones financieros y necesidades; (3) la contribución tangible e intangible de cualquiera a la educación, entrenamiento o mayores ganancias del otro; (4) las habilidades relativas de cada uno para la adquisición de recursos/bienes e ingreso importantes; (5) la contribución de cada uno a la adquisición, preservación, apreciación o derrocho de propiedad matrimonial o separada; (6) el valor de la propiedad separada; (7) la propiedad de cada uno en momento de matrimonio; (8) las circunstancias económicas en el momento de división de la propiedad; (9) las consecuencias de los impuestos; y (10) cualquier otro factor pertinente. T.C.A.§36-4-121.

Pensión Alimenticia: Los factores: (1) la habilidad relativo de ganar sueldo, obligaciones, necesidades y recursos financieros; (2) la educación y entrenamiento relativa, y la oportunidad de afianzar la educación y entrenamiento, y la necesidad de afianzar la educación y entrenamiento, para mejorar la habilidad de ganar sueldo; (3) la duración de matrimonio; (4) la edad, condición física y mental de cada uno; (5) cualquier limitación en la habilidad de ganar sueldo debido a las responsabilidades de custodia de niño; (6) recursos/bienes separados; (7) la división de La propiedad; (8) el nivel de vida establecida durante el matrimonio; (9) la contribución al matrimonio, y a la otra educación, entrenamiento y mayores ganancias de sueldo; (10) culpabilidad relativo de cada uno; y (11) cualquier otro factor pertinente, incluso las consecuencias de los impuestos. T.C.A.§36-5-101.

Mantenimiento Económico de los Niños: Las pautas y formularios están disponibles del secretario de la corte. T.C.A.§36-5-101(e).

Custodia de los Niños: El mejor interés del niño considerando los siguientes factores: (1) el amor, afecto y lazos emocionales entre los padres y niño; (2) la disposición de padres para proporcionar la comida, ropa, cuidado médico, educación y otras necesidades, y a tal nivel un padre se ha vuelto el cuidador principal; (3) la importancia de continuidad en la vida del niño y duración el niño ha vivido en un ambiente estable y satisfactorio; (4) la estabilidad de la unidad familiar; (5) la salud mental y física de los padres; (6) el record del niño en su casa, escuela y comunidad; (7) la preferencia razonable del niño si tiene por lo menos 12 años de edad, a pesar de que la corte pueda oír la preferencia del niño menor y escoger la preferencia del niño mayor; (8) cualquier evidencia de abuso físico o emocional del niño, padre u otros; y (9) el carácter y conducta de cualquier persona que reside en o frecuenta la casa y la interacción de esa persona con el niño. T.C.A.§36-6-101.

Veredicto Final: DECRETO FINAL DE DIVORCIO

UCCJA: T.C.A.§36-6-201.

IDO: T.C.A.§36-5-501 (llamado "la cesión de ingreso.")

Reparación Temporal: T.C.A.§36-5-101 y 36-6-101.

Violencia Doméstica: T.C.A.§71-6-101.

Anulación: T.C.A.§36-4-101.

TEXAS

La Ley: Códigos Anotados de Texas por Vernon; El Código Familiar, El Capítulo 3, Sección 3.01 (T.C.A.F.C.§3.01).

Formato del Encabezamiento/Partes: EN EL CORTE DISTRITO DE _______ CONDADO, TEXAS, _______ CIRCUITO JUDICIAL

Con referencias al matrimonio de __________,Solicitante. y __________,Demandado.

Título de la Demanda: PETICIÓN DE DIVORCIO
Petición debe incluir: (1) Sólo causas por el estatuto, sin detalles de los hechos, T.C.A.F.C.§3.52; (2) si hay niños bajo la edad de 18; y si hay niños; (3) una declaración que la corte continua la jurisdicción (si existe algún caso de custodia pendiente) o que ningún otra corte tiene jurisdicción; (4) el nombre de cada niño, el sexo, edad, lugar y fecha de nacimiento, y lugar de residencia; (5) el nombre completo, la edad, y lugar de residencia del padre; (6) el nombre y residencia del conservador gerente, guardián u otra persona que la corte nombró con aceso al niño, y consiguente un juicio final; (7) la descripción completa y el valor de toda la propiedad que poseen o que poseé el niño; y (8) una declaración de qué acción se pide de la corte y el estatuto de las causas para esa acción. T.C.A.F.C.§11.08(b).

Residencia: Uno debe vivir en Texas durante 6 meses, y en el condado durante 90 días. T.C.A.F.C.§3.21 y 3.24.

Corte: El condado dónde uno ha vivido por lo menos durante 90 días.

Causa: NO CULPABILIDAD: (1) "El matrimonio de las partes se ha vuelto insupportable debido a discordia o conflicto de personalidades que ha destruido los fines legítimos de la relación matrimonial y ha prevenido cualquier expectativa razonable de conciliación." T.C.A.F.C.§3.01. (2) "Las partes han estado viviendo separados y sin la convivencia durante por lo menos 3 años. T.C.A.F.C.§3.0 1.
TRADICIONAL: (1) El tratamiento cruel de tal forma que seguir viviendo juntos es insupportable; (2) el adulterio; (3) la convicción de una felonía y el encarcelamiento durante 1 año en un estado o la penitenciaría federal a menos que lo perdonen; (4) el abandono durante 1 año; (5) encierro a un hospital mental en el momento de archivar durante por lo menos 3 años, sin la probabilidad de rehabilitación, o que si hubiera rehabilitación ocurrirá una recaída. T.C.A.F.C.§3.02 hasta 3.07.
SEPARACIÓN LEGAL: Acuerdos de separación autorizado por T.C.A.F.C.§3.631, 5.52, 5.53 & 5.54.

Tipo de Propiedad: Comunidad de propiedad. La propiedad separada es adquirido antes del matrimonio, por regalo o herencia, o como compensación de un daño civil. La propiedad matrimonial es dividido igualmente, a menos que la corte lo encuentre ser injusto. T.C.A.F.C.§3.63, 3.632, 3.633 & 5.01.

Mantenimiento Económico de los Niños: No se permite después del divorcio; sólo hasta el último decreto de divorcio. T.C.A.F.C.§3.58 & 3.59. Las pautas se encuentran en T.C.A.F.C.§14.05, 14.05 hasta 14.061.

Custodia de los Niños: Llamado "matenimiento de la conservación." Petición debe incluir una demanda que "afecta la relación entre el padre y el niño." Los factores: (1) las calificaciones de los padres; y (2) cualquier evidencia de uso intencional de fuerza abusiva contra el esposo/a o cualquiera persona bajo la edad de 18 en los últimos 2 años. T.C.A.F.C.§14.01. La custodia junta se puede conceder después de que el juez considera: (1) si la custodia junta beneficiará las necesidades físicas, psicológicas, emocionales y el desarrollo del niño; (2) la habilidad de los padres dar al niño la prioridad principal y llegar a compartir decisiones juntos; (3) la habilidad de animar la relación entre el niño y el otro padre; (4) si ambos padres participaron en la crianza del niño antes de la presentación; (5) la proximidad geográfica de las casas de los padres; (6) las preferencias del niño si tiene por lo menos 12 años de edad; y (7) cualquier otro factor pertinente. El estatuto también establece la visitación mínima. T.C.A.F.C.§3.55, 14.01, 14.03, 14.021, 14.032, 14.033, 14.044 & 36.02.

Misceláneo: No se puede casar de nuevo por 30 días, excepto entre ellos mismos o por un orden judicial. T.C.A.F.C.§3.66. Cualquiera puede obtener cambio de nombre. T.C.A.F.C.§3.64. Un formulario de acción para el aviso por periódico se encuentra en T.C.A.F.C.§3.521.

Veredicto Final: DECRETO DE DIVORCIO
Un tiempo de espera de 60 días antes de que el divorcio se puede conceder. T.C.A.F.C.§3.60. El orden de custodia debe incluir o el número de seguro social del niño y o el número de licencia para manejar si lo hay. El decreto debe incluir los párrafos siguientes [T.C.A.F.C.§11.155(d) & (e)]: (1) "El fallo de obedecer un orden del juicio final para el apoyo económico del niño o tener posesión de o el aceso a un niño puede producir litigación contra él para enforzar al juicio final, incluso la citación pro falt de cumplimiento. Si hay esta citación se puede castigar con encarcelación por seis meses, dar una multa de $500 para cada violación, y un juico monetaria para que pague las cuotas de abogados y los costos de la corte."
(2)"El fallo de uno de hacer pagos de apoyo económico del niño en el lugar y de la manera requerida por un orden judicial, puede resultar en que a esa persona no se dé crédito por el pago."
(3) "El fallo de pagarle apoyo económico del niño no justifica que se le niega la posesión de o aceso a un niño si es mandado por la corte. Y la prohibición por un padre de permitir la posesión de o el aceso a un niño, no justficia que haya falta de pago del apoyo económico del niño si es mandado por la corte."
(4) "Cada persona que es una parte de este orden o decreto se le pide que notifique al secretario de la corte dentro de 10 días después de la fecha de cualquier cambio en la dirección, dirección postal, número de teléfono de casa, nombre del empleador, la dirección y sitio del empleador, o número de teléfono de trabajo. El deber para porporcionar esta información al secretario de la corte continúa cualquiera persona, en virtud de este orden o decreto, que esté bajo una obligación de pagar al apoyo económico del niño o tiene derecho a la posesión de o aceso a un niño. El fallo para obedecer el orden de proporcionar la dirección actual al secretario de la corte puede producir la emisión de una "capias" para el arresto de esa persona, si esa persona no se encuentra en una dirección registrada para servirle personalmente con el aviso de una audiencia." [Si usted puede mostrar que es probable que proporcionando su dirección cause fatiga, daño o lesión, el juez puede permitir que no se proporcione la información. T.C.A.F.C.§11.155(c)].
Vea T.C.A.F.C.§14.057 para las provisiones del apoyo económico que se requieren en el último decreto.

UCCJA: T.C.A.F.C.§11.51.
IDO: T.C.A.F.C.§14.61.
Reparación Temporal: T.C.A.F.C.§3.58 (en general);§3.59 (pensión alimenticia);§11.11 (la custodia).
Violencia Doméstica: T.C.A.F.C.§3.581.
Anulación: T.C.A.F.C.§3.25.

UTAH

La Ley:	El Código Anotados de Utah de 1953, Título 30, Capítulo 3, Sección 30-3-1 (U.C.§30-3-1). Busque el volumen 3B.
Formato del Encabezamiento/Partes:	EN LA CORTE DEL DISTRITO _______ DISTRITO JUDICIAL, EN Y PARA ______ CONDADO ESTADO DE UTAH __________ Demandante, vs.___________, Demandado.
Título de la Demanda:	DEMANDA DE DIVORCIO
Residencia:	Demandante debe ser residente del estado y del condado durante 3 meses. U.C.§30-3-1(2).
Corte:	Condado dónde el demandante establece los requisitos de residencia.
Causas:	NO CULPABILIDAD: (1) "Hay diferencias irreconciliables en el matrimonio." U.C.§30-3-1(3)(h). (2) "Ambos han estado viviendo separados sin la convivencia durante 3 años bajo un decreto judicial de la separación." U.C.§30-3-1(3)(j). TRADICIONAL: (1) La impotencia; (2) el adulterio; (3) la deserción voluntariosa para más de 1 año; (4) la falta intencional de proporcionar al demandante con las necesidades comúnes de la vida; (5) la embriaguez habitual; (6) la convicción de una felonía; (7) el tratamiento cruel y hasta el punto de "agresión corporal o gran daño mental"; y (8) la locura incurable. U.C.§30-3-1(3). SEPARACIÓN LEGAL: (1) La deserción voluntariosa; (2) viviendo separado sin la convivencia; (3) el grave maltratamiento. Para la deserción, el demandado debe ser residente de Utah, o poseer la propiedad en que el demandante reside en Utah. U.C.§30-4-1.
Tipo de Propiedad:	Distribución equitativa. Toda la propiedad es dividida justamente, sin tomar en cuenta cómo o cuando fue adquirido. No hay factor por estatuto. Vea U.C.§30-3-5.
Pensión Alimenticia:	Los factores: (1) la condición financiera y necesidades del destinatario; (2) la habilidad del destinatario de ganar sueldo; (3) la habilidad de que pague el pagador; (4) la duración del matrimonio; (5) si el destinatario tiene custodia del niño menor; (6) si el destinatario trabajó en un negocio poseído u operado por el pagador; (7) si el destinatario contribuyó directamente a la habilidad del pagador y pagando por su educación permitiendo que asiste a la escuela durante el matrimonio; y (8) culpabilidad. U.C.§30-3-5.
Mantenimiento Económico de los Niños:	No hay factor por estatuto o pauta. Vea U.C.§30-3-5.
Custodia de los Niños:	El mejor interés del niño considerando: (1) la conducta del pasado y las normas morales demostradas por los padres; (2) los deseos del niño; (3) qué parte más probablemente actuará en el mejor interés del niño, incluso permitiendo el contacto con el otro padre; y (4) cualquier otro factor pertinente. U.C.§30-3-10. Juez puede ordenar la custodia junta. U.C.§30-3-10.2.
Misceláneo:	Necesite usar el estatuto de cambio de nombre general. Vea U.C.§42-1-1. Una petición de muesta para el divorcio se puede encontrar en las Reglas de Procedimiento Civil de Utah, Apéndice de Formularios, Forma #18. Se pueden exigir que las partes asisten un curso de divorcio si hay niños. U.C.§30-3-4(1)(c).
Veredicto Final:	DECRETO DE DIVORCIO Hay generalmente, 90 días de espera antes de que el divorcio se puede finalizar. U.C.§30-3-18. Debe incluir provisiones para la deducción del ingreso, U.C.§30-3-5.1; y seguro médico para los niños, U.C.§30-3-5(1). Vea U.C.§30-3-5 para las provisiones requeridos en el decreto.
UCCJA:	U.C.§78-45a-1.
IDO:	U.C.§30-3-5.1 y 62A-11-403.
Reparación Temporal:	U.C.§30-3-3 (para pensión alimenticia, apoyo económico del niño y dinero para las cuotas legales)
Violencia Doméstica:	U.C.§30-6-1.
Anulación:	U.C. 30-1-17.4.

VERMONT

La Ley:	Vermont Estatutos Annotated, El Título 15, Sección 551 (15 V.S.A.§551). No hacer caso de "Capítulo" los números. Esté seguro que usted tiene el más actual Volumen.
Formato del Encabezamiento/Partes:	EL ESTADO DE VERMONT, EL SUPERIOR DEL TRIBUNAL, ______ CONDADO, __________ Demandante, vs. __________, Demandado.
Título de la Demanda:	DEMANDA DE DIVORCIO También debe presentar jurada de la declaración de ingreso y recursos/bienes en el formulario disponible del administrador judicial. 15 V.S.A.§662.
Residencia:	Una parte debe ser residente durante 6 meses antes la presentación de la petición, y para 1 año antes de último decreto se entra. 15 V.S.A.§592.
Corte:	Condado dónde cualquier parte reside. 15 V.S.A.§593.
Causas:	NO CULPABILIDAD: "El litigante han estado viviendo separado y separadamente para 6 meses consecutivos y las reanudaciones de relaciones matrimoniales no han sido bastante probable." 15 V.S.A.§551(7). TRADICIONAL: (1) El adulterio; (2) encarcelado durante 3 años o más; (3) "la severidad intolerable"; (4) la deserción voluntariosa durante 7 años; (5) negativa persistente o fracaso para proporcionarle el mantenimiento conveniente al esposo mientras capaz hacer para que; y (6) incurra en la locura capaz; 15 V.S.A.§551 & 631. SEPARACIÓN LEGAL: Mismo en cuanto a Ningún Culpabilidad y tradicional del divorcio. 15 V.S.A.§555.
Tipo de Propiedad:	Distribución equitativa. Todo la propiedad dividió sin tener en cuenta cómo o cuando adquirido, pero cómo y por quien adquirido es un factor. El concepto de "La propiedad separado" se reconoce, pero no se define en el estatuto. Los factores: (1) la duración de matrimonio; (2) la edad y salud de partes; (3) la ocupación de cada parte, y las fuentes y cantidad de ingreso; (4) las habilidades profesionales de cada partes y employabilidad; (5) la contribución de cualquier parte a la educación, entrenamiento y aumentó ganando el poder del otro; (6) el valor de La propiedad, obligaciones, y necesidades de cada uno; (7) si la división de La propiedad es en lugar de o además de Pensión Alimenticia; (8) la oportunidad de cada parte para la adquisición futura de recursos/bienes importante o ingreso; (9) la conveniencia del padre custodial que permanece en la casa matrimonial; (10) el litigante a través de quien la propiedad era adquirido; (11) la contribución de cada parte a la adquisición, preservación, depreciación y apreciación propiedad; y (12) el "los méritos respectivos del litigantes." 15 V.S.A.§751.
Pensión Alimenticia:	Culpabilidad no consideró. Puede otorgarse si (1) a parte que busca Pensión Alimenticia le faltan ingreso suficiente o La propiedad para proporcionar para su o sus necesidades razonables; y (2) es incapaz de apoyar mismo por del empleo apropiado al mismo nivel de la vida establecida durante el matrimonio, o es custodio de un niño. Los factores determinando cantidad y duración: (1) los recursos financiales del litigante que busque Pensión Alimenticia, el La propiedad prorateó a él o ella, habilidad de encontrarse su o sus propias necesidades, y hasta que punto Apoyo Económico Niño contiene una cantidad para él o su como custodio; (2) tiempo y gasto necessarios adquirir la educación y entrenando para encontrar el empleo apropiado; (3) el nivel de vida establecida durante el matrimonio; (4) la duración de matrimonio; (5) la edad, y condición física y emocional del litigantes; (6) la habilidad de la persona de pagar Pensión Alimenticia para encontrarse su o sus propias necesidades mientras pagando; y (7) "la inflación con la relación al coste de la vida." 15 V.S.A.§752.
Mantenimiento Económico de los Niños:	Apoyo oficial de Económico que pueden obtenerse las pautas de Niño del Departamento de Vermont de Servicios Humanos. 15 V.S.A.§650 a través de 663.
Custodia de los Niños:	El mejor interés del niño considerando: (1) la relación del niño y cada parte, y la habilidad de cada parte y disposición para proporcionar amor, afecto y guía; (2) la habilidad y disposición para proporcionar la comida, la vestura, el cuidado médico, otros necesidades materiales, y un ambiente seguro; (3) la habilidad y disposición para satisfacer el presente del niño y las necesidades de desarrollo futuras; (4) la calidad del ajuste del niño para presentar el albergue, la escuela y comunidad, y el efecto potencial de un cambio; (5) la habilidad y disposición para criar una relación continuando con la otra parte; (6) la calidad de la relación del niño con el parte del cuidado primario; (7) la relación de niño a otras personas significantes; (8) la habilidad y disposición de las partes para tomar las decisiones de la juntura; y (9) cualquier evidencia de abuso. 15 V.S.A.§665.
Misceláneo:	La esposa puede reasumir uso de nombre anterior o soltero. 15 V.S.A.§558. Verifique con el secretario judicial para dónde obtener un datos estadístico cubra que debe incluir con la petición. Los nombres de niños también pueden cambiarse. 15 V.S.A.§559.
Veredicto Final:	DECRETO DE DIVORCIO Vea 15 V.S.A.§663 & 781 para Apoyo requerido Económico Niño aprovisiona que debe estar en el decreto. Último después de 3 meses, a menos que la cortes judiciales le den una fecha más temprana. 15 V.S.A.§554.
UCCJA:	15 V.S.A.§1031.
IDO:	15 V.S.A.§663 & 780.
Reparación Temporal:	15 V.S.A.§594a.
Violencia Doméstica:	15 V.S.A.§1101.
Anulación:	15 V.S.A.§511.

VIRGINIA

La Ley:	El Código de Virginia 1950, El Título 20, Sección 20-91 (C.V.§20-91). Busque el Volumen 4A, conteniendo los Títulos 19.2 a 21. No hacer caso del "El Capítulo" los números, y busca "Título" y "Sección" los números.
Formato del Encabezamiento/Partes:	VIRGINIA: EN LA CORTE de _______ DE _______ [El primer espacio en blanco o será "CORTE CICUITO," "CORTE DE RELACIONES DOMÉSTICAS," o "CORTE DE EXPERIMENTOS FAMILIARES." Llame el secretario judicial para encontrar fuera que aplica en su condado.] _________ Demandante, vs. _________, Demandado.
Título de la Demanda:	DEMANDA DE DIVORCIO
Residencia:	Un parte debe ser residente y deben ceder el en el estado durante 6 meses. C.V.§20-97.
Corte:	El condado dónde el Demandado reside, o donde las partes vivieron en último lugar juntos. Si el Demandado es un non-residente, entonces el condado dónde el Demandante reside.
Causas:	NO CULPABILIDAD: (1) "Las partes han estado viviendo separado y separadamente sin la convivencia durante 1 año." (2) "Las partes han estado viviendo separado y no hay ningún niño menor separadamente sin la convivencia durante 6 meses sin la interrupción, y las partes han entrado en un acuerdo de la separación." C.V.§20-91(9). TRADICIONAL: (1) El adulterio, incluso los actos del homosexual, pero ningún divorcio si hay convivencia después del conocimiento del acto, o si el caso no fue presentado para más de 1 año después; (2) la convicción de una felonía y encarcelamiento durante 1 año, y ninguna convivencia después del conocimiento de la felonía; o (3) cualquier parte es "culpable de crueldad, aprehensión razonable causada de herida corporal, o intencionalmente abandonó o abandonó el otro" (no pueden entrarse en los decretos hasta un año después de la fecha de acto). C.V.§20-91. SEPARACIÓN LEGAL: Llamado "el divorcio de la cama la y la comida." Mismo Causas como (3) para el divorcio. C.V.§20-95.
Tipo de Propiedad:	Distribución equitativa. La propiedad separada es la propiedad adquirida (1) antes del matrimonio; (2) por regalo o herencia; (3) por el intercambio para la propiedad separado, con tal de que siempre se mantuviera como la propiedad separada; y (4) cualquier ingreso de, o aumenta en el valor de, tal la propiedad, a menos que el ingreso o aumento eran de los esfuerzos del esposo. Los factores para la división de la propiedad matrimonial: (1) la contribución de cada parte al bienestar de la familia; (2) la contribución de cada parte a la adquisición y cuidado y mantenimiento de la propiedad matrimonial; (3) la duración de matrimonio; (4) la edad, la condición físico, y mental del litigantes; (5) las circunstancias y factores que contribuyen al divorcio; (6) cómo y cuando la propiedad era adquirido; (7) las deudas de cada partes y obligaciones, y la base para, y La propiedad afianzando, tales deudas y obligaciones; (8) líquidez o carácter del nonliquidez de la propiedad todo matrimonial; (9) las consecuencias del impuesto; y (10) cualquier otro factor pertinente. C.V.§20-107.3.
Pensión Alimenticia:	Los factores: (1) las obligaciones, necesidades y recursos financieros del litigantes; (2) el nivel de la vida durante el matrimonio; (3) la duración de matrimonio; (4) la edad y la condición física y mental de las partes y cualquier circunstancia especial de la familia; (5) si un parte no debe buscar fuera el empleo debido a la edad, condición física, o mental o circunstancias especiales de cualquier niño; (6) las contribuciones de cada parte al bienestar de la familia; (7) la propiedad e intereses de cada parte; (8) las provisiones constituyeron la propiedad matrimonial bajo§20-107.3; (9) la abilidad de cada parte de la ganansiar, incluso las habilidades, y entrenando y las oportunidades del empleo presentes; (10) la oportunidad para, habilidad de, y tiempo y costos involucrados para un partes para adquirir educación apropiada, entrenamiento y empleo para reforzar la abilidad de la ganancias del hacer; (11) las decisiones de los litigantes con respecto al empleo, carrera, economía, educación, y arreglos del parenting durante el matrimonio y cómo ellos afectan el presente y futuro que ganan el potencial; (12) hasta que cantidad cualquier partes contribuyeron a la educación, entrenamiento, y posición de la carrera del otro; y (13) cualquier otro factor apropiado, como las consecuencias del impuesto.
Mantenimiento Económico de los Niños:	Apoyo del de Económico que se encuentran pautas de Niño y mesas en C.V.§20-108.1 & 108.2. También vea C.V.§20-60.1
Custodia de los Niños:	El mejor interés del niño, considerando: (1) la edad, condición física y mental del niño y partes; (2) la relación entre el niño y cada parte; (3) las necesidades del niño; (4) el papel que cada partes jugaron, y jugará, en la educación del niño y cuidado; (5) cualquier historia de abuso familiar; (6) la propensión de cada padre para apoyar una relación y avisar con el niño y el otro padre; (7) la preferencia de niño si de edad conveniente, inteligencia y comprensión; y (8) cualquier otro factor pertinente. C.V.§20-124.3.
Misceláneo:	El nombre anterior puede restaurarse si fuera cambiado cuando casado. C.V.§20-121.4. Demandado los puede desistir reparan firmando un formulario delante del secretario judicial o notario. C.V.§20-99.1:1. Debe tener corroborando al testigo; no puede conseguirlos sólo de divorcio del testimonio del litigantes. C.V.§20-99. Para la información sobre el periódico de aviso, vea C.V.§8-01, y 20-104 a 20-105.
Veredicto Final:	DECRETO DE DIVORCIO Vea C.V.§20-60.3 para lo que necesita estar en el decreto con respecto a Apoyo Económico Niño y sueldo rentención.
UCCJA:	C.V.§20-125.
IDO:	C.V.§63-1.
Reparación Temporal:	C.V.§20-103.
Violencia Doméstica:	C.V.§16.1-227.
Anulación:	C.V.§20-89.1.

WASHINGTON

La Ley: El Código Revisado de oeste de Washington Annotated, El Título26, el Capítulo 26.09, Sección 26.09.0 10 (R.C.W.A.§26.09.030). Debe usar los formularios requeridos. R.C.W.A.§26.09.006.

Formato del Encabezamiento/Partes: EN LA CORTE de ________ DEL ESTADO DE WASHINGTON, ["SUPERIOR" o "la FAMILIA"]
EN Y PARA EL CONDADO OF_______
Con el Referencia al matrimonio de ___________, Solicitante, y ___________, Demandado.

Título de la Demanda: PETICIÓN PARA LA DISOLUCIÓN DEL MATRIMONIO
Verifique con el secretario judicial sobre dónde requerirse los formularios antes de que usted prepare cualquier papel. Petición debe incluir: (1) la última dirección conocida de cada parte; (2) la fecha y lugar de matrimonio del; (3) la fecha de separación, si cualquiera; (4) el nombre, edad y dirección de cada niño dependiente, y una declaración de si la esposa está embarazada; (5) cualquier acuerdo acerca de la custodia, Apoyo Económico Niño y Pensión Alimenticia; (6) una declaración de si hay comunidad o la propiedad separada ser dispuesto de; y (7) las reparaciones que busca. También debe acompañarse por un certificado en un formulario proporcionado por el Departamento de Salud. R.C.W.A.§29.09.020.

Residencia: Solicitante debe ser un residente (ningún límite de tiempo).

Corte: Condado dónde Solicitante reside. R.C.S.A.§26.09.010(2).

Causas: NO CULPABILIDAD: "El matrimonio de las partes está roto irrecuperablemente." R.C.W.A.§29.09.030.
TRADICIONAL: Ninguno.
SEPARACIÓN LEGAL: Mismo como No Culpabilidad.

Tipo de Propiedad: Comunidad de propiedad. La propiedad separada es la propiedad adquirida antes del matrimonio o por regalo o herencia, y cualquier ingreso o aumenta en el valor de tal la propiedad. R.C.W.A.§26.16.010 y 26.16.020. Los factores dividiendo la propiedad matrimonial: (1) el tipo y cantidad propriedad comunal; (2) el tipo y cantidad de la propiedad separada; (3) la duración de matrimonio del; (4) las circunstancias económicas de cada parte, incluyendo si las partes custodiales deben permanecer en la casa matrimonial; y (5) cualquier otro factor pertinente.§26.09.080.

Pensión Alimenticia: Culpabilidad no consideró. Los factores: (1) los recursos financieros del litigante que busca Pensión Alimenticia; (2) tiempo necesario adquirir la educación y entrenamiento para encontrar el empleo conveniente a las habilidades de las partes, intereses, estilo de vida, y otras circunstancias del litigante que busca Pensión Alimenticia; (3) el nivel del la vida establecido durante matrimonio; (4) la duración de matrimonio del; (5) la edad, condición física y emocional, y las obligaciones financieras del litigante que busca Pensión Alimenticia; y (6) la habilidad de la otra parte de satisfacer sus propias necesidades mientras Pensión Alimenticia se provide. R.C.W.A.§26.09.090.

Mantenimiento Económico de los Niños: Apoyo oficial Económico que pueden obtenerse pautas de Niño y hojas de cálculo del administrador para la corte. R.C.W.A.§26.09.050, 26.09.100, 26.19.001 a 26.19.100.

Custodia de los Niños: Dondel niño menor está envuelto, la Petición debe incluir un plan de parenting propuesto que debe presentar el más temprano de 30 días después de presentar y repara de un aviso para el ensayo, o 180 días después de presentar. R.C.W.A.§26.09.181. Para los volúmenes del plan R.C.W.A ven.§26.09.184. Si el juez decide la custodia, los factores siguientes se usan: (1) la fuerza del pariente de cada parte; naturaleza y estabilidad de la relación con el niño, incluyendo que el litigante ha tomado la responsabilidad mayor por el niño; (2) cualquier acuerdo las partes; (3) el pasado de cada parte y potencial para la actuación futura de funciones del parenting; (4) las necesidades emocionales de niño y desarrollo; (5) la relación del niño con los hermanos y cualquier otro adulto significante, y envolvimiento en sus ambientes físicos, escuela, y otras actividades; (6) los deseos del litigantes y el niño; y (7) el horario del empleo de cada parte. El gran peso se da para factorizar (1) anteriormente. R.C.W.A.§26.09.187.

Misceláneo: Usted debe usar los formularios obligatorios oficiales aprobados por el administrador para corte. Verifique con el secretario judicial sobre dónde obtener estos formularios. R.C.W.A.§26.09.006.
El nombre de cualquier parte puede restaurarse o puede cambiarse. R.C.W.A.§26.09.150.
Las partes deben presentar un Departamento de Washington de Salud y Certificado de Servicios de Humano con la Petición. Verifique para las reglas de la corte locales en el Washington las Reglas de la Corte Locales, Gobierne 94.04.
La respuesta mandada se llama un "la Contestación." R.C.W.A.§26.09.010(4).

Veredicto Final: DECRETO DE DISOLUCIÓN DEL MATRIMONIO
Tiempo de la espera de 90 días después de presentar y repara en Demandado.
Para los provisiones requeridos R.C.W.A ven.§26.09.105 (seguro médico para los niños); 26.09.165 (los provisiones misceláneos); 26.18.060 (la cesión del salarios); y 26.23.050 (otro Apoyo Económico Niño aprovisiona).

UCCJA: R.C.W.A.§26.27.0 10.
IDO: R.C.W.A.§26.18.060 (la cesión del salario).
Reparación Temporal: R.C.W.A.§29.09.060.
Violencia Doméstica: R.C.W.A.§26.50.010.
Anulación: R.C.W.A.§29.09.040.

WEST VIRGINIA

La Ley:	El Código de West Virginia, El Capítulo 48, Artículo 2, Sección 48-2-1 (W.V.C.§48-2-1). Busque en el Volumen 14.
Formato del Encabezamiento/Partes:	CORTE CIRCUITO DE _______ CONDADO WEST VIRGINIA Con referencia al matrimonio de ___________________, Solicitante y ___________________,Demandado.
Título de la Demanda:	DEMANDA DE DIVORCIO
Residencia:	Uno debe ser residente. W.V.C.§48-2-6. No hay límite de tiempo si las partes fueron casados en West Virginia; sino,1 año Residencia. W.V.C.§48-2-7.
Corte:	Si el demandado es residente, el condado dónde el demandado reside, o el último lugar donde las partes vivieron juntos. Si el demandado no es residente, entonces el condado dónde el demandante reside, o el último lugar donde las partes vivieron juntos. W.V.C.§48-2-8.
Causas:	NO CULPABILIDAD: (1) "Las diferencias irreconciliables existen entre las partes." Esto sólo se puede usar si el demandado presenta una respuesta que admite que hay diferencias irreconciliables. El formulario de la respuesta está disponible bajo W.V.C.§48-2-4a y con el secretario de la corte. W.V.C.§48-2-4(a)(lO). (2) "las partes han estado viviendo separado sin la convivencia y sin interrupción durante 1 año." TRADICIONAL: (1) El adulterio; (2) la convicción de una felonía; (3) el abandono durante 6 meses; (4) el tratamiento cruel e inhumano, incluyendo imputación falsa de adulterio u homosexualidad; (5) alcoholismo o droga addición; (6) el encierro para la locura incurable durante 3 años; (7) el abuso y el maltratamiento de un niño o el otro padre. W.V.C.§48-2-4. SEPARACIÓN LEGAL: Lo mismos que No Culpabilidad y el divorcio tradicional. W.V.C.§48-2-7 & 48-2-28.
Tipo de Propiedad:	Distribución equitativa. La propiedad separado es: (1) adquirido antes del matrimonio; (2) adquirido a cambio de tal propiedad; (3) declarado separado por un acuerdo escrito; (4) adquirido por regalo o herencia; (5) adquirido después de la separación del las partes; y (6) el aumentos en valor de la propiedad separado no debido a los esfuerzos de las partes. Culpabilidad no es considerado. La propiedad matrimonial es dividido igualmente, pero esto se puede alterar tomando en consideración: (1) hasta que punto cada uno contribuyó a la adquisición, preservación y mantenimiento, o aumenta en valor de la propiedad matrimonial; (2) hasta que punto cada parte expendieron esfuerzos durante el matrimonio que limitó o disminuyó el ingreso de ellos mismos, o aumentó el ingreso del otro; o la habilidad de mayor ingreso; (3) la conducta de cualquiera que derrochó o depreció el valor de la propiedad matrimonial. W.V.C.§48-2-32.
Pensión Alimenticia:	Culpabilidad es un factor. Pensión alimenticia se prohibe si él que lo pida (1) era adúltero, (2) se declaró culpable de una felonía durante el matrimonio, o (3) abandonó el otro abandonado durante 6 meses. Los factores: (1) la duración del matrimonio; (2) el período de tiempo durante el matrimonio que las partes realmente vivieron juntos; (3) el ingreso actual y las gananciases continuos; (4) las habilidades de ganar sueldo de las partes; (5) la división de la propiedad, y como afecta las ganancias, y la necesidad para pensión alimenticia o la habilidad de pagar la pensión alimenticia; (6) la edad, físico, y la condición emocional y mental de cada uno; (7) las calificaciones educativas de cada uno; (8) la probabilidad que él busca pensión alimenticia puede aumentar substancialmente su habilidad de subir su ingreso dentro de un tiempo razonable adquiriendo la educación o entrenamiento adicional; (9) se anticipó el gasto de obtener educación y entrenamiento; (10) el costo de educar a los niños menores; (11) el costo de proporcionar seguro medico a un padre y al niño; (12) las consecuencias de los impuestos; (13) hasta que punto sería inapropriado para el padre custodial buscar empleo fuera de casa; (14) las necesidades financieras de ambos; (15) obligaciones legales de cada uno para apoyarse solo y otros; y (16) cualquier otro factor pertinente. W.V.C.§48-2-16.
Mantenimiento Económico de los Niños:	Los mismos factores que en la pensión alimenticia. W.V.C.§48-2-16. Se puede obtener las pautas de la Oficina del Defensor de Niños de West Virginia. Vea W.V.C.§48-2-l5, 48-2-15a, 48-2-16 & 48A-2-8.
Custodia de los Niños:	No hay factor por estatuto. Preanudación a favor de la custodio principal. W.V.C.§48-2-15.
Misceláneo:	Verifique con el secretario de la corte para ver si se necesitan los formularios de informe financieros, y donde estén disponibles.
Procedimiento simplificado	Si el demandante presenta una alguien a petición verificada, y el demandado somete una respuesta verificada (el formulario es disponible del secretario de la corte), ningún testimonio se necesitará para demostrar las diferencias irreconciliables. W.V.C.§48-2-4(a) (10). Cualquiera puede restaurar su nombre a lo anterior del matrimonio, o al nombre de un esposo anterior si existe un niño por ese. W.V.C.§48-2-23.
Veredicto Final:	DECRETO DE DIVORCIO Para las provisiones requeridas vean W.V.C.§48-2-l5a (cuidado médico), y W.V.C.§48-2-15b (del rentención sueldo).
UCCJA:	W.V.C.§48-10-1.
IDO:	W.V.C.§48-2-15b y 48A-5-3.
Reparación Temporal:	W.V.C.§48-2-13.
Violencia Doméstica:	W.V.C.§48-2A-l.
Anulación:	W.V.C.§48-2-2.

WISCONSIN

La Ley:	Estatutos Anotados de Wisconsin de West's, Sección 767.001 (W.S.A.§767.001). No ponga atención a los números de "Capítulo".
Formato del Encabezamiento/Partes:	EL ESTADO DE WISCONSIN: LA CORTE DEL CIRCUITO, _______ CONDADO, Con Referencia al matrimonio de ___________, Co-Solicitante, y ___________,Co-Solicitante. [Si se archivó la petición junto.] Con Referencia al matrimonio de ___________, Solicitante, y ___________, Demandado. [Si se archivó una petición regular.]
Título de la Demanda:	PETICIÓN DE DIVORCIO Petición debe incluir: (1) el nombre, la fecha de nacimiento, el número de seguro social, ocupación de cada parte, la fecha y lugar del matrimonio, y hechos que relacionan a la residencia; (2) el nombre de cada niño y fecha de nacimiento, y si la esposa está embarazada; (3) Causas para el divorcio (sólo por estatuto); (4) si hay cualquier acción de divorcio anterior o pendiente, si cualquier parte tenía matrimonios anteriores, y en ese caso, cómo ellos terminaron, y el nombre de la corte, la fecha y lugar del juico; (5) si las partes tienen algún acuerdo escrito, en ese caso, juntar una copia; y (6) las reparaciones que se buscan. W.S.A.§767.085. Si piden un juicio que afecta a un niño menor (la custodia), la petición también debe pedirle al "Departamento de Salud y Servicios Sociales para proporcionar servicios en nombre del niño menor bajo§46.25." Para los volúmenes de citatorios vean bajo W.S.A§767.085(2m). Para el servicio de petición vean W.S.A§767.l4 y 801.01. Si es una petición junta se presenta, debe incluir: "Las partes consienten a la jurisdicción personal y renuncian la citación de servico." W.S.A.§767.05(3).
Residencia:	Una parte debe ser residente del estado durante 6 meses, y del condado dónde la petición se archiva durante 30 días. W.S.A.§767.05. Hay espera de 120 días después de que hay servico al demandado (o el archivo de la petición junta) antes de que se cita una audiencia. W.S.A.§767.083.
Corte:	Condado en que el requisito de residencia se establece. W.S.A.§767.05.
Causas:	NO CULPABILIDAD: (1) "Las partes juntamente ponen la demanda de divorcio concedan que ha habido un quebrantamiento irrecuperable del matrimonio." [Esto requiere una petición junta]. W.S.A.§767.07 y 767.12. (2) "Ha habido un quebrantamiento irrecuperable del matrimonio." [Esto le exige al juez que determine que no hay oportunidad de conciliación, basado en las razones dadas por el solicitante en la audiencia]. TRADICIONAL: Ninguna. SEPARACIÓN LEGAL: Lo mismos que No Culpabilidad. W.S.A.§767.05 & 767.07.
Tipo de Propiedad:	Comunidad de propiedad. La propiedad separada es que adquirida: (1) antes del matrimonio; (2) por regalo o herencia; o (3) con fondos obtenidos antes del matrimonio o por regalo o herencia. (Sin embargo, estos tipos de propiedad incluso pueden ser divididos para evitar la miseria de uno). Culpabilidad no es considerado. La propiedad matrimonial se divide considerada: (1) la duación del matrimonio; (2) La propiedad que cada uno trajó al matrimonio; (3) si una parte tiene recursos/bienes sustanciales no es sujeto a la división por la corte; (4) la contribución de cada parte al matrimonio; (5) la edad, salud física y emocional de cada uno; (6) la contribución de uno a la educación, entrenamiento o aumentó de ganancias del otro; (7) la habilidad de cada uno de ganar sueldo, las responsabilidades custodiales, y el tiempo y gasto necesario para adquirir la educación o entrenamiento para ser auto suficiente y a un nivel de la vida bastante comparable a eso durante el matrimonio; (8) la conveniencial de padre custodial que permanezca en la casa matrimonial; (9) la cantidad y duración de la pensión alimenticia o apoyo económico de la familia, y si la división de la propiedad es en lugar de aquellos pagos; (10) otras circunstancias económicas del las partes; (11) las consecuencias de los impuesto; (12) cualquier acuerdos escritos; y (13) cualquier otro factor pertinente. W.S.A.§766.0l & 767.255. W.S.A.§767.26.
Pensión Alimenticia:	Llamado "mantenimiento." Culpabilidad no es considerada. A cualquier litigante se le puede conceder la pensión alimenticia después de considerar: (1) la duración del matrimonio; (2) la edad, salud física y emocional de las partes; (3) la división de la propiedad; (4) el nivel educativo de cada uno en el momento del matrimonio y hoy en día; (5) la habilidad de ganar sueldo por él que busca la pensión alimenticia, incluyendo las responsabilidades custodiales, y el tiempo y gastos necesarios para adquirir la educación o entrenamiento para encontrar empleo apropiado; (6) la viabilidad de que el litigante busca la pensión alimenticia pueda ser auto suficiente y alcanzar el nivele de la vida similar a eso durante el matrimonio, y el tiempo necesitado para lograrlo; (7) las consecuencias de los impuestos; (8) cualquier acuerdo entre las partes; (9) la contribución de cualquiera a la educación, entrenamiento, o aumentó en la habilidad de ganar sueldo del otro; y (10) cualquier otro factor pertinente.
Mantenimiento Económico de los Niños:	Se puede combinar con la pensión alimenticia en un solo pago de "apoyo familiar". W.S.A.§767.261. Las pautas de apoyo oficiales están disponibles gatris del secretario de la corte. W.S.A.§767.085(2)(b). W.S.A.§767.l0, 767.25, 767.261, 767.265, 767.27 & 767.29.
Custodia de los Niños:	Llamado "custodia legal y colocación física." El mejor interés del niño está considerando: (1) los deseos de los padres; (2) los deseos del niño; (3) la interacción y relación mutua entre el niño y los padres, hermanos, y cualquier otra persona significante; (4) el ajuste de niño a su casa, escuela y comunidad; (5) la salud mental y física de todos involucrados; (6) la disponibilidad de los servicios de guardería públicos o de cuidado privados; (7) la probabilidid que un padre interfiera irrazonablemente con el niño mientras está continuando una relación con la otra parte; (8) cualquier evidencia de abuso del niño; (9) cualquier evidencia de agresión conyugal o el abuso doméstico; (10) si cualquiera ha tenido un problema significante con la alcohol o el abuso de droga; y (11) cualquier otro factor pertinente. W.S.A.§767.24
Misceláneo:	Cuando niños menores están envueltos, formulario sobre el apoyo económico se debe obtener del secretario de la corte y se debe archivar con la petición. Una guía para entender los procedimientos de la corte se proporcionará por el secretario de la corte cuando la petición se archiva.

Veredicto Final:	DECRETO DE DIVORCIO		
UCCJA:	W.S.A.§822.01.	Violencia Doméstica:	W.S.A.§813.12.
IDO:	W.S.A.§767.265.	Anulación:	W.S.A.§767.03.
Reparación Temporal:	W.S.A.§767.23.		

WYOMING

La Ley:	Estatutos Anotados de Wyoming, El Título 20, El Capítulo 2, Sección 20-2-104 (W.S.A.§20-2-104). Busque en el Volumen 5A.
Formato del Encabezamiento/Partes:	EN EL CORTE DISTRITO Y PARA _______ CONDADO WYOMING _________ Demandante, contra __________, Demandado.
Título de la Demanda:	DEMANDA DE DIVORCIO
Residencia:	Demandante debe ser residente durante 60 días; o, si menos de 60 días, ha sido residente desde la fecha del matrimonio si las partes estaban casados en Wyoming. W.S.A.§20-2-107. Hay 20 días de espera entre la petición y el decreto del divorcio.
Corte:	Condado dónde cualquier parte reside. W.S.A.§20-2-104.
Causas:	NO CULPABILIDAD: "Las partes tienen diferencias irreconciliables." W.S.A.§20-2-104. TRADICIONAL: El encierro para la locura incurable durante 2 años. W.S.A.§20-2-105. SEPARACIÓN LEGAL: Lo mismo que la No Culpabilidad y lo Tradicional del divorcio. W.S.A.§20-2-106.
Tipo de Propiedad:	Distribución equitativa. Toda la propiedad es dividida, sin tomar en cuenta cómo y cuando fue adquirido, a pesar que éste es un factor. Culpabilidad es un factor. Los factores: (1) los méritos respectivos de las partes; (2) la condición en que cada uno saldrá después del divorcio; (3) por quien fue adquirido la propiedad; y (4) las cargas impusieron la propiedad para el beneficio de ambas partes o sus niños. W.S.A.§20-2-114.
Pensión Alimenticia:	A cualquier litigante se le puede otorgar "... pensión alimenticia razonable de la propiedad del otro pero considerando la habilidad del otro." No hay otro factor por estatuto. Culpabilidad no es considerado. W.S.A.§20-2-114.
Mantenimiento: Económico de los Niños:	Las pautas son bajo W.S.A.§20-2-301 hasta§20-2-309. Vea W.S.A.§20-2-401 sobre el apoyo médico para los niños.
Custodia de los Niños:	El mejor interés del niño está considerando: (1) la calidad de relación con cada padre; (2) la habilidad de cada padre de proporcionar el cuidado adecuado (incluso el cuidado por otros); (3) la competencia relativa y aptitud de cada padre; (4) la buena voluntad para aceptar responsabilidades de crianza; (5) cómo los padres y el niño pueden mantener y fortalecer una relación mejor entre ellos mismos; (6) cómo los padres y el niño actúan recíprocamente y comunican entre ellos; (7) la habilidad y buena voluntad para permitirle a otro padre proporcionar el cuidado sin interferir; (8) la distancia geográfica entre las casas de los padres; (9) la habilidad física y mental actual de cada padre para criar al niño; y (10) cualquier otro factor pertinente. W.S.A.§20-2-201.
Misceláneo:	El formulario del denuncia para divorcio se puede encontrar en las Reglas de Wyoming de Procedimiento Civil, el Apéndice de Formularios, Forma #15.
Veredicto Final:	DECRETO DE DIVORCIO
UCCJA:	W.S.A.§20-5-101.
IDO:	W.S.A.§20-6-201.
Reparación Temporal:	W.S.A.§20-2-l09; 20-2-110; 20-2-111; y 20-2-112.
Violencia Doméstica:	W.S.A.§35-21-101.
Anulación:	W.S.A.§20-2-101.

Apéndice B
Modelos de formularios

El Apéndice B contiene modelos de formularios, los cuales se utilizan en la mayoría de los estados. Sin embargo, a raíz de que cada estado es diferente (y en algunos casos cada condado es diferente), deberá buscar información antes de completarlos. Asegúrese de:

1. Leer el Capítulo 5 de este libro relacionado con los formularios.
2. Leer la información relacionada con los requisitos en su estado en el Apéndice A de este libro.
3. Revisar con el Secretario de la Corte Judicial si hay formu larios oficiales que usted debe o puede usar. Si los hubiera utilícelos.
4. Fijarse en uno o más expedientes de divorcio en la oficina del Secretario de la Corte Judicial para ver cómo se preparan los documentos en su área y emplearlos en su caso.
5. Revisar los modelos de formularios en el Apéndice C.

En este Apéndice se encuentran los siguientes formularios:

INVENTARIO DE LA PROPIEDAD

(1) M-E	(2) DESCRIPCIÓN	(3) NO DE IDENTIFICACIÓN (DE LA PROPIEDAD)	(4) VALOR ACTUALIZADO	(5) SALDO DEBIDO	(6) VALOR LIQUIDO	(7) DUEÑO (M-E-C)	(8) M	(9) E

M = MARIDO E = ESPOSA C = CONJUNA

INVENTARIO DE LA DEUDA

(1) M-E	(2) ACREEDOR	(3) NO DE CUENTA	(4) DESCRIPCIÓN	(5) PAGO MENSUAL	(6) SALDO DEBIDO	(7) FECHA	(8) DUEÑO (M-E-C)	(9) M	(10) E

M = MATRIMONIAL E= ESPOSA C = CONJUNTA

_______________________________,

CASE NO.________________

_______________________________,

CERTIFICATE OF SERVICE

I HEREBY CERTIFY that a true and correct copy of the___________________________

____

WAS: ☐ mailed ☐ hand delivered to the parties or persons listed below, this _______ day of

_____________________________, 19_____.

Name______________________________
Address____________________________
____
Telephone No.______________________

Name______________________________
Address____________________________
____
Telephone No.______________________

____
Signature

Name______________________________
Address____________________________
____
Telephone No.______________________

_______________________________,

CASE NO.__________________

_______________________________,

COMPLAINT FOR DIVORCE

The ________________________ (hereinafter called the ________________________), for his/her ________________________ against the ________________________ (hereinafter called the ________________________), alleges and states:

1. RESIDENCE. The ❑ Husband ❑ Wife has been a resident of the State of ______________________________ since ____________________, and of the County of ________________________ since __________________, and otherwise meets all residency requirements for filing this action.

2. HUSBAND'S STATISTICAL FACTS:
   - A. Name:____
   - B. Previous Names, if any:________________________________
   - C. ❑ Current ❑ Last known Address:________________________________

     ____
   - D. Length of Residency:____________________
   - E. Date of Birth:____________________
   - F. Social Security Number:________________________________
   - G. Occupation:____
   - H. Employer's Name and Address:________________________________

     ____

3. WIFE'S STATISTICAL FACTS:
   - A. Name:____
   - B. Previous Names, if any:________________________________
   - C. ❑ Current ❑ Last known Address:________________________________

     ____
   - D. Length of Residency:____________________
   - E. Date of Birth:____________________
   - F. Social Security Number:________________________________
   - G. Occupation:____
   - H. Employer's Name and Address:________________________________

     ____

4. The parties were married on ____________________, at ____________________________; and the marriage is registered at ____.

5. The parties were separated on ____.

6. DECLARATION REGARDING MINOR CHILDREN OF THIS MARRIAGE

A. ❑ There are no minor or dependent children of the parties.

B. ❑ The wife is pregnant, with an expected delivery date of ___________________.

C. ❑ The wife is not pregnant.

D. ❑ The parties have the following minor or dependent children:

Name	Address	Birth Date	Age	Sex	Current Custody

E. ❑ A Uniform Child Custody Jurisdiction Act Affidavit is being completed and filed along with this ______________________.

7. The ❑ Husband ❑ Wife seeks a ______________________________ on the following grounds:

8. ❑ The parties have entered into the settlement agreement attached hereto, resolving the matters of:

❑ Property division

❑ Child custody

❑ Child support

❑ Alimony

❑ Other:

9. The parties ❑ DO ❑ DO NOT have marital property to be divided.

A. ❑ The parties have already divided their property, and each party will keep the property in his or her possession.

B. ❑ The parties have entered into the attached settlement agreement, which provides for the division of their property.

C. ❑ A Financial Affidavit including the parties' assets and debts is being completed and filed along with this ____________________.

D. ❑ The following are the Husband's nonmarital assets and obligations:

E. ❑ The following are the Wife's nonmarital assets and obligations:

10. ❑ The ❑ Husband ❑ Wife requests that his/her name be changed/restored to:_______________________.

11. This action is being filed in good faith, for the purposes and reasons set forth herein.

12. RELIEF REQUESTED. The ❑ Husband ❑ Wife requests the following relief from this court:

A. Grant the parties a ❑ divorce from the bonds of marriage ❑ dissolution of the marriage.

B. ❑ Legal child custody of the child(ren) be awarded to:
❑ Husband ❑ Wife
❑ Other:_______________________________________

C. ❑ Physical custody (primary residence) of the child(ren) be awarded to:
❑ Husband ❑ Wife
❑ Other:_______________________________________

D. ❑ Child visitation rights be granted to the party without physical custody as follows:
❑ Liberal ❑ Reasonable ❑ Scheduled (attach schedule)
❑ Restricted or Supervised as follows:_____________________________
____.

E. ❑ Child support be awarded to: ❑ Husband ❑ Wife

F. ❑ Medical/dental insurance for child(ren) be provided by:
❑ Husband ❑ Wife

G. ❑ Unusual medical/dental expenses be provided by:
❑ Husband ❑ Wife

H. ❑ Alimony be awarded to: ❑ Husband ❑ Wife

I. ❑ Property rights be determined.

J. ❑ Wife's former name restored to:____

K. Any other injunctive or other orders as may be proper.

L. ❑ Other specific relief:

DATED: ________________

____
Signature

Name______________________________________

Address____________________________________

____

Telephone No.________________________________

I DECLARE UNDER PENALTY OF PERJURY, that the facts stated herein are true and correct.

____
Signature

SWORN TO AND subscribed before me on ________________________________, 19_____,
by ____,
who ❑ is personally known to me ❑ produced _________________________ as identification.

____
NOTARY PUBLIC
My Commission Expires:

________________________________,

CASE NO.______________

________________________________,

FINANCIAL STATEMENT

STATE OF)
COUNTY OF)

BEFORE ME, this day personally appeared ______________________________, who being duly sworn, deposes and says that the following information is true and correct according to his/her best knowledge and belief:

ITEM 1: EMPLOYMENT AND INCOME

OCCUPATION: ______________________________
EMPLOYED BY: ______________________________
ADDRESS: ______________________________
____
SOC. SEC. #: ______________________________
PAY PERIOD: ______________________________
RATE OF PAY: ______________________________

AVERAGE GROSS MONTHLY INCOME FROM EMPLOYMENT $__________

Bonuses, commissions, allowances, overtime, tips and similar payments __________
Business Income from sources such as self-employment, partnership, close corporations, and/or independent contracts (gross receipts minus ordinary and necessary expenses required to produce income) __________
Disability benefits __________
Workers' Compensation __________
Unemployment Compensation __________
Pension, retirement, or annuity payments __________
Social Security benefits __________
Spousal support received from previous marriage __________
Interest and dividends __________
Rental income (gross receipts minus ordinary and necessary expenses required to produce income) __________
Income from royalties, trusts, or estates __________
Reimbursed expenses and in kind payments to the extent that they reduce personal living expenses __________
Gains derived from dealing in property (not including nonrecurring gains) __________
Itemize any other income of a recurring nature __________
TOTAL MONTHLY GROSS INCOME $__________

LESS DEDUCTIONS:

Federal, state, and local income taxes (corrected for filing status and actual number of withholding allowances)	$__________
FICA or self-employment tax (annualized)	__________
Mandatory union dues	__________
Mandatory retirement	__________
Health insurance payments	__________
Court ordered support payments for the children actually paid	__________
TOTAL DEDUCTIONS	$__________
TOTAL NET INCOME	$__________

ITEM 2: AVERAGE MONTHLY EXPENSES

HOUSEHOLD:

Mtg. or rent payments	__________
Property taxes & insurance	__________
Electricity	__________
Water, garbage, & sewer	__________
Telephone	__________
Fuel oil or natural gas	__________
Repairs and maintenance	__________
Lawn and pool care	__________
Pest control	__________
Misc. household	__________
Food and grocery items	__________
Meals outside home	__________
Other:	
________________	__________
________________	__________

AUTOMOBILE:

Gasoline and oil	__________
Repairs	__________
Auto tags and license	__________
Insurance	__________
Other:	
________________	__________
________________	__________

CHILDREN'S EXPENSES:

Nursery or baby-sitting	__________
School tuition	__________
School supplies	__________
Lunch money	__________
Allowance	__________
Clothing	__________
Medical, dental, prescriptions	__________
Vitamins	__________
Barber/beauty parlor	__________
Cosmetics/toiletries	__________
Gifts for special holidays	__________
Other expenses:	
________________	__________
________________	__________

INSURANCES:

Health	__________
Life	__________
Other Insurance:	
________________	__________
________________	__________

OTHER EXPENSES NOT LISTED ABOVE:

Dry cleaning and laundry	__________
Affiant's clothing	__________
Affiant's medical, dental, prescriptions	__________
Affiant's beauty salon/barber	__________
Affiant's gifts (special holidays)	__________
Pets:	
Grooming	__________
Veterinarian	__________
Membership Dues:	
Professional dues	__________
Social dues	__________
Entertainment	__________
Vacations	__________
Publications	__________
Religious organizations	__________
Charities	__________
Miscellaneous	__________
OTHER EXPENSES:	
________________	__________
________________	__________
________________	__________
________________	__________
TOTAL ABOVE EXPENSES	$__________

PAYMENTS TO CREDITORS:

TO WHOM:	BALANCE DUE:	MONTHLY PAYMENTS:
________	________	________
________	________	________
________	________	________
________	________	________
________	________	________
________	________	________
________	________	________
________	________	________
________	________	________
________	________	________

TOTAL MONTHLY PAYMENTS TO CREDITORS: $________

TOTAL MONTHLY EXPENSES: $________

ITEM 3: ASSETS (OWNERSHIP: IF JOINT, ALLOCATE EQUITY)

Description	Value	Husband	Wife
Cash (on hand or in banks)	________	________	________
Stocks/bonds/notes	________	________	________
Real Estate:			
Home:	________	________	________
________	________	________	________
________	________	________	________
________	________	________	________
Automobiles:			
________	________	________	________
________	________	________	________
________	________	________	________
Other personal property:			
Contents of home	________	________	________
Jewelry	________	________	________
Life Ins./cash surrender value	________	________	________
Other Assets:			
________	________	________	________
________	________	________	________
________	________	________	________
TOTAL ASSETS:	$________	$________	$________

ITEM 4: LIABILITIES

Creditor	Security	Balance	Husband	Wife
________	________	________	________	________
________	________	________	________	________
________	________	________	________	________
________	________	________	________	________
________	________	________	________	________
________	________	________	________	________
________	________	________	________	________
________	________	________	________	________
________	________	________	________	________
________	________	________	________	________
TOTAL LIABILITIES:		$________	$________	$________

____
Affiant

SWORN TO AND subscribed before me on ____________________________________, 19_______, by ____, who

☐ is personally known to me ☐ produced ____________________________ as identification.

____
NOTARY PUBLIC
My Commission Expires:

CERTIFICATE OF SERVICE

I HEREBY CERTIFY that a true and correct copy of the above Financial Statement has been furnished by mail this _______ day of _____________________, 19_____, to: ____.

____
Signature

_________________________________,

CASE NO.________________

_________________________________,

MARITAL SETTLEMENT AGREEMENT

We, ______________________________, and ______________________________, were married on ______________________________. We desire to terminate our marriage, and we have made this agreement to settle once and for all the matters set forth below. Each of us states that we have honestly disclosed our property, debts, and income to each other, and each of us states that we believe the other one has been open and honest in preparing this agreement. Each of us agrees to sign and exchange any papers that might be needed to complete this agreement. This agreement is based upon our current circumstances as indicated in the financial affidavits filed in this case.

CHILD CUSTODY

❑ We will share in parenting responsibilities; however, physical custody of the minor child(ren), ____ shall be awarded to the Husband; and the Wife shall have reasonable and liberal visitation rights.

❑ We will share in parenting responsibilities; however, physical custody of the minor child(ren), ____ shall be awarded to the Wife; and the Husband shall have reasonable and liberal visitation rights.

❑ Other:

CHILD SUPPORT

❑ The ❑ Husband ❑ Wife agrees to pay the sum of $__________ per __________ as support and maintenance for the minor child(ren) in the physical custody of the other parent.

❑ The ❑ Husband ❑ Wife agrees to maintain health insurance coverage for the minor child/children as long as such insurance is available at a reasonable group rate.

❑ Other:

DIVISION OF PROPERTY

We shall each keep our own personal clothing and effects, unless otherwise indicated below. We divide our property as follows:

1. Husband transfers to Wife as her sole and separate property:
   A.
   B.
   C.
   D.
   E.
   F.
   G.
   ❑ Continued on Additional Sheet.
2. Wife transfers to Husband as his sole and separate property:
   A.
   B.
   C.
   D.
   E.
   F.
   G.
   ❑ Continued on Additional Sheet.

DIVISION OF DEBTS

We divide responsibility for payment of our debts as follows:

3. Husband shall pay the following debts and will not at any time hold Wife responsible for them:
   A.
   B.
   C.
   D.
   E.
   F.
   G.
   ❑ Continued on Additional Sheet

4. Wife shall pay the following debts and will not at any time hold Husband responsible for them:
   A.
   B.
   C.
   D.
   E.
   F.
   G.
   ❑ Continued on Additional Sheet.

ALIMONY

❑ No alimony shall be awarded to either party.

❑ The ❑ Husband ❑ Wife shall pay alimony to the other party in the sum of $_______ per _____________, for a period of _______________________________________; or until the ❑ Husband ❑ Wife dies or remarries, whichever occurs first.

❑ Other:

DATED:_______________________ DATED:_______________________

_______________________________ _______________________________
Husband's signature Wife's signature

Name_______________________________ Name_______________________________
Address_____________________________ Address_____________________________
_____________________________ _____________________________
Telephone No.________________________ Telephone No.________________________

SWORN TO AND subscribed before me on ______________________________, 19_____, by ____, who ❑ is personally known to me ❑ produced ______________________________ as identification.

____
NOTARY PUBLIC
My Commission Expires:

______________________________,

CASE NO.________________

______________________________,

UNIFORM CHILD CUSTODY JURISDICTION ACT AFFIDAVIT

1. The name and present address of each child (under 18) in this case is:

2. The places where the child(ren) has/have lived within the last 5 years are:

3. The name(s) and present address(es) of custodians with whom the child(ren) has/have lived within the past 5 years are:

4. I do not know of, and have not participated (as a party, witness, or in any other capacity) in, any other court decision, order, or proceeding (including divorce, separate maintenance, child neglect, dependency, or guardianship) concerning the custody or visitation of the child(ren) in this state or any other state, except: [specify case name and number and court's name and address].

5. I do not have information of any pending proceeding (including divorce, separate maintenance, child neglect, dependency, or guardianship) concerning the custody or visitation of the child(ren), in this state or any other state except: [specify case name and number and court's name and address].

That proceeding ____is continuing ____has been stayed by the court.

____Temporary action by this court is necessary to protect the child(ren) because the child(ren) has/have been subjected to or threatened with mistreatment or abuse or is/are otherwise neglected or dependent.
Attach explanation.

6. I do not know of any person who is not already a party to this proceeding who has physical custody of, or who claims to have custody or visitation rights with, the child(ren), except: [state name(s) and address(es)].

7. The child(ren)'s "home state" is ____________________________ ["Home State" means the state in which the child(ren) immediately preceding the time involved lived with his or her parents, a parent, or a person acting as a parent, for at least 6 consecutive months, and, in the case of a child less than 6 months old, the state in which the child lived from birth with any of the persons mentioned. Periods of temporary absence of the named persons are counted as a part of the 6 month or other period.]

I acknowledge a continuing duty to advise this court of any custody or visitation proceeding (including dissolution of marriage, separate maintenance, child neglect, or dependency) concerning the child(ren) in this state or any other state about which information is obtained during this proceeding.

DATED:______________________

____
Signature of Affiant

Name__________________________________
Address________________________________
____

Telephone No.___________________________

SWORN TO AND subscribed before me on ________________________________, 19_____,
by ____,
who ❑ is personally known to me ❑ produced __________________________ as identification.

____
NOTARY PUBLIC
My Commission Expires:

____________________________________,

CASE NO.__________________

____________________________________,

ANSWER

The __________________________, ____________________________________, answers the ____ as follows:

1. The allegations of the ____________________________ are true and correct.
2. The grounds for ________________________ as stated in the __________________ are admitted.
3. The __________________ agrees that this action may proceed to a final hearing.
4. Other:

WHEREFORE, _____________________ requests this Court to:

1. Take jurisdiction over the parties and the marriage, and determine any issues the parties may not agree upon.
2. Enter its ____.

____
Signature

Name:_______________________________
Address:_____________________________
____
Telephone No.________________________

SWORN TO AND subscribed before me on _______________________________, 19_____, by ____, who ❑ is personally known to me ❑ produced _________________________ as identification.

____
NOTARY PUBLIC
My Commission Expires:

______________________________,

CASE NO.____________

______________________________,

AFFIDAVIT OF NONMILITARY SERVICE

STATE OF)
COUNTY OF)

______________________________, being first duly sworn, states under penalty of perjury:

_____ 1. That I know of my own personal knowledge that the ________________ is not in the Armed Forces of the United States.

_____ 2. That I have inquired of the Armed Forces of the United States and the U.S. Public Health Service to determine whether the ____________________ is a member of the armed services and am attaching certificates stating that the ________________ is not now in the Armed Forces.

DATED:____________________

____
Signature of Affiant

Name____________________________
Address__________________________
____
Telephone No.______________________

SWORN TO AND subscribed before me on ______________________, 19____, by ____, who ❑ is personally known to me ❑ produced ________________________ as identification.

____
NOTARY PUBLIC
My Commission Expires:

________________________________,

CASE NO.______________

________________________________,

REQUEST FOR CERTIFICATE OF MILITARY STATUS

TO: Commandant, U.S. Coast Guard, Headquarters, Room 4616, 2100 2nd St., S.W., Washington, DC 22059-0001

Military Personnel Records Center (AFPMCA), N.E. Office Pl, 9504-IH 35 No., San Antonio, TX 78233-6635

Department of Navy, Bureau of Navy Personnel, U.S. Navy, Washington, DC 20300

Commandant of Marine Corps (CODE DGK-7), Headquarters, U.S. Marine Corps, Washington, DC 20350

Surgeon General, U.S. Public Health Service, Div. of Comm., Off. Personnel, 5600 Fishers Lane, Rockville, MD 20857

Personnel Records Div., Ofc. U. S. Army Enlisted Records Center, Fort Benjamin Harrison, IN 46249

RE:________________________________ ____________________________
[Party] [Soc. Sec. #]

This case involves a divorce/dissolution of marriage. It is imperative that a determination be made whether the above named individual, who has an interest in these proceedings, is presently in the military service of the United States, and the date of induction and discharge, if any. This information is necessary to comply with §601 of the Soldier's and Sailor's Civil Relief Act of 1940, as amended. Please supply a certification of verification as soon as possible. My check is enclosed for your search fees. A self-addressed stamped envelope is enclosed.

DATED:______________________

____
Signature

Requesting Party
Name__________________________________
Address________________________________
____
Telephone No.____________________________

______________________________,

CASE NO.______________

______________________________,

NOTICE OF HEARING

TO:

PLEASE TAKE NOTICE that the ____ will be called for hearing on ____________, the _____ day of ___________________, 19___, at _______ ___. M., before the Honorable ______________________________, Judge of the above-titled court, ____

____.

____
Signature

Name:___________________________

Address:_________________________

____

Telephone No. ____________________

____________________________________,

CASE NO.________________

____________________________________,

MOTION TO ENTER DEFAULT

The ________________________ hereby moves for the entry of a default against the ____________________________________ for failure to serve or file a timely response to the ____ as required by law.

DATED:______________________

____
Signature
Name: ________________________________
Address: ______________________________
____
Telephone No.____________________________

DEFAULT

A default is entered in this action against the ____________________________for failure to serve or file a response as required by law.

DATED:______________________

CLERK OF COURT

By:____________________________________

_______________________________,

CASE NO.______________

_______________________________,

FINAL JUDGMENT

This action was heard before the Court. On the evidence presented,

IT IS ADJUDGED that the bonds of marriage between the Husband, ______________________________ and the Wife, ______________________________, are dissolved.

IT IS FURTHER ADJUDGED that:

❑ 1. The settlement agreement between the parties filed in this action was executed voluntarily after full disclosure and is approved and incorporated in this judgment by reference, and the parties are ordered to comply with it.

❑ 2. The Wife's former name is restored and she shall hereafter be known as: ____.

❑ 3. The parties shall share parenting responsibilities; however, physical custody of the minor child(ren) of the parties shall be awarded to the party designated below:

Each party shall have the right to visit any child not in his or her physical custody at reasonable times and places after reasonable notice to the custodial party.

❑ 4. The ❑ Husband ❑ Wife shall pay child support to the other party in the sum of $_________ per _________, beginning ____________________, 19____.

❑ 5. The ❑ Husband ❑ Wife shall provide health insurance coverage for the minor child(ren) whenever such insurance is reasonably available.

❑ 6. The ❑ Husband ❑ Wife shall pay alimony to the other party in the sum of $__________ per __________, beginning ________________________, 19_____, to terminate:

❑ On ______________________________, 19_____, or on the death or remarriage of said other party, whichever occurs first.

❑ Upon the death or remarriage of the other party.

❑ Alimony is ❑ Awarded ❑ Not Awarded pursuant to the request and agreement of the parties.

❑ Alimony is ❑ Awarded ❑ Not Awarded based upon the following reasons:

❑ 7. The ❑ Husband ❑ Wife shall pay the other party's attorney's fees, set at $______________ (to be paid to ______________________________), and court costs, taxed at $__________, both of which shall be paid within _____ days of the date of this judgment.

❑ 8. The Husband shall transfer to the Wife as her sole and separate property:

❑ 9. The Wife shall transfer to the Husband as his sole and separate property:

❑ 10. The Husband shall pay the following debts and shall not at any time hold the Wife responsible for them:

❑ 11. The Wife shall pay the following debts and shall not at any time hold the Husband responsible for them:

❑ 12. The parties' nonmarital assets and debts shall be distributed as follows:

❑ 13. Other Provisions:

ORDERED at ______________________________, ____________________, on this _____ day of______________________________, 19____.

____
Judge

______________________________,

CASE NO.______________

______________________________,

MOTION FOR TEMPORARY RELIEF

The Plaintiff/Petitioner moves this Court to enter an order granting Plaintiff/Petitioner the following temporary relief pending the entry of a final order in this action:

[ ] Granting temporary custody of the minor child(ren) of the parties to the Plaintiff/Petitioner.

[ ] Ordering the Defendant/Respondent to pay reasonable child support to the Plaintiff/Petitioner.

[ ] Ordering the Defendant/Respondent to pay temporary alimony to the Plaintiff/Petitioner.

[ ] Other:

[ ] It is requested that this motion be heard ex-parte for the following reasons:

This motion is based upon the pleadings filed in this action and any exhibits attached hereto.

DATED:________________________

____
Signature

Name:___________________________
Address:_________________________
____
Telephone No.____________________

_________________________________,

CASE NO.______________

_________________________________,

ORDER FOR TEMPORARY RELIEF

Upon consideration of the Plaintiff's/Petitioner's motion, and the Court being fully advised in the premises;

IT IS ORDERED that:

- ❑ Temporary custody of the minor child(ren) of the parties shall be awarded to the Plaintiff/Petitioner, and the Defendant/Respondent shall have reasonable visitation rights.
- ❑ The Defendant/Respondent shall pay the sum of $__________ per __________ for the temporary support of the minor child(ren).
- ❑ The Defendant/Respondent shall pay the sum of $__________ per __________ as temporary alimony to the Plaintiff/Petitioner.
- ❑ Other:

This order shall remain in effect until the entry of the final judgment of dissolution of marriage, or until further order of this Court.

ORDERED at ______________________________, ______________________on this _____ day of______________________________, 19____.

____
Judge

Apéndice C
Modelo de un caso con formularios completos

Los nueve formularios que a continuación se detallan se refieren a un típico caso de divorcio contencioso; éstos son:

formulario A	Petición por la disolución del matrimonio (demanda de divorcio)
formulario B	Acta de declaración jurada de jurisdicción uniforme de la custodia de los niños
formulario C	Convocatoria (citación)
formulario D	Contestación a la demanda
formulario E	Acuerdo final de disolución matrimonial
formulario F	Notificación de audiencia
formulario G	Certificado de servicios
formulario H	Certificado de testigos corroborativos
formulario I	Decreto de disolución del matrimonio (decreto final de divorcio)
formulario J	Moción por incumplimiento judicial
formulario K	Declaración jurada de excepción del servicio militar
formulario L	Moción de notificación por publicación
formulario M	Notificación de demanda (o acción)
formulario N	Citación para comparecer y producir documentos

Jaime y Lisa decidieron divorciarse y Jaime se mudó a su propio apartamento. Han logrado un acuerdo en todos los temas, pero Jaime no ha hecho nada para iniciar el proceso de divorcio. Lisa le ha hablado muchas veces para que se reúnan y preparen los documentos, pero Jaime parece que no puede hacerlo. Lisa ha decidido que tendrá que tomar acción ella misma y espera que Jaime coopere una vez que presente la demanda.

El estado donde reside no tiene ningún procedimiento simplificado ni provee una petición conjunta. La información que ha obtenido del Apéndice A le indica:

Formato del Encabezamiento EN EL CIRCUITO DE _________ LA CORTE JUDICIAL

Partes: CONDADO__________ , ESTADO DE

Con referencia al Matrimonio de _______Demandante y____Demandado

Título de la Demanda: PETICIÓN POR DISOLUCIÓN DE MATRIMONIO

Residencia: Una de las partes debe residir al menos por sesenta (60) días antes de la demanda.

En qué Corte Judicial: Donde resida una de las partes.

Causas: Ha habido una ruptura irrecuperable del matrimonio.

Orden Judicial Final: DECRETO DE DISOLUCIÓN DE MATRIMONIO

Primero Lisa prepara la PETICIÓN POR DISOLUCIÓN DE MATRIMONIO (DEMANDA DE DIVORCIO) (formulario A), DECLARACIÓN JURADA FINANCIERA, (este formulario no se incluye en el apéndice, aunque podría encontrar un formulario en blanco en el Apéndice B), el Acta de declaración jurada de jurisdicción uniforme de la custodia de los niños (formulario B) y una CONVOCATORIA (CITACIÓN) (formulario C). Lisa presenta los originales al Secretario de la Corte Judicial, envía copias al Alguacil de la Oficina de Notificaciones quien se las entrega en mano. Lisa también llama a Jaime para decirle que ha solicitado el divorcio, y que recibirá copias de la Oficina del Alguacil.

Cuando Jaime recibe los documentos de manos del Alguacil, la llama y le pregunta qué es lo que deberá hacer después. Ella le envía la CONTESTACIÓN A LA DEMANDA (formulario D), la cual Jaime debe firmar y presentar en la Corte Judicial, dentro de los veinte (20) días indicados en la citación.

Luego, se reúnen y detallan por escrito los puntos en que están de acuerdo: distribución de la propiedad, pensión alimenticia, custodia y mantenimiento económico de los niños. Este arreglo se explica específicamente en el ACUERDO FINAL DE DISOLUCIÓN MATRIMONIAL (formulario F) y es presentado al Secretario de la Corte Judicial.

Lisa entonces obtiene una cita en la Corte Judicial a través de la secretaria del Juez, y prepara la NOTIFICACIÓN DE AUDIENCIA (formulario F). Le envía esta notificación a Jaime por correo y una copia queda en la oficina del Secretario de la Corte. Además Lisa incluye un CERTIFICADO DE SERVICIOS (formulario G) para el Secretario, verificando así que una copia de la notificación de audiencia le fue enviada a Jaime.

Cuando Lisa visita los Tribunales y revisa otros expedientes de divorcio se da cuenta que iba a necesitar un formulario llamado CERTIFICADO DE TESTIGOS CORROBORATIVOS para probar que ella ha cumplido con los requisitos de residencia en el estado. Lisa también va a la biblioteca legal y hace copias de este formulario de un libro que contiene formularios de divorcio. Lisa prepara su formulario CERTIFICADO DE TESTIGOS CORROBORATIVOS (formulario H) un poco antes de la audiencia y le pide a su amiga Elisa que lo firme para verificar que conoce a Lisa desde al menos sesenta (60) días antes de que la demanda fuera presentada, y que sabe que ella ha vivido en este estado por la misma cantidad de tiempo. Este formulario se lo presenta al Secretario de la Corte Judicial.

Lisa alista el DECRETO DE DISOLUCIÓN DE MATRIMONIO (formulario I) y va a la audiencia en la Corte. Debido a que Lisa y Jaime han estado de acuerdo en todo y ambos han firmado el Acuerdo Final de Disolución de Matrimonio, ella puede preparar el Decreto antes de la audiencia. En la audiencia responde a todas las preguntas del Juez y le pregunta todo lo que necesita saber para finalmente entregarle el Decreto. El Juez lo firma y Lisa y Jaime están divorciados.

Si Jaime no hubiera respondido a la Petición dentro de los veinte (20) días después de haber sido notificado (como se requiere en la citación) Lisa debería presentar una MOCIÓN POR INCUMPLIMIENTO JUDICIAL (formulario H) Después de que el Secretario hubiera firmado al pie del formulario, Lisa debería contactar a la secretaria del Juez para convenir una audiencia en la Corte. En ese caso, necesitaría presentar alguna evidencia que pudiera obtener para el Juez y pedirle lo que deseara. Entonces prepararía el decreto, de acuerdo con lo que el Juez decidiera.

Si el Alguacil no hubiera podido ubicar a Jaime o Lisa no supiera dónde podría localizarle, necesitaría demandar servicio de publicación (después de haber corroborado los requisitos del estado) Primero necesitaría asegurarse de que Jaime no se encuentra bajo servicio militar. Si supiera con seguridad que el no lo está, debería presentar una DECLARACIÓN JURADA DE EXCEPCIÓN DEL SERVICIO MILITAR (formulario K). Si ella no estuviera segura debería enviar por correo una copia de la SOLICITUD DE CERTIFICADO DE SERVICIO MILITAR a todos los departamentos de servicios y esperar por las respuestas (Este formulario no se incluye en el Apéndice B). Entonces debería proceder a presentar una MOCIÓN DE NOTIFICACIÓN POR PUB-

LICACIÓN (formulario L) y una NOTIFICACIÓN DE DEMANDA (O ACCIÓN) (formulario M) al Secretario de la Corte. El Secretario de la Corte completaría y firmaría la Notificación de Demanda y entonces Lisa podría hacer arreglos con el periódico del lugar para publicar una copia de la Notificación de Demanda (o Acción) por el número de veces requeridos en el estado. Si Jaime no quisiera firmar el acuerdo, y no presentar una Declaración Financiera Jurada, o no proveyera ninguna información con respecto a sus ingresos, Lisa debería citar legalmente al empleador de Jaime para que testifique en la audiencia. En ese caso Lisa probablemente no querría que el empleador presentara ciertos papales en la audiencia, así que debería preparar una CITACIÓN PARA COMPARECER Y PRODUCIR DOCUMENTOS (formulario N). El Secretario emitiría la citación, y entonces Lisa le entregaría este documento al Alguacil para que se lo diera personalmente al empleado de la Oficina de Personal donde Jaime trabaja.

formulario A

EN EL CIRCUITO DE LA CORTE DEL PRIMER CIRCUITO
JUDICIAL CONDADO DE KING, ESTADO DE COLUMBIA

Liliana Santos ______________________,

No. de Caso.______________

Jaime Santos ______________________,

PETICIÓN POR LA DISOLUCIÓN DEL MATRIMONIO

El Solicitante (hoy en adelante llamado el/la esposa), para su petición contra el/la Demandado (hoy en adelante llamado el/la marido) alega y declara:

1. Residencia: El ❑ marido La ☒ esposa ha sido residente del estado de Columbia desde 3/18/96 y del condado de King desde 3/18/96 y por lo tanto establece todos los requisitos para solicitar esta acción.

2. DATOS ESTÁDISTICOS DEL MARIDO:
   A. Nombre: Jaime Santos
   B. Nombre Previos, si algunos: : ______________
   C. ☒ Actual ❑ última dirección conocida: 142 Balmoral St., #210 Jackson, Columbia 22101
   D. Duración de Residencia: 6 años, 11 meses
   E. Fecha de Nacimiento: 11/14/48
   F. No. de Seguro Social: 999-99-9999
   G. Ocupación: Consejero de Arquitectura
   H. Dirección de Empleador: Old Buildings-R-Us, 721 Wright Drive, Jackson, Columbia 22102

3. DATOS ESTÁDISTICOS DE LA ESPOSA:
   A. Nombre: Liliana Santos
   B. Nombre Previos, si algunos: Liliana Juaréz
   C. ☒ Actual ❑ última dirección conocida: 2476 Highgrove Way Jackson, Columbia 22101
   D. Duración de Residencia: 6 años, 11 meses
   E. Fecha de Nacimiento: 7/1/61
   F. No. de Seguro Social: 888-88-8888
   G. Ocupación: trabajadora de crianza
   H. Dirección de Empleador: We Are The World Foundation 29 Bleeding Heart Lane, Jackson, Columbia 22102

4. Las partes estuvieran casados el 7/29/81, en Washington D.C.; y el matrimonio es registrado en Washington D.C..

5. Las partes se separaron en 11/6/99.

6. DECLARACIÓN SOBRE NIÑOS MENORES DE ESTE MATRIMONIO

A. ❑ No hay niños menores o niños dependientes de cada parte

B. ❑ La esposa está embarazada, con la fecha esperada de nacimiento de ___

C. ❑ La esposa no está embarazada

D. ☒ Las partes tienen los siguentes niños menores o dependientes:

Nombre	Dirección	Fecha de Nacimiento	Edad	Sexo	Custodia Actual
Ana Rosario	Igual que la esposa	6/21/82	10	F	Esposa
Maria Cristina	Igual que la esposa	9/15/84	8	F	Esposa

E. ☒ Acta De Declaración Uniforme El De Jurisdicción De La Custodia Del Niño se esta completando y presentando junto con esta Petición.

7. El ❑ Marido la ☒ Esposa busca a una disolución de matrimonio basado en las siguentes causas:

Ha habido un quebrantamiento irrecuperable del matrimonio.

8. ❑ Las partes entraron en un acuerdo aquí, resolviendo los temas de:

❑ División de propiedad

❑ Custodia del Niño

❑ Apoyo econõmico del niño

❑ Pensión alimenticia

❑ Otro:

9. Las partes ❑ si ☒ no tienen propiedad matrimonial que dividir

A. ☒ Las partes han dividido sus propiedades, y cada quien mantendrá la propiedad en su possession.

B. ❑ Las partes han entrado en un acuerdo aquí, para la division de sus propiedades.

C. ❑ Una declaración jurada financiera incluyendo los recursos/bienes y duedas de cada uno se está completando y archivando con este _____.

D. ❑ Los siguentes son los bienes y obligaciones del marido:________________.

E. ☐ Los siguentes son los bienes y obligaciones de la esposa:

10. El ☐ Marido La ☒ Esposa pide que su nombre se cambia/se restora a: Liliana Juaréz.

11. Esta acción se está solicitando en buena fé, y con el propósito y las razones mencionadas aquí.

12. REPARACIONES PEDIDO: El ☐ Marido La ☒ Esposa pide lo siguente de esta corte:

A. Conceda a las partes ☐ un divorcio de los lazos de matrimonio ☒ disolución del matrimonio.

B. ☒ Custodia legal del niño sea ortorgada al:
☐ Marido ☒ Esposa
☐ otro: ______

C. ☒ Custodia física (residencia primaria) del niño(s) sea ortorgada al:
☐ Marido ☒ Esposa
☐ otro: ______

D. ☒ Derecho de visitación al niño sea ortorgado a la parte sin la custodia física como:

☒ liberal ☐ razonablemente ☐ con horario (anexa el horario)
☐ restringido o supervisado a lo siguiente: ______
______

E. ☒ Apoyo económico del niño sea ortorgado al/la
☐ Marido ☒ Esposa

F. ☒ Seguro medico/dental para los niños sea provisto por el/la
☒ Marido ☐ Esposa

G. ☒ Pago de los gastos medicos/dentales no usuales por el/la
☒ Marido ☐ Esposa

H. ☐ La pensión alimenticia ortorgada al/la ☐ Marido ☐ Esposa

I. ☐ Los derechos de propiedad serán determinados

J. ☒ El nombre anterior de la Esposa sera restaurado a: Liliana Juaréz

K. Cualquier otro mandato u orden que sea apropiado.

L. Otra reparación espécifica:

FECHA: Febrero 15 de 2000

Liliana Santos
Firma

Nombre: Liliana Santos
Dirección: 2476 Highgrove Way
Jackson, COlumbia 22102
No. de Teléfono: (201)555-7739

YO DECLARO BAJO PENALIDAD DE PERJURIO que los hechos declararon aquí son la verdad y correcto.

Liliana Santos
Firma

JURADO Y subscrito ante mí este día ______________________,
2______,

Por ____

Quien es ❑ conocido por mí ❑ ha producido ______________________ como identificación.

____
NOTARIO PÚBLICO
Mi comisión expira: ______________________

formulario B

EN EL CIRCUITO DE LA CORTE DEL PRIMER CIRCUITO
JUDICIAL CONDADO DE KING, ESTADO DE COLUMBIA

LILIANA SANTOS
______________________________,
Solicitante

NO. DE CASO ______________

JAIME SANTOS
______________________________,
Demandado

ACTA DE DECLARACIÓN JURADA DE JURISDICCIÓN
UNIFORME DE LA CUSTODIA DE LOS NIÑOS

1. El nombre y la dirección actual de cada niño (menor de 18) en este caso son:

   Ana Rosario Santos y Maria Cristina Santos
   2476 Highgrove Way
   Jackson, Columbia 22102

2. Los lugares dónde el nino (s) ha/han vivido en los últimos 5 años son:

   Igual que lo anterior.

3. El nombre (s) y direccion actual (es) del custodio con quien el niño (s) ha/han vivido en los últimos 5 años es:

   Con los padres los pasado 5 años.

4. No sé de, y no he sido participante (como una parte testigo, o cualquier otra capacidad) en, cualquier otra decisión judicial, orden, o procedimiento (incluso el divorcio, otro mantenimiento, abandono de niño, dependencia, o custodia) acerca de la custodia o visitación del niño (s) en este estado o cualquier otro estado, excepto: [especifíque el nombre y número del caso, nombre de la corte y su dirección].

   Ninguno.

5. No tengo información de procedimiento pendiente (incluso el divorcio, otro mantenimiento, abandono del niño, dependencia,ningún custodia) acerca de la custodia o visitación del nino (s), en este estado o cualquier otro estado excepto: [especifique nombre del caso y número y el nombre de la corte y dirección].

Ninguno.

Ese procedimiento ________ está continuando ________ ha sido suspendido por la corte.

_____ La acción temporal por esta corte es necesaria para proteger el nino (s) porque el niño (s) ha/han sido sujeto de amenaza o maltrato o abuso o es/son descuidado o dependiente. Junta la explicación.

6. Yo no conozco a otra persona que no es actualmente una parte de este procedimiento que tiene la custodia física, o quién exige tener la custodia o los derechos de visita con el niño (s), excepto: [el nombre (s) y direccion (es)].

Ninguno.

7. El "estado de origen"del niño (s) es Columbia ________ ["estado de origen" significa el estado en que el niño (s) vivió desde el nacimiento antes del tiempo involucrado y vivia con sus padres, un padre, o una persona que actúa como padre, durante por lo menos 6 meses consecutivos, y, en el caso de un niño menos de 6 meses , el estado donde vivia con cualquieras de las personas mencionadas. Se cuentan los períodos de ausencia de las personas nombradas como parte de los 6 meses u otro periodo.]

Yo reconozco mi deber de continuar aconsejar esta corte de cualquier procedimiento de custodia o visitación que ocurre (incluso la disolución de matrimonio, otro mantenimiento separado, abandono del niño, o dependencia) acerca el niño(s) en este estado o cualquier otro estado en cuanto se obtiene información durante este procedimiento.

FECHA: Febrero 15 de 2000

Liliana Santos
Firma del Deponente

Nombre: Liliana Santos
Dirección: 2476 Highgrove Way
Jackson, Columbia 22102
No. de Teléfono: (201)555-7739

JURADO Y subscrito ante mí este día ________________, 2_____,
por ________________________________,
Quien es ❑ conocido por mí ❑ ha producido ________________como identificación.

____
NOTARIO PÚBLICO
Mi comisión expira:

formulario C

EN EL CIRCUITO DE LA CORTE DEL PRIMER CIRCUITO JUDICIAL

CONDADO DE KING, ESTADO DE COLUMBIA

Con referencia al matrimonio de NO. DE CASO: ___________

LILIANA SANTOS,

Solicitante,

y

JAIME SANTOS,

Demandado

CONVOCATORIA

A Cada Policia del Condado del Estado de Columbia:

Se ORDENA que sirva esta notificación y una copia de la petición en esta acción al Demandado:

Jaime Santos
142 Balmoral Street, #210
Jackson, Columbia 22102

Al Demandado se exige servir una contestación escrita al Solicitante.

Liliana Santos
2476 Highgrove Way
Jackson, Columbia 22102

Dentro de 20 días de calendario después de que esta Notificación se sirve al Demandado, exclusivo el día de servicio, y que someta las defensas originales con el secretario de esta corte antes del servicio al Solicitante o inmediatamente después de ésto. Si el Demandado falla en hacerlo, una citación por falta de cumplimiento se sometará contra el Demandado para las reparaciones exigidas en la petición.

FECHADO el ______________________________, 2_____.

Secretario de la Corte

Por ____________________________

Asistente Diputado

formulario D

EN EL CIRCUITO DE LA CORTE DEL PRIMER CIRCUITO JUDICIAL
CONDADO DE KING, ESTADO DE COLUMBIA

LILIANA SANTOS ____________________,
Solicitante,

NO. DE CASO 93-2837

JAIME SANTOS ____________________,
Demandado.

CONTESTACIÓN A LA DEMANDA

El Demandado, Jaime Santos responde a la Petición para la Disolución del Matrimonio como sigue:

1. Las alegaciones de la Petición son la verdad y correctas.
2. Las causas para la disolución como declarados en la Petición se admiten.
3. El Demandado está de acuerdo con que esta acción pueda proceder a una última audiencia.
4. Otro:
   El Demandado pide que el Arreglo de Acuerdo Matrimonial de las partes se apruebe.

DONDE, el Demandado pide de esta Corte a que:

1. Tome la jurisdicción sobre las partes y el matrimonio, y determine cualquier problemas en que las partes no están de acuerdo.
2. Somete su Decreto de Disolución de Matrimonio.

Jaime Santos
____
Firma

Nombre: Jaime Santos
Dirección: 142 Balmoral St., #210
Jackson, Columbia 22102
No. de Teléfono (201)555-1066

JURADO Y subscrito ante mí este día ____________________, 2____,
por ____________________,
Quien ❑ es conocido por mí ❑ ha producido ____________________ identificación.

____
NOTARIO PÚBLICO
Mi comisión expira:

formulario E

EN EL CIRCUITO DE LA CORTE DEL PRIMER CIRCUITO JUDICIAL

CONDADO DE KING, ESTADO DE COLUMBIA

LILIANA SANTOS ______________________,

Solicitante,

NO. DE CASO. 93-2837

JAIME SANTOS ______________________,

Demandado.

ACUERDO FINAL DE DISOLUCIÓN MATRIMONIAL

Nosotros, Liliana Santos, y Jaime Santos, fuimos casados en 7/29/81. Nosotros deseamos terminar nuestro matrimonio, y nosotros hemos hecho este acuerdo para resolver los temas detallados al siguente. Cada uno de nosotros hemos detallado sinceramente nuestra propiedad, deudas, e ingreso a cada quien, y nosotros creemos que el otro ha sido abierto y honrado preparando este acuerdo. Cada uno de nosotros estamos de acuerdo con firmar e intercambiar cualquieres papeles se podrían necesitar para completar este acuerdo. Este acuerdo es basado en nuestras circunstancias actuales como indicado en las declaraciones juradas financieras archivadas en este caso.

LA CUSTODIA DEL NIÑO

☐ Nosotros compartiremos en las responsabilidades de crianza; sin embargo, la custodia física del niño (s), ______________________ se otorgará al Marido; y la Esposa tendrá los derechos a la visita razonable y liberal.

☒ Nosotros compartiremos las responsabilidades de crianza; sin embargo, la custodia física del niño(s), Ana Rosario Santos y Maria Cristina Santos se otorgará a la Esposa; y el Marido tendrá los derechos a la visita razonable y liberal.

☐ Otro:

APOYO ECONÓMICO DEL NIÑO

☒ El ☒ Marido La ☐ Esposa está de acuerdo en pagar la suma de $$600.00 por mes como mantenimiento para el niño (s) en la custodia física del otro padre.

☒ El ☒ Marido La ☐ Esposa está de acuerdo en mantener los fondos de seguro médico para el niño/niños menores con tal que el seguro esté disponible y se proporcion una póliza de grupo razonable.

❑ Otro:

LA DIVISIÓN DE PROPIEDAD

Nosotros nos quedaremos con nuestra propia ropa y efectos personales, a menos que sea contraindicado. Nosotros dividimos nuestra propiedad como sigue:

1. El Marido transfiere a la Esposa como su propiedad exclusiva y separada:
   A. `Toda la propiedad actualmente en posesión de la Esposa.`
   B.
   C.
   D.
   E.
   F.
   G.
   ❑ Continuado en la Hoja Adicional.
2. La Esposa transfiere al Marido como su propiedad exclusivo y separada:
   A. `Toda la propiedad actualmente en posesión del Marido.`
   B.
   C.
   D.
   E.
   F.
   G.
   ❑ Continuado en la Hoja Adicional.

LA DIVISIÓN DE DEUDAS

Nosotros dividimos la responsabilidad por el pago de nuestras deudas como sigue:

3. El Marido pagará las deudas siguientes y no sostendrá a la Esposa responsable para ellos:
   A. `Préstamo del automóvil BMW 1992, No.de Préstamo 20987`
   B.
   C.
   D.
   E.
   F.
   G.
   ❑ Continuado en la Hoja Adicional.
4. La Esposa pagará las deudas siguientes y no sostendrá a la Marido responsable para ellos:
   A. `Hipoteca de la residencia de la Esposa.`
   B.
   C.
   D.
   E.
   F.
   G.
   ❑ Continuado en la Hoja Adicional.

LA PENSIÓN

☒ Ninguna pensión se otorgará a cualquiera parte.

❑ El ❑ Marido La ❑ Esposa pagará la pensión a la otra parte en la suma de $__________ por __________, para un período de ____________________; o hasta que el ❑ Marido o la ❑ Esposa muere o vuelve a casarse, cualquiera ocurre primero.

❑ Otro:

FECHA : Febrero 21, 2000

Jaime Santos

La firma dcl Marido

Nombre Jaime Santos

Dirección 142 Balmoral St., #201

Jackson, Columbia 22102

No. de Teléfono (201)555-1066

FECHA: Febrero 21, 2000

Liliana Santos

La firma de la Esposa

Nombre Liliana Santos

Dirección 2476 Highgrove Way

Jackson, Columbia 22102

No. de Teléfono (201)555-7739

JURADO Y subscrito ante mí este día ____________________, 2____,

por ____,

Quien ❑ es conocido por mí ❑ ha producido ____________________ identificación.

____

NOTARIO PÚBLICO

Mi comisión expira:

formulario F

EN EL CIRCUITO DE LA CORTE DEL PRIMER CIRCUITO JUDICIAL
CONDADO DE KING, ESTADO DE COLUMBIA

LILIANA SANTOS,

Solicitante,

NO. DE CASO: 93-2837

JAIME SANTOS,

Demandado.

NOTIFICACIÓN DE AUDIENCIA

A: Jaime Santos
142 Balmoral St., #201
Jackson, Columbia 22102

POR FAVOR SEA AVISADO que la Petición para la Disolución del Matrimonio se llamará para la audiencia el 22 día de Marzo, 2000, a las 9:00 A.M., ante del Honorable Juez Henry Whitaker, de la corte anteriormente mencionado, en su salón en el Palacio de Justicia del Condado de King, Jackson, Columbia.

Liliana Santos
Firma

Nombre: Liliana Santos
Dirección: 2476 Highgrove Way
Jackson, Columbia 22102
No. de Teléfono (201)555-7739

formulario G

EN EL CIRCUITO DE LA CORTE DEL PRIMER CIRCUITO JUDICIAL
CONDADO DE KING, ESTADO DE COLUMBIA

LILIANA SANTOS ____________________,
Solicitante,

NO. DE CASO: 93-2837

JAIME SANTOS ____________________,
Demandado.

CERTIFICADO DE SERVICIOS

YO CERTIFICO que aquí es una copia verdadera y correcta del Aviso de Audiencia
____

MANDADO : ☒ por correo ☐ entregado personalmente a las partes o personas listadas al siguente, este 6 día de Marzo, 2000.

Nombre Jaime Santos	Nombre ____________________
Dirección 142 Balmoral St., #201	Dirección ____________________
Jackson, Columbia 22102	____________________
No. de Teléfono ____________________	No. de Teléfono ____________________

Liliana Santos
Firma

Nombre: Liliana Santos
Dirección: 2476 Highgrove Way
Jackson, Columbia 22102
No. de Teléfono (201)555-7739

formulario H

EN EL CIRCUITO DE LA CORTE DEL PRIMER CIRCUITO JUDICIAL
CONDADO DE KING, ESTADO DE COLUMBIA

LILIANA SANTOS,

Solicitante,

NO. DE CASO: 93-2837

JAIME SANTOS,

Demandado.

CERTIFICACIÓN DE TESTIGOS CORROBORATIVOS

BAJO LA PENALIDAD DE PERJURIO, YO CERTIFICO que soy residente del Estado de Columbia; Yo he conocido a Liliana Santos por más de 60 dias antes de la fecha de someter la Petición en esta acción, y sé de mi propio conocimiento personal que tal persona ha residido en el Estado de Columbia por lo menos ese período de tiempo.

Maribel Vargas
Firma de Testigo

18 Longpier Place
Dirección de Residencia de Testigo

Maribel Vargas
Nombre del Testigo (Escrito o por máquina)

Jackson, Columbia 22102
Ciudad, Estado, Código Postal

JURADO Y subscrito ante mí este día __________, 2____,
por __________,
Quien ❑ es conocido por mí ❑ ha producido __________ identificación.

____
NOTARIO PÚBLICO
Mi comisión expira:

formulario I

EN EL CIRCUITO DE LA CORTE DEL PRIMER CIRCUITO JUDICIAL
CONDADO DE KING, ESTADO DE COLUMBIA

LILIANA SANTOS,

Solicitante,

NO. DE CASO: 93-2837

JAIME SANTOS,

Demandado.

DECRETO DE DISOLUCIÓN DEL MATRIMONIO

Esta acción se oyó ante la Corte.

Por la evidencia presentada SE ADJUDICA QUE los lazos de matrimonio entre el Marido, Jaime Santos y la Esposa, Liliana Santos se disvuelven.

TAMBIÉN SE ADJUDICA que :

☒ 1. El acuerdo de pago entre las partes sometido en esta acción se ejecutó voluntariamente después del descubrimiento completa y es aceptado e incorporado en este juicio por la referencia, y a las partes les ordena obedecerlo.

☒ 2. El nombre anterior de la Esposa se restaura y ella será de ahora en adelante conocida como: Liliana Juaréz.

☒ 3. Las partes compartirán las responsabilidades de crianza; sin embargo, la custodia física del niño(s) se otorgarán a la parte designada a siguente:

Nombre de Niño	Fecha de Nacimiento	Custodia Otorgado a:
Ana Rosario Santos	6/21/82	Esposa
Maria Cristina Santos	9/15/84	Esposa

Cada parte tendrá el derecho de visitar a cualquier niño no en su custodia física a los tiempos y lugares razonables después de avisarle a la parte de custodia con tiempo razonable.

☒ 4. El ☒ Marido La ☐ Esposa pagará apoyo económico del niño a la otra parte en la suma de $ 600.00 por mes, empezando Abril 1, 1993.

☒ 5. El ☒ Marido La ❑ Esposa mantendrá los fondos de seguro médico para el niño(s) siempre que tal seguro esté razonablemente disponible.

❑ 6. El ❑ Marido La ❑ Esposa pagará la pensión alimenticia a la otra parte en la suma de $ ________ por __________, empezando ____________________, 20_____, para terminar:

❑ En ______________________________, 20_____, o en la muerte o nuevo matrimonio de la otra parte, cualquiera ocurre primero.

❑ En la muerte o nuevo matrimonio de la otra parte.

❑ La Pensión es ❑ Otorgada ❑ No Otorgada conforme a la demanda y el acuerdo de las partes.

❑ La Pensión es ❑ Otorgada ❑ No Otorgada basada en las siguentes razones:

❑ 7. El ❑ Marido La ❑ Esposa pagará las cuotas de abogados de la otra parte, puesto a $______________ (ser pagado a ___________________________), y los costos judiciales, impuestos a $ __________, ambos serán pagados dentro de _____ días de la fecha de este juicio.

☒ 8. El Marido transferirá a la Esposa como su propiedad exclusiva y separada:

`Toda la propiedad actualmente la posesión de la Esposa.`

☒ 9. La Esposa transferirá al Marido como su propiedad exclusiva y separada:

`Toda la propiedad actualmente en posesión del Marido.`

☒ 10. El Marido pagará las siguientes deudas y no sostendrá que la Esposa sea responsable:

Préstamo del automóvil BMW 1992, No. de Préstamo 20987

☒ 11. La Esposa pagará las deudas siguientes y no sostendrá que el Marido sea responsable:

Hipoteca de la residencia de la Esposa.

☐ 12. Los recursos y deudas no matrimoniales de las partes se distribuirán como sigue:

☐ 13. Otras Provisiones:

ORDENADO en Jackson, Columbia, en este 24 día de Marzo, 20 00.

____
Juez

formulario J

EN EL CIRCUITO DE LA CORTE DEL PRIMER CIRCUITO JUDICIAL
CONDADO DE KING, ESTADO DE COLUMBIA

LILIANA SANTOS________________,

Solicitante,

NO. DE CASO: 93-2837

JAIME SANTOS________________,

Demandado.

MOCIÓN POR INCUMPLIMIENTO JUDICIAL

El Solicitante por la presente somete la petición por falta de cumplimiento contra el Demandado por la falta de servir o presentar una contestación inmediata a la Petición para Disolución del Matrimonio como requerido por la ley.

FECHADO : Marzo 15, 2000

Liliana Santos
La firma
Nombre: Liliana Santos
Dirección: 2476 Highgrove Way
Jackson, Columbia 22102
No. de Teléfono: (201) 555-7739

FALTA DE CUMPLIMIENTO

Una falta de cumplimiento se someta en esta acción contra el Demandado por la falta de servir o presentar una contestación como requerido por la ley.

FECHADO :________________

SECRETARIO DE LA CORTE

por:________________

formulario K

EN EL CIRCUITO DE LA CORTE DEL PRIMER CIRCUITO JUDICIAL
CONDADO DE KING, ESTADO DE COLUMBIA

LILIANA SANTOS ,
Solicitante,

NO. DE CASO: 93-2837

JAIME SANTOS ,
Demandado.

DECLARACIÓN JURADA DE EXCEPCIÓN DEL SERVICIO MILITAR

El ESTADO DE Columbia)
El CONDADO DE King)

Liliana Santos, siendo primero jurado, declara bajo la penalidad de perjurio:

X 1. Que yo conozco de mi propio conocimiento personal que el Demandado no está en las fuerzas armadas de los Estados Unidos.

___ 2. Que yo he investigado de las fuerzas armadas de los Estados Unidos y el Servicio de Salud Público americano para determinar si ________ es un miembro de las fuerzas armadas y junto se encuentran certificados que declaran que ________ no está ahora en las fuerzas armadas.

FECHA : Marzo 23, 2000

Liliana Santos
La firma
Nombre: Liliana Santos
Dirección: 2476 Highgrove Way
Jackson, Columbia 22102
No. de Teléfono: (201) 555-7739

JURADO Y subscrito ante mí este día ________, 2____,
por ________,
Quien ❑ es conocido por mí ❑ ha producido ________ identificación.

____
NOTARIO PÚBLICO
Mi comisión expira:

formulario L

EN EL CIRCUITO DE LA CORTE DEL PRIMER CIRCUITO JUDICIAL

CONDADO DE KING, ESTADO DE COLUMBIA

Con referencia al matrimonio de NO. DE CASO: 93-2837

LILIANA SANTOS,

Solicitante,

y

JAIME SANTOS,

Demandado.

MOCIÓN DE NOTIFICACIÓN POR PUBLICACIÓN

El Solicitante peticiona a esta corte que emite un Aviso de Acción para el servicio por periódico en esta acción, y declara bajo la penalidad de perjurio que:

1. Yo he hecho búsqueda diligente y he investigado para descubrir el nombre y residencia del Demandado: (Especifíque los detalles de la búsqueda)

   _X_ Yo he hecho investigación con las autoridades postales.

   _X_ Yo he revisado los directorios de teléfono.

   _X_ Yo he investigado con parientes, amigos, y/o conocimientos.

   ____ Otro (especifíque) ____________________________________

2. La edad del Demandado es ____ mayor ____ menor de 18 años de edad (o ____ es desconocido)

3. _X_ La residencia del Demandado es desconocida al Deponente.

   ____ La residencia del Demandado está en algún otro estado o condado que el Estado de Columbia, y la última dirección conocida del Demandado es: ________________________.

   ____ El Demandado, residente de Columbia, ha estado ausente de allí por más de 60 dias antes de la fabricación de esta declaración jurada, o se oculta para que no se lo/la puedan servir personalmente, y el Deponente cree que no hay ninguna persona en el estado en quien el proceso ligaría dicho Demandado ausente o disimulado.

Liliana Santos

Firma del solicitante

Nombre ________________________

Dirección ________________________

No. de Teléfono ____________________

JURADO Y subscrito ante mí este día ________________________________, 2____,

por ____,

Quien ❑ es conocido por mí ❑ ha producido __________________________ identificación.

____

NOTARIO PÚBLICO

Mi comisión expira:

formulario M

EN EL CIRCUITO DE LA CORTE DEL PRIMER CIRCUITO JUDICIAL
CONDADO DE KING, ESTADO DE COLUMBIA

Con referencia al matrimonio de NO. DE CASO: 93-2837

LILIANA SANTOS,
Solicitante,

y

JAIME SANTOS,
Demandado.

NOTIFICACIÓN DE DEMANDA (O ACCIÓN)

A: JAIME SANTOS

A USTED SE NOTIFICA aquí que una acción para la disolución de matrimonio se ha archivado contra usted y le exigen que sirva una copia de sus defensas por escrito, si algunas, a LILIANA SANTOS, solicitante, cuya dirección es 2476 HIGHGROVE WAY, JACKSON, COLUMBIA 22102, en o antes del ____________ de 2____, y presenta el original con el secretario de esta corte antes del servicio al solicitante o inmediatamente después de esto. Si usted falla en hacerlo, una petición contra usted por falta de cumplimiento sera exigido en la petición.

SEA TESTIGO de mi firma y el sello de esta Corte ____________.

SECRETARIO DE LA CORTE

Por____________

Asistente Secretario

formulario N

EN EL CIRCUITO DE LA CORTE DEL PRIMER CIRCUITO JUDICIAL

CONDADO DE KING, ESTADO DE COLUMBIA

Con referencia al matrimonio de NO. DE CASO: 93-2837

LILIANA SANTOS,

Solicitante,

y

JAIME SANTOS,

Demandado.

CITACIÓN PARA COMPARECER Y PRODUCIR DOCUMENTOS

ESTADO DE COLUMBIA:

A: Asistente de Planilla de Sueldo

Old Buildings-R-Us

721 Wright Drive

Jackson, Columbia 22102

Le ORDENAN aquí que aparezca ante el Honorable, Juez del Circuito, Henry Whitaker, del Conadado de King, en el Palacio de Justicia en Jackson, Columbia, el 6 de Abril de 2000, a las 9:00 A.M., para dar testimonio en esta acción y traiga con usted ese día y hora lo siguiente:

Cualquiera y toda record de sueldo para Jaime Santos, Número de Seguro Social 999-99-9999, incluyendo, pero no se limite, a la exhibición de los comprobantes de su:

1. Ganancia bruta en total durante el año 1999.
2. Ganancia bruta hasta el presente para año 2000.
3. Pago por hora o o la proporción del sueldo anual.

Si usted no se presenta, usted puede ser citado por falta de cumplimiento con esta corte. Usted ha sido citado para aparecer por la siguiente persona o abogado y a menos que se excusa de aparecer por la misma persona, abogado o la corte, usted responderá a esta citación como dirigido.

FECHA :____________________

SECRETARIO DE LA CORTE CIRCUITO

PARTE QUE PIDE LA CITACIÓN:

Nombre: Liliana Santos

Dirección: 2476 Highgrove Way

Jackson, Columbia 22102

No. de Teléfono (201) 555-7739

Por ____________________

Asistente Secretario

Apéndice D
Glosario

acción. Un juicio incluyendo el divorcio.

acuerdo prematrimonial. Otra expresión que significa acuerdo prenupcial.

acuerdo prenupcial. Un contrato legal de matrimonio escrito y firmado por ambas partes, en el cual se detalla que propiedades pertenecen a cada uno y cómo se distribuirán las mismas en el caso de un divorcio.

alegación. Un documento escrito presentado en un juicio el cual le otorga posición a una parte, como en una demanda o una contestación a la demanda.

beneficiario. La persona que tiene derecho a recibir el pago por pensión alimenticia o mantenimiento económico de los niños.

bienes comunes. Concepto legal de pertenencia de la propiedad existente entre marido y esposa, el cual separa lo que poseen conjuntamente como bienes matrimoniales, y lo que le pertenece separadamente a cada parte.

citación. Un documento legal notificando a un testigo que el o ella debe comparecer en un lugar y hora determinados para atestiguar en un caso. La citación puede requerir que comparezca ante una Corte Judicial para un juicio o audiencia, o en alguna oficina para una deposición.

Citación para comparecer y producir documento {Subpoena duces tecum (latín)}. Ésta es una citación especial que también requiere que la persona presente documentos u otros items cuando comparezca para atestiguar.

declaración jurada. Una declaración escrita y firmada, bajo juramento, ante Notario Público.

demanda verificada (o petición). Una demanda que ha sido firmada bajo juramento por una de las partes (ante Notario Público o el Secretario de la Corte Judicial).

disposición (de una acción). El proceso final determinado en una acción. La disposición normalmente será el veredicto final o disolución de matrimonio.

distribución equitativa. Un concepto legal que implica cómo debe ser distribuida en un divorcio la propiedad matrimonial, buscando distribuirla en una forma justa, luego de considerar los factores legalmente requeridos en un estado en particular.

domicilio. El estado principal y de residencia de la persona. Es más importante que la mera residencia. Una persona puede tener muchas residencias, pero un solo domicilio. Una buena prueba de domicilio en un estado en particular podría ser el registro para votar, tener una licencia de conducir emitida por las autoridades locales y el automóvil registrado en ese mismo lugar, estar empleado o tener su sede principal de negocios, y la misma dirección escrita en el formulario de declaración de impuestos.

manutención. Otra palabra usada en algunos estados para referirse a la pensión alimenticia.

manutención separada. Otra expresión usada en algunos estados para referirse a la pensión alimenticia.

moción. Una solicitud formal por escrito dirigida al Juez para tomar cierta acción.

notificación Dar oficialmente una notificación de documentos legales a una persona. Ver **notificación personal** o **notificación por publicación**.

notificación formal de citación legal. Ser notificado por medio de convocatorias o citaciones legales. Ver **procedimientos o notificación**.

notificación personal. Cuando se envían expedientes o comprobantes legales personalmente por intermedio del Alguacil o algún mensajero de citaciones autorizado.

notificación por publicación. Cuando a una persona se le otorga en forma oficial un aviso legal de documentos por medio de publicaciones en un periódico. Solamente se hace en el caso en que se desconoce el domicilio de la persona, y por ende, cuando no se le puede entregar los documentos en mano.

notificado. 1) Cuando se le ha dado a alguien un aviso legal de expedientes de juicio. 2) Enviado por un diputado del Alguacil u otra persona legalmente autorizada para darle carácter legal al envío oficial de los documentos legales. Ver **notificación.**

pagador. La persona que está obligada a pagar pensión alimenticia o mantenimiento económico de los niños.

parte. La persona que presenta una demanda de divorcio o la persona que demanda en contra. El marido y la esposa son las partes en una demanda de divorcio.

pensión alimenticia. Dinero que una parte paga a la otra, para asistirle económicamente.

procedimiento. En términos legales significa la forma en que una persona está obligada a apelar en la Corte Judicial o a responder a un juicio. Generalmente se hace a través de convocatorias o citaciones.

propiedad fuera del matrimonio. Propiedad designada por la ley estatal como la propiedad adquirida por una de las partes fuera del matrimonio, y generalmente no está sujeta a ningún reclamo por parte del otro esposo(a).

propiedad matrimonial. La propiedad que es considerada por las leyes estatales perteneciente a las dos partes; por lo tanto, está sujeta a ser distribuida entre las dos partes.

propiedad separada. Otra expresión usada en algunos estados para referirse a la propiedad fuera del matrimonio.

ÍNDICE

SPHINX® PUBLISHING ORDER FORM

BILL TO:		SHIP TO:	
Phone #	Terms	F.O.B. Chicago, IL	Ship Date

Charge my: ❐ VISA ❐ MasterCard ❐ American Express

❐ Money Order or Personal Check

Credit Card Number

Expiration Date

Qty	ISBN	Title	Retail	Ext.
		SPHINX PUBLISHING NATIONAL TITLES		
	1-57248-148-X	Cómo Hacer su Propio Testamento	$16.95	
	1-57248-147-1	Cómo Solicitar su Propio Divorcio	$24.95	
	1-57248-163-3	Crime Victim's Guide to Justice (2E)	$21.95	
	1-57248-159-5	Essential Guide to Real Estate Contracts	$18.95	
	1-57248-160-9	Essential Guide to Real Estate Leases	$18.95	
	1-57248-139-0	Grandparents' Rights (3E)	$24.95	
	1-57248-087-4	Guía de Inmigración a Estados Unidos (2E)	$24.95	
	1-57248-103-X	Help Your Lawyer Win Your Case (2E)	$14.95	
	1-57071-164-X	How to Buy a Condominium or Townhome	$19.95	
	1-57071-223-9	How to File Your Own Bankruptcy (4E)	$21.95	
	1-57248-132-3	How to File Your Own Divorce (4E)	$24.95	
	1-57248-100-5	How to Form a DE Corporation from Any State	$24.95	
	1-57248-083-1	How to Form a Limited Liability Company	$22.95	
	1-57248-099-8	How to Form a Nonprofit Corporation	$24.95	
	1-57248-133-1	How to Form Your Own Corporation (3E)	$24.95	
	1-57071-343-X	How to Form Your Own Partnership	$22.95	
	1-57248-119-6	How to Make Your Own Will (2E)	$16.95	
	1-57248-124-2	How to Register Your Own Copyright (3E)	$21.95	
	1-57248-104-8	How to Register Your Own Trademark (3E)	$21.95	
	1-57071-349-9	How to Win Your Unemployment Compensation Claim	$21.95	
	1-57248-118-8	How to Write Your Own Living Will (2E)	$16.95	
	1-57071-344-8	How to Write Your Own Premarital Agreement (2E)	$21.95	
	1-57248-158-7	Incorporate in Nevada from Any State	$24.95	
	1-57071-333-2	Jurors' Rights (2E)	$12.95	
	1-57071-400-2	Legal Research Made Easy (2E)	$16.95	
	1-57071-336-7	Living Trusts and Simple Ways to Avoid Probate (2E)	$22.95	
	1-57071-345-6	Most Valuable Bus. Legal Forms You'll Ever Need (2E)	$19.95	
	1-57071-346-4	Most Valuable Corporate Forms You'll Ever Need (2E)	$24.95	
	1-57248-130-7	Most Valuable Personal Legal Forms You'll Ever Need	$24.95	
	1-57248-098-X	The Nanny and Domestic Help Legal Kit	$22.95	
	1-57248-089-0	Neighbor v. Neighbor (2E)	$16.95	
	1-57071-348-0	The Power of Attorney Handbook (3E)	$19.95	
	1-57248-149-8	Repair Your Own Credit and Deal with Debt	$18.95	
	1-57248-168-4	The Social Security Benefits Handbook (3E)	$18.95	
	1-57071-399-5	Unmarried Parents' Rights	$19.95	
	1-57071-354-5	U.S.A. Immigration Guide (3E)	$19.95	
	1-57248-138-2	Winning Your Personal Injury Claim (2E)	$24.95	
	1-57248-162-5	Your Right to Child Custody, Visitation and Support (2E)	$24.95	
	1-57248-157-9	Your Rights When You Owe Too Much	$16.95	
		CALIFORNIA TITLES		
	1-57248-150-1	CA Power of Attorney Handbook (2E)	$18.95	
	1-57248-151-X	How to File for Divorce in CA (3E)	$26.95	
	1-57071-356-1	How to Make a CA Will	$16.95	
	1-57248-145-5	How to Probate and Settle an Estate in California	$26.95	
	1-57248-146-3	How to Start a Business in CA	$18.95	
	1-57071-358-8	How to Win in Small Claims Court in CA	$16.95	
	1-57071-359-6	Landlords' Rights and Duties in CA	$21.95	
		FLORIDA TITLES		
	1-57071-363-4	Florida Power of Attorney Handbook (2E)	$16.95	
	1-57248-093-9	How to File for Divorce in FL (6E)	$24.95	
	1-57071-380-4	How to Form a Corporation in FL (4E)	$24.95	
	1-57248-086-6	How to Form a Limited Liability Co. in FL	$22.95	
	1-57071-401-0	How to Form a Partnership in FL	$22.95	
	1-57248-113-7	How to Make a FL Will (6E)	$16.95	

Form Continued on Following Page

SUBTOTAL

To order, call Sourcebooks at 1-800-432-7444 or FAX (630) 961-2168 (Bookstores, libraries, wholesalers—please call for discount)

Prices are subject to change without notice.

SPHINX® PUBLISHING ORDER FORM

Qty	ISBN	Title	Retail	Ext.
____	1-57248-088-2	How to Modify Your FL Divorce Judgment (4E)	$24.95	____
____	1-57248-144-7	How to Probate and Settle an Estate in FL (4E)	$26.95	____
____	1-57248-081-5	How to Start a Business in FL (5E)	$16.95	____
____	1-57071-362-6	How to Win in Small Claims Court in FL (6E)	$16.95	____
____	1-57248-123-4	Landlords' Rights and Duties in FL (8E)	$21.95	____
		GEORGIA TITLES		
____	1-57248-137-4	How to File for Divorce in GA (4E)	$21.95	____
____	1-57248-075-0	How to Make a GA Will (3E)	$16.95	____
____	1-57248-140-4	How to Start a Business in Georgia (2E)	$16.95	____
		ILLINOIS TITLES		
____	1-57071-405-3	How to File for Divorce in IL (2E)	$21.95	____
____	1-57071-415-0	How to Make an IL Will (2E)	$16.95	____
____	1-57071-416-9	How to Start a Business in IL (2E)	$18.95	____
____	1-57248-078-5	Landlords' Rights & Duties in IL	$21.95	____
		MASSACHUSETTS TITLES		
____	1-57248-128-5	How to File for Divorce in MA (3E)	$24.95	____
____	1-57248-115-3	How to Form a Corporation in MA	$24.95	____
____	1-57248-108-0	How to Make a MA Will (2E)	$16.95	____
____	1-57248-106-4	How to Start a Business in MA (2E)	$18.95	____
____	1-57248-107-2	Landlords' Rights and Duties in MA (2E)	$21.95	____
		MICHIGAN TITLES		
____	1-57071-409-6	How to File for Divorce in MI (2E)	$21.95	____
____	1-57248-077-7	How to Make a MI Will (2E)	$16.95	____
____	1-57071-407-X	How to Start a Business in MI (2E)	$16.95	____
		MINNESOTA TITLES		
____	1-57248-142-0	How to File for Divorce in MN	$21.95	____
		NEW YORK TITLES		
____	1-57248-141-2	How to File for Divorce in NY (2E)	$26.95	____
____	1-57248-105-6	How to Form a Corporation in NY	$24.95	____
____	1-57248-095-5	How to Make a NY Will (2E)	$16.95	____
____	1-57071-185-2	How to Start a Business in NY	$18.95	____
____	1-57071-187-9	How to Win in Small Claims Court in NY	$16.95	____

Qty	ISBN	Title	Retail	Ext.
____	1-57071-186-0	Landlords' Rights and Duties in NY	$21.95	____
____	1-57071-188-7	New York Power of Attorney Handbook	$19.95	____
____	1-57248-122-6	Tenants' Rights in NY	$21.95	____
		NORTH CAROLINA TITLES		
____	1-57071-326-X	How to File for Divorce in NC (2E)	$22.95	____
____	1-57248-129-3	How to Make a NC Will (3E)	$16.95	____
____	1-57248-184-6	How to Start a Business in NC (3E)	$18.95	____
____	1-57248-091-2	Landlords' Rights & Duties in NC	$21.95	____
		OHIO TITLES		
____	1-57248-190-0	How to File for Divorce in OH (2E)	$24.95	____
____	1-57248-174-9	How to Form a Corporation in Ohio	$24.95	____
		PENNSYLVANIA TITLES		
____	1-57248-127-7	How to File for Divorce in PA (2E)	$24.95	____
____	1-57248-094-7	How to Make a PA Will (2E)	$16.95	____
____	1-57248-112-9	How to Start a Business in PA (2E)	$18.95	____
____	1-57071-179-8	Landlords' Rights and Duties in PA	$19.95	____
		TEXAS TITLES		
____	1-57071-330-8	How to File for Divorce in TX (2E)	$21.95	____
____	1-57248-114-5	How to Form a Corporation in TX (2E)	$24.95	____
____	1-57071-417-7	How to Make a TX Will (2E)	$16.95	____
____	1-57071-418-5	How to Probate an Estate in TX (2E)	$22.95	____
____	1-57071-365-0	How to Start a Business in TX (2E)	$18.95	____
____	1-57248-111-0	How to Win in Small Claims Court in TX (2E)	$16.95	____
____	1-57248-110-2	Landlords' Rights and Duties in TX (2E)	$21.95	____

SUBTOTAL THIS PAGE ____

SUBTOTAL PREVIOUS PAGE ____

Shipping— $5.00 for 1st book, $1.00 each additional ____

Illinois residents add 6.75% sales tax ____

Connecticut residents add 6.00% sales tax ____

TOTAL ____

To order, call Sourcebooks at 1-800-432-7444 or FAX (630) 961-2168 (Bookstores, libraries, wholesalers—please call for discount)

Prices are subject to change without notice.